Grenzschichten

Matthias Rutt

Grenzschichten

Das Wechselspiel von Trennen
und Verbinden

BÜCHNER

Matthias Rutt
Grenzschichten
Das Wechselspiel von Trennen und Verbinden

ISBN (Print) 978-3-96317-361-5
ISBN (ePDF) 978-3-96317-924-2
ISBN (ePUB) 978-3-96317-925-9

Copyright © 2023 Büchner-Verlag eG, Marburg

Satz und Umschlaggestaltung: DeinSatz Marburg | mg
Bildnachweis Umschlag: Foto des Autors
Druck und Bindung: Totem.com.pl, Inowrocław, Polen
Die verwendeten Materialien sind ein FSC-Mix.
Printed in Europe

Bibliografische Informationen der Deutschen Nationalbibliothek
Die Deutsche Nationalbibliothek verzeichnet diese Publikation in der Deutschen Nationalbibliografie, detaillierte bibliografische Angaben sind im Internet über http://dnb.de abrufbar.

www.buechner-verlag.de

If we're to live up to our own time, then victory
Won't lie in the blade, but in all the bridges we've made.

(Wenn wir unserer Zeit gerecht werden wollen, dann wird der Sieg
Nicht in der Klinge liegen, sondern in den Brücken, die wir gebaut haben.)

Amanda Gorman, *The Hill We Climb*, 20.01.2021
(Übersetzung: DeepL)

Inhalt

Teil 2

Teil 3

Einleitung

Grenzschichten begegnen uns in den verschiedensten Lebensbereichen. Oft nehmen wir sie gar nicht wahr, denn sie sind für uns selbstverständlich. So wie das Wasser selbstverständlich ist für den Fisch. Wir schwimmen sozusagen in ihnen – oder eher mit ihnen. Sie sind allgegenwärtig.

Um davon einen ersten Eindruck zu vermitteln, beginne ich mit einer kleinen, ganz alltäglichen Geschichte. Darin sind zwanzig verschiedene Arten von Grenzschichten angesprochen – im Text sind sie mit Anmerkungen markiert, die eine kurze Erläuterung der jeweiligen Grenzschicht geben und meistens auf ein späteres Kapitel verweisen.

Liebe Leserin, lieber Leser, stell dir vor:

Du gehst, Schritt für Schritt.[1] Eine Straße in der Stadt entlang, auf dem Gehweg[2] natürlich. Du siehst die Fassaden[3] der Häuser. Was geht wohl in

---

1 Die meisten Landtiere haben Gliedmaßen, mit denen sie sich fortbewegen, und dabei vollziehen sie voneinander *abgegrenzte* und sich wiederholende Bewegungseinheiten, die Schritte. Das ist ein völlig anderes Prinzip als die kontinuierliche Drehbewegung der Räder bei den meisten menschengemachten Fortbewegungsmitteln. Schrittweise Bewegung ist viel komplexer zu steuern, hat jedoch große Vorteile z. B. in schwierigem Gelände, bei Sprüngen oder schnellen Richtungswechseln.

2 Gehwege oder Bürgersteige gab es schon in der Antike im Römischen Reich. Die Bordsteinkante als Grenzschicht zwischen Fahrbahn und Gehweg dient dem Schutz der verletzlicheren Fußgänger vor Fahrzeugen aller Art, vom damaligen Fuhrwerk bis zum heutigen SUV. Grenzschichten können schützen.

3 Siehe Kapitel 27. Seitdem Menschen eigenen Wohnraum erbauten, wurde dieser nicht nur im Inneren gestaltet, sondern auch seine Grenzschicht nach außen wurde zum ästhetischen und symbolischen Ausdrucksmittel.

ihnen vor, welches Leben wird darin gelebt?[4] Mit jedem Schritt stößt du dich von der Oberfläche[5] dieses Planeten ab, gegen die Schwerkraft, die seine Masse hervorruft. Du atmest die Luft der Atmosphäre, die mit einer dünnen Schicht[6] die Erde umhüllt. Du spürst den Wind auf deiner Haut[7]. Eben hat es noch geregnet, dunkle Wolken hängen am Himmel, aber jetzt, gerade jetzt[8] durchstößt ein Sonnenstrahl die Wolkendecke. Unzählige winzige Wassertropfen[9] reflektieren glitzernd das Sonnenlicht. Ein Vogel singt. Die Schallwellen seines Gesangs erreichen die Trommelfelle[10] in deinen Ohren. Dass es so fremde, seltsame Geschöpfe[11] wie Vögel gibt! Wie mag es sich anfühlen, als Vogel zu fliegen? Die Sonne schimmert auf den Blättern[12] der Straßenbäume, die sich dem Licht entgegenstrecken. Du gehst und atmest, ziehst die Luft tief in die zusammengefaltete innere Oberfläche[13] deiner

---

4   Diese Frage bezieht sich auf die schützende und Fremde ausschließende, aber immer wieder auch durchlässige Grenzschicht zwischen Privatsphäre und öffentlichem Raum.

5   Siehe Kapitel 2. Das irdische Leben ist ein Oberflächenphänomen – wir leben in der vergleichsweise dünnen Grenzschicht zwischen dem massiven Körper unseres Planeten und dem lichtdurchfluteten Raum, der die Erde umgibt.

6   Die Größenverhältnisse zwischen der Erde und ihrer Atmosphäre entsprechen dem Verhältnis zwischen der Dicke einer Zwiebelschale und der ganzen Zwiebel.

7   Siehe Kapitel 16. Die Grenzschicht der Haut ist vielleicht unser wichtigstes Sinnesorgan. Gemeinsam mit der Muskulatur ermöglicht sie unsere Feinmotorik, ohne die wir nichts »be-greifen« oder »er-fassen« könnten.

8   Siehe Kapitel 6. Das Jetzt ist die dünne Grenzschicht zwischen den riesigen Zeiträumen der Vergangenheit und der Zukunft.

9   Siehe Kapitel 8. Die Oberfläche von flüssigem Wasser mit ihrer hohen Oberflächenspannung hat entscheidend beigetragen zur Entwicklung von Leben auf der Erde.

10   Alle Sinnesorgane sind Grenzschichten zwischen Innen und Außen, die eine hohe, aber selektive Durchlässigkeit für Information besitzen.

11   Siehe Kapitel 9. Die Grenzschichten zwischen den biologischen Arten beziehen sich darauf, ob sich Individuen miteinander fortpflanzen können, und auf die jeweilige Rolle der Art in Ökosystemen. Wir werden jedoch nie wissen können, wie es ist, eine andere Spezies zu sein. Siehe das klassische Essay von Thomas Nagel: What is it like to be a Bat? (1974).

12   Siehe Kapitel 21. Blätter sind fotosynthetisch aktive Grenzschichten, auf denen der Energiefluss der irdischen Biosphäre zu großen Teilen beruht.

13   Siehe Kapitel 4. In der Lunge haben Menschen eine eingefaltete Grenzschicht zwischen der Luft und dem Körperinneren mit einer Fläche von etwa 100 Quadratmetern – fünfzigmal so groß wie die Fläche der menschlichen Haut.

Lungen. Dein Blut fließt durch deinen Körper, viele Billionen Zellen nehmen Sauerstoff auf, der von außen nach innen ihre Zellmembranen[14] *durchdringt. Du triffst einen Freund. Du erkennst*[15] *ihn schon von Weitem unter den Menschen, die dir entgegenkommen. Ihr umarmt euch zur Begrüßung, du spürst seinen Körper*[16] *an deinem. Er erzählt, dass sein Auto gestohlen*[17] *wurde: Wie schrecklich, nichts ist mehr sicher!*[18] *Du bietest ihm an, dass er dein Auto ausleihen kann, und freust dich*[19] *über seine Dankbarkeit. Zum Abschied wünscht er dir »Guten Mut«. Das wundert dich: Was meint er? Weiß er*[20] *von dem schwierigen Termin, der dir gleich bevorsteht?*

In dieser kleinen Episode finden wir Grenzschichten aus sehr unterschiedlichen Bereichen: von der Physik über Molekularbiologie und Physiologie, Evolutionsbiologie bis hin zu Psychologie und Soziologie, um nur einige zu nennen. Und von mikroskopisch kleinen Struk-

---

14   Siehe Kapitel 5. Die semipermeable Zellmembran ist der Prototyp einer Grenzschicht. Sie trennt und verbindet, schützt die Identität der Zelle, ermöglicht ihr aber auch die Anpassung an die Umgebung.

15   Ein wesentliches Element des Erkennens – allgemein von Formen, speziell von Menschen – ist die Unterscheidung bezüglich der Grenzschicht zwischen Bekannt und Unbekannt. Diese Grenzschicht ist durchlässig: Eine Person, die mir vorhin noch unbekannt war, die erkenne ich jetzt wieder, ich habe sie »kennen gelernt«. Lernen bedeutet, dass ein Inhalt die Grenzschicht zwischen Unbekannt und Bekannt überquert.

16   Siehe Kapitel 16. Zwischenmenschliche Berührung findet statt an der Grenzschicht zwischen Ich und Du. Sie ist ein Symbol für Vertrauen und kann, wenn sie als stimmig empfunden wird, Wohlbefinden, Entspannung und Selbstwertgefühl fördern.

17   Hier ist die Grenzschicht des Eigentums angesprochen: was mir gehört und was nicht mir gehört. Auch sie ist durchlässig: durch Schenken, Kaufen, Verkaufen – oder durch Diebstahl.

18   Siehe Kapitel 15. Hier geht es um Vertrauen. Die Grenzschichten zwischen den Interessenbereichen verschiedener Menschen werden durch Vertrauen durchlässig – das ermöglicht die Bildung komplexer Gesellschaften.

19   Siehe Kapitel 12. Die Grenzschicht zwischen meinem Wohlergehen und deinem Wohlergehen ist durchlässig im Mitfühlen und in emotionaler Resonanz. Sie wird undurchlässiger in der Konkurrenz und im Kampf.

20   Siehe Kapitel 5. Die Grenzschicht zwischen Ich und Du bedeutet auch: Du kannst nicht in meinen Kopf »hineinschauen« und dadurch wissen, was ich weiß. Ich kann also Geheimnisse vor dir haben.

turen bis hin zu astronomischen Maßstäben. Alles spielt hinein in die ganz normalen Begebenheiten unseres Alltags.

In diesem Buch entfalte ich die These, dass mit dem Begriff der Grenzschichten ein universales Phänomen beschrieben werden kann. Grenzschichten sind formbildende Strukturen, nach deren Gesetzmäßigkeiten sich unsere Welt organisiert, von den Anfängen bis hin zu so komplexen Phänomenen wie Zellen und Gehirnen, Sonnensystemen und Ökosystemen, Familien und Staaten, Gedanken und Begriffen.

Warum benutze ich den weniger gewohnten Begriff der »Grenzschichten«, statt einfach über »Grenzen« zu schreiben? Grenzen sind eher abstrakte Gebilde, durch menschliche Abwägungen festgelegt und oft ziemlich willkürlich gezogen. Zum Beispiel wird der »Grenzwert« eines Schadstoffes von Menschen definiert, und diese Definition ist abhängig von unterschiedlichen Interessenlagen und vom Stand der Forschung. Grenzen zwischen Ländern wurden manchmal durch einen Strich auf der Landkarte willkürlich festgelegt. Diese Grenzen haben keine eigenständige Existenz, sie unterliegen menschlichen Entscheidungen. Grenzschichten dagegen sind eigenständige Phänomene: Das merkt jede Person, die eine Orange schält – wenn man in die richtige Schicht kommt, zwischen Schale und Fruchtfleisch, geht es am leichtesten. Und ob eine Nadel die Grenzschicht meiner Haut nur berührt oder sie durchdringt, das spüre ich deutlich, unabhängig von meinen Entscheidungen. Ausgehend von solchen natürlichen Grenzschichten leite ich in diesem Essay auch Überlegungen zu zwischenmenschlichen und zu abstrakteren Grenzschichten ab. Ich betone dabei mit dem Begriff der Grenzschichten ihre Anbindung an die natürliche Welt und ihre eigenständige Dynamik. Wenn zum Beispiel an einer abstrakt festgelegten Landesgrenze sich ein reger Handel entwickelt, ein Grenzverkehr mit Verbindendem und Trennendem, und damit eine eigenständige Dynamik, dann würde ich von einer »Grenzschicht« sprechen.

In den ersten beiden Teilen dieses Buches beschreibe ich das Phänomen der Grenzschichten in verschiedenen wissenschaftlichen Bereichen. Dabei berühre ich Aspekte der Physik, Astronomie, Biologie und Neurologie, der Anthropologie und Psychologie, der Sozialwissenschaften, der Philosophie und der Spiritualität.

Im dritten Teil fasse ich die bis dahin gewonnenen Erkenntnisse zusammen und entwickle daraus grundlegende Prinzipien von Grenzschichten. Schließlich gelange ich zu einigen ethischen Folgerungen und gebe praktische Hinweise, wie Grenzschichten lebensförderlich gestaltet werden können.

Ich entwickle das Panorama der unterschiedlichen Grenzphänomene Schritt für Schritt. Wenn dir, liebe Leserin, lieber Leser, dabei manchmal das Gefühl eines »roten Fadens« verloren geht, so kann es hilfreich sein, zunächst die Zusammenschau zu Beginn des dritten Teils (Kapitel 35) zu lesen. Dadurch kannst du einen Eindruck bekommen, wohin die Reise geht.

Noch eine Anmerkung zur gendergerechten Sprache in diesem Buch: Es ist mir ein Anliegen, dass alle Leserinnen und Leser sich von meinem Text gleichermaßen angesprochen fühlen können. Der sicherste Weg hierfür wäre die Benutzung von Aufzählungen (»Leserinnen und Leser«) oder von Formen wie das Binnen-I, das Sternchen oder der Unterstrich (LeserIn, Leser*in oder Leser_in). Dies sind legitime Möglichkeiten und definitiv ein Fortschritt gegenüber dem früheren gedankenlosen Gebrauch der maskulinen Form (»Leser« – und alle sollen sich gemeint fühlen). Dieser sichere Weg signalisiert allerdings auch: »Ich bin gendersensibel und stehe eindeutig auf der richtigen Seite!« Damit wird die Grenzschicht zwischen Sexismus und Gendergerechtigkeit undurchlässig. Wenn ich jedoch unvoreingenommen in mich hineinspüre, finde ich beides in mir, Gendersensibles und auch Sexistisches. Und ich vermute, dass dies für die meisten Menschen gelten mag. Wer ist denn völlig frei von Sexismus? Wer kann sich ausschließlich und hundertprozentig auf die »richtige Seite der Geschichte« stellen?

Ich habe mich daher für einen anderen Weg entschieden, bei dem ich mich angreifbarer und berührbarer mache und den ich ästhetisch ansprechender finde: Ich benutze bei allgemeinen Substantiven die weibliche und die männliche Form im Wechsel. Das kann an der jeweiligen Textstelle durchaus zu kleinen Irritationen führen, die aber zum Teil gewollt sind und vielleicht zum Nachdenken anregen. Wenn ich zum Beispiel über eine Steinzeit-Gesellschaft von »Jägerinnen und Sammlern« schreibe, könnte dies erst etwas irritieren und dann die Frage aufwerfen, woher wir denn wissen, dass es immer andersherum war, dass nämlich die Männer auf die Jagd gingen und die Frauen sammelten? Projizieren wir da vielleicht unsere eigene patriarchalisch geprägte Denkweise auf die Steinzeit? Indem ich zwischen weiblichen und männlichen Substantivformen wechsle, versuche ich, die Grenzschicht zwischen Gendergerechtigkeit und Sexismus offen und fluide zu halten – passend zum Thema dieses Buches.

Die Prinzipien von Grenzschichten lassen sich sowohl in den Naturwissenschaften wie auch in den Sozialwissenschaften, der Philosophie und der Spiritualität nachweisen. Daher überschreitet dieses Buch die Grenzschicht zwischen Naturwissenschaften und Geisteswissenschaften. In beiden wissenschaftlichen Bereichen wird gefragt, wie die Realität aufgebaut ist: »Was ist?« und »Wie hängt es zusammen?«. Aber die Fragen »Was sollte sein?« und »Wie wollen wir leben?« – also die Fragen nach dem ethisch vertretbaren Handeln –, sie spielen traditionell in den Sozial- und Geisteswissenschaften eine größere Rolle. Aktuelle Entwicklungen wie die Klimakrise und die Coronapandemie zeigen jedoch, dass auch die Naturwissenschaften immer mehr gefordert sind, zu ethischen Fragestellungen ihren Beitrag zu leisten.

Das diesem Buch vorangestellte Zitat von Amanda Gorman stammt aus dem Gedicht *The Hill We Climb*, das die damals 22-jährige Schwarze Dichterin – »descended from slaves« (»Nachfahrin von Sklavinnen«, A. Gorman, a. a. O.) – bei der Amtseinführung des US-Präsidenten Joe Biden im Januar 2021 vortrug. Der gewalttätige und zerstörerische Angriff auf das amerikanische Kapitol durch rechtsextreme Anhänger des abgewählten Präsidenten war gerade erst zwei Wochen her. Um Brücken zu bauen, die Verbindungen ermöglichen, müssen wir zunächst anerkennen, dass es Trennendes gibt, Gräben oder Schluchten, die zu überbrücken sind. Insofern sind die

»Brücken« für mich ein Symbol für das Trennende und Verbindende lebensförderlicher Grenzschichten, die wir als Gesellschaft ermöglichen müssen, um »unserer Zeit gerecht« zu werden.

Sprachlich bewege ich mich in dieser Untersuchung zwischen einer rationalen, wissenschaftlich geprägten Ausdrucksweise und einer eher emotionalen Sprache. So überquert dieser Text auch die Grenze zwischen dem objektiven, vom Verstand geführten Blick und der spürenden, subjektiven Betrachtung.

Hierbei spielt noch eine andere, sehr grundlegende Grenzschicht eine Rolle: Bei dem sachlich-wissenschaftlichen Blickwinkel habe ich eine Distanz zu den Dingen und ihren Zusammenhängen, ich betrachte sie von außen. Bei der seelisch-emotionalen Haltung fühle ich die Dinge und was sie verbindet – in mir! Ich schreibe hier also manchmal mit *nach außen* gerichtetem, analysierendem Blick, manchmal mit *nach innen* gerichtetem Spüren.

Denn wir alle kennen die Erfahrung, und zwar von Beginn unseres Lebens an, *innen* zu sein, von Grenzschichten umhüllt, und uns darin zu spüren. Und genauso kennen wir die Erfahrung, *außen* zu sein, von außen etwas Umhülltes und Abgegrenztes wahrzunehmen: das Andere nämlich, das wir nicht sind.

Daher bin ich der Meinung, dass ein umfassender Blick auf ein so grundlegendes Phänomen wie Grenzschichten erst dann möglich wird, wenn wir sie gleichsam von beiden Seiten wahrnehmen und beschreiben können: analysierend von außen und spürend von innen. Denn auch das menschliche Ich ist ein wichtiger Aspekt dieses Phänomens, wie wir noch genauer sehen werden. Und unser Ich spüren wir von innen. Das Ich eines anderen Menschen können wir dagegen nie direkt wahrnehmen, sondern nur aus dessen Handlungen und Äußerungen erschließen. Die direkte Wahrnehmung eines Ichs ist daher immer eine innere Wahrnehmung: Ein Ich ist etwas Gespürtes, nichts analytisch Erkanntes.

Mit dieser Untersuchung plädiere ich für eine wissenschaftliche Haltung, die ich »spürende Wissenschaft« nennen möchte. Sie unterscheidet sich von einer gefühllosen, an-ästhetischen Wissenschaft,

indem sie eine Ästhetik integriert im Sinne eines fühlenden Welt-
zugangs (griechisch »aisthesis« bedeutet Empfindung). Die spürende,
ästhetische Wissenschaft verzichtet keineswegs auf Klarheit, mathematische Exaktheit und wissenschaftliche Überprüfbarkeit – diese
gehören zu ihren Grundlagen. Ausgehend von der experimentell
überprüfbaren Analyse findet sie jedoch zu einer spürenden Verbundenheit mit den Gegenständen ihrer Betrachtung. Wissenschaftliche
Exaktheit und Objektivierbarkeit geben ihr ein sicheres Fundament,
dem sie sich verpflichtet fühlt und das sie nicht für eine esoterische
Agenda missbraucht. Dieses Fundament verhindert, dass sie in sub-
jektive Beliebigkeit und »alternative Fakten« abdriftet. Von dieser
sicheren Grundlage aus wagt es die spürende Wissenschaft, in den
freien Raum des Empfindens auszugreifen und sich von der Welt berühren zu lassen. In dieser Bewegung gibt sie zwar ein gewisses Maß
an wissenschaftlicher Neutralität auf, gewinnt dafür aber ein hohes
Potenzial der Sinngebung und ethischen Orientierung, des Erlebens
von Wert und von Schönheit.

Nun könnte man fragen: Dieser weite Bogen von der Naturwissenschaft hin zur spürenden Subjektivität und zur Ethik: Ist das nicht
allzu gewagt? Ist es nötig? Ist es klug, all das »in einen Topf zu wer-
fen«? Dazu wäre Folgendes zu sagen:

Erstens: Angesichts der Vielzahl an existenziellen Krisen, die –
durch uns selbst verursacht – auf uns zurollen oder in denen wir
schon mittendrin stecken, brauchen wir ethische Orientierung und
Sinngebung – verzweifelt brauchen wir sie! Und zwar eine Orientierung und einen Sinn, die nicht im Gegensatz zur exakten Wissenschaft stehen, sondern aus ihr erwachsen und sie erweitern. Denn
nur so wird uns vielleicht die große Transformation gelingen: dass
wir aufhören, unseren Lebensraum und damit uns selbst zu zerstören.

Zweitens: Die Zeit ist reif für eine solche Erweiterung. Die exakten
Naturwissenschaften haben mittlerweile viel davon verstanden, wie
unendlich komplex, vielfältig und verwoben unsere Welt ist, sie haben
sich selbst schon lange aus der mechanistisch-öden Vereinfachung he-
rausentwickelt, in der sie noch vor wenigen Jahrzehnten steckten. So

ist es nur noch ein kleiner Schritt, sich innerhalb dieser wissenschaftlichen Weltsicht berühren zu lassen von Wert und Sinn dieser Welt.

Drittens: Die »Natur« hat bezüglich Stabilität, Entwicklungsfähigkeit und Schönheit so viel vorzuweisen, dass psychologische, moralische und politische Ideen sich davon ruhig inspirieren lassen können. Auch mehren sich die Anzeichen, dass nicht nur die menschlichen Sphären, sondern die Natur und der gesamte Kosmos auf eine gewisse, noch näher zu untersuchende Art von Geist durchdrungen sind. Vielleicht deshalb, weil die grundlegendsten physikalischen Einheiten nicht Teilchen sind, sondern Information.

Und schließlich wecken die unendliche Vielfalt, die Schönheit und die Komplexität der natürlichen Welt Gefühle in uns, die uns zutiefst als ethische Wesen prägen können: Staunen und Ehrfurcht.

Denn wir alle – mit unseren innersten Gedanken und Gefühlen, unseren Familien, Beziehungen und Organisationen, unserer Kunst, Technik und Politik, unseren Staaten und multinationalen Firmen – sind letztlich doch nur ein kleiner Teil dieses einen großen Theaters, das sich seit etwa 13 Milliarden Jahren entfaltet: die Natur unserer Welt.

Aus der Untersuchung von Grenzschichten in der belebten und unbelebten Natur können sich daher neue Hinweise für uns ergeben auf die alten Fragen: »Was sollte sein? – Wie wollen wir leben?«.

Wir nähern uns dem Thema vom zeitlichen Anfang her.

Von verschiedenen Anfängen her – denn es gibt nie nur einen Anfang ...

*

Teil 1

1.

Genesis

Am Anfang ist eine Zelle. Eine befruchtete Eizelle. Sie wird, wenn alles gut geht, eine Entwicklung vollziehen, sie wird sich teilen, immer wieder teilen, wird zu einem menschlichen Wesen heranwachsen. Dieses Wesen wird lieben, lachen und weinen, die Welt erkunden, denken, fühlen, Worte dafür finden. Und eines Tages sterben. Aber es beginnt mit der Zelle. Eine Zelle ist ein dynamischer Prozess, der von einer Grenzschicht umhüllt ist – der Zellmembran. Diese Grenzschicht ermöglicht es der Zelle, sie selbst zu sein: abgegrenzt von ihrer Umgebung und verbunden mit ihrer Umgebung. Das Wechselspiel zwischen Trennen und Verbinden werden wir in diesem Buch eingehender untersuchen.

Es ist wiederum eine Grenzschicht, eine seelische Grenze, die uns überhaupt zu individuellen Menschen macht. Die unser seelisches Inneres von der Außenwelt abgrenzt, die es uns ermöglicht, »ich« zu sagen, unseren Innenraum mit seinen Empfindungen zu spüren und uns im Kontakt mit einem »du« zu erleben, das von uns verschieden ist und eigene Gefühle und Bedürfnisse hat. Diese Grenzschicht zwischen »ich« und »du« ist es, die im »wir« durchlässig wird. Und als Grenze zwischen »ich« und »nicht-ich« führt sie dazu, dass wir die Welt als eine äußere erleben, die verschieden von uns ist und die ihren eigenen Gesetzmäßigkeiten gehorcht. Gesetzmäßigkeiten, die wir erkunden können.

Diese Grenzschicht zwischen »ich« und »nicht-ich« ist vielgestaltig und auf physischen, seelischen und sozialen Ebenen zu finden. Im Körperlichen ist sie verankert durch unsere Haut, diesem hochsensiblen Grenzorgan, und durch unsere willentlich steuerbare Muskulatur, die uns zum Beispiel zeigt: Diese Hand ist meine Hand, ich bewege sie, ich greife mit ihr: Ich be-greife. Aber diese andere Hand, die ich in der meinen spüre und an der ich mich festhalte, die steuere ich nicht, sie führt ein Eigenleben, du steuerst sie, und du greifst meine Hand – oder lässt sie los, wie du es willst.

Wann beginnen sich die Grenzschichten eines menschlichen Wesens zu entwickeln? Es geschieht viel früher, als man vielleicht meint. Lange vor unserer Geburt, ja sogar vor der Geburt des Wesens, das einmal unsere Mutter sein wird, bildet sich die Eizelle, aus der wir eines Tages entstehen werden, und mit ihr die Grenzschicht, die unser Inneres vom Äußeren trennt. Unsere zukünftige Mutter ist zu diesem Zeitpunkt ein nur wenige Zentimeter großer Embryo. In seinen winzigen Eierstöcken bilden sich die Eizellen, während er in der Gebärmutter des Wesens schwimmt, das einmal unsere Großmutter sein wird.

Betrachten wir eine einzelne menschliche Eizelle: Sie ruht still im Gewebe eines Eierstocks. Als ob sie schliefe, jahrzehntelang.

In ihrem Kern hat sie einen Satz aus 23 Chromosomen, einer zufälligen Auswahl aus den 46 (zweimal 23) Chromosomen der mütterlichen Zellen. Die Kombination der Erbanlagen in diesen 23 Chromosomen ist einmalig: Es gibt diese Kombination nur einmal auf der Welt, es gab sie mit hoher Wahrscheinlichkeit nie vorher und es wird sie später nie wieder geben.

Die Eizelle ist umhüllt von einer Zellmembran – einer Grenzschicht –, durch die sie Sauerstoff und Nährstoffe aufnimmt und Abfallstoffe ausscheidet. Darüber hinaus ist sie eingehüllt in einen Follikel, ein Bläschen, bestehend aus kugelförmigen Schichten von Oberflächenzellen und Bindegewebszellen. So eingehüllt wartet sie, viele Jahre lang.

Irgendwann beginnt der Follikel zu reifen: Eine neue Dynamik entsteht. Es bilden sich immer mehr Zellschichten um die Eizelle herum – Grenzschichten umgeben Grenzschichten. Diese Zellen sind jetzt hormonell aktiv. Sie schütten Östrogen aus und entwickeln ein hormonelles »Gespräch« mit der Hirnanhangdrüse, die wiederum die Reifung des Follikels stimuliert.

Ausgelöst durch einen hormonellen Impuls kommt es zum Eisprung. Die Grenzschichten des Follikels öffnen sich und die Eizelle macht sich auf den Weg durch den Eileiter in die Gebärmutter. Etwa 24 Stunden lang kann sie befruchtet werden, ein Fenster der Gelegenheit hat sich geöffnet. In den meisten Fällen wird sie unbefruchtet absterben und mit der Monatsblutung ausgeschieden werden. Aber in diesem Fall schwimmt ein Spermium auf sie zu, eine bewegliche männliche Samenzelle, die Zelle eines anderen menschlichen Wesens. Ein Gegenüber. Die Eizelle lockt das Spermium mit Botenstoffen an, sodass es den Weg zu ihr findet; es kann die Eizelle sozusagen riechen. Bevor es mit ihr verschmelzen kann, muss es jedoch eine weitere Grenzschicht überwinden, die die Eizelle umgibt: ein zähes, engmaschiges Netz aus Glykoproteinen. Das Spermium löst sie auf mit Enzymen, die es an seinem Kopf bildet. Dann dockt es mit den Rezeptoren seiner Zellmembran an die Zellmembran der Eizelle an und wird von ihr ins Innere gezogen. Die beiden verschmelzen. Ihre jeweiligen Grenzschichten öffnen sich vollständig füreinander.

Innerhalb von Sekunden ändert sich daraufhin das elektrochemische Potenzial der Eizellenmembran und die Struktur der umgebenden Glykoproteine. Dadurch werden die Grenzschichten um die Eizelle für weitere Spermien unüberwindlich. Die beiden Zellkerne verschmelzen, der neue Zellkern enthält 46 Chromosomen, wieder eine einmalige Kombination von Erbanlagen, die es vorher nie gab und später nie wieder geben wird. Allein für ein einzelnes Menschenpaar gibt es 70 Billionen Möglichkeiten, wie das genetische Material eines gemeinsamen Kindes kombiniert sein kann.

Die befruchtete Eizelle beginnt sich zu teilen. Und wieder zu teilen. Immer wieder. Je mehr Zellen da sind, desto mehr kommen hinzu, sie haften aneinander. Der Zellklumpen hat schließlich so viele Zellen, dass nicht mehr alle Kontakt zur Oberfläche haben. Ein Innen und ein Außen entstehen, innere Zellen und äußere Zellen. Eine neue Gestalt.

In dem Zellklumpen entsteht ein wassergefüllter Hohlraum, der die inneren Zellen umgibt, während die äußeren Zellen den Hohlraum außen umhüllen. Aus ihnen entwickelt sich die Plazenta, aus den inneren Zellen der Embryo – ein neues menschliches Wesen, mit einer eigenen Geschichte. Es wird durch die Plazenta ernährt, der zusammengefalteten Grenzschicht zwischen dem Blutkreislauf der Mutter und dem des Kindes. Der Embryo nimmt im Laufe der

Schwangerschaft immer mehr menschliche Gestalt an. Und seine inneren Organe entwickeln sich – vielleicht auch Eierstöcke, in denen sich Eizellen für die nächste Generation bilden.

Später nach der Geburt wird die Grenzschicht der Plazenta abgelöst durch andere Grenzschichten: Das Baby erlebt Körperkontakt durch die Haut, es lernt die Grenzen des eigenen Körpers wahrzunehmen, die Organe der Atmung und Verdauung bilden Grenzschichten zur Außenwelt, und es lernt vielfältige psychische und zwischenmenschliche Grenzen kennen.

Das Baby erlebt: Diese Hand bewegt sich, wenn meine Arme zappeln, und sie hängt an mir dran. Wenn die Hand gegen etwas stößt, tut es weh. Dieses rasselnde Ding bewegt sich auch, wenn meine Arme zappeln, aber dann fällt es runter und ist weg. Das große Wesen, das mich hält und herumträgt, gibt es mir manchmal wieder. Wenn mein Gesicht lächelt, lächelt das große Gesicht über mir auch und macht Töne, aber manchmal schaut es auch weg und lächelt nicht.

So erfährt das Baby ein erstes Gespür für »ich« und »nicht-ich«, für »ich« und »du«. An diesen Grenzschichten entlang entwickelt sich das neue Lebewesen, gemeinsam mit seiner Umwelt und seinem jeweiligen sozialen Gegenüber.

Irgendwann in dieser Entwicklung zündet der Prozess der Selbst-Bewusstheit. Ein Bewusstsein beginnt, »ich« zu sagen. Und »du« zu sagen. Eine Beziehung zu sich selbst aufzubauen und zum Gegenüber. Beides entwickelt sich aneinander. Etwas Neues ist entstanden, wie ein kleiner neuer Stern. Ein neues Licht des Bewusstseins.

Ich und Du. Eine Grenzschicht, ein Dialog. Ein neues Leben mit einem eigenen Bewusstsein, mit einer eigenen Welt, die nur dieses Wesen erlebt. Ein innerer Kosmos.

Und in seiner eigenen inneren Welt aus Gedanken und Empfindungen wird dieses Lebewesen sich vielleicht eines Tages mit Zellen beschäftigen oder damit, wie neues menschliches Leben entsteht, oder mit Gaswolken, Sternen und Planeten …

*

Szenenwechsel: Wir gehen an einen ganz anderen Anfang, weit zurück in der Zeit:

Vor 4,6 Milliarden Jahren schwebt eine Wolke aus Staub und Gas
im All. Dunkel, diffus und ungeordnet, zeitlos und ohne Richtung.
Wie ein langer Schlaf.

Ausgelöst vielleicht durch die Druckwelle einer fernen Supernova-
Explosion oder durch den Sternenwind eines benachbarten Riesen-
sterns: Die Wolke beginnt, sich durch die Gravitationskraft ihrer ei-
genen Masse zusammenzuziehen. Es entsteht ein Prozess, der eine
Richtung hat. Eine Kontraktion. Winzige Ungleichmäßigkeiten der
Bewegung führen zu einer langsam stärker werdenden Rotation. Die
Massen der Wolke bewegen sich auf Spiralbahnen zur Mitte. Durch
Fliehkräfte wird aus der Wolke eine sich drehende Scheibe. Sie hat
eine eindeutige Mitte, eine Peripherie und eine Drehrichtung. Ein
System ist entstanden, mit wirkenden Kräften und Beziehungen.

Eine Gestalt – mit einer eigenen Geschichte.

In dieser Akkretionsscheibe sammelt sich durch die Schwerkraft
immer mehr Masse in der Mitte. Und je mehr das geschieht, desto
stärker wird dort die Gravitation, die noch mehr Gas und Staub ins
Zentrum zieht. Es ist eine sich selbst verstärkende Dynamik. Unum-
kehrbar und gerichtet auf etwas – wie auf ein Ziel.

In der Mitte dieser sich kontrahierenden und rotierenden Staubscheibe steigt der Druck der zusammenstürzenden Materie weiter an,
immer weiter, weiter …

Bis schließlich der Moment gekommen ist – für etwas völlig Neues: Die Fusionsreaktion zündet. Ein Stern entsteht, der Strahlung aus-
sendet. Er stabilisiert sich selbst durch den Strahlungsdruck und setzt
der Gravitation etwas entgegen. Eine Grenze wird überschritten, ein
abrupter Phasenübergang findet statt in eine völlig neue Dynamik
mit neuen, elektromagnetischen Kräften. Die Strahlung des Sterns
erfüllt den ihn umgebenden Raum.

Leichtere Bestandteile der Staubscheibe werden durch die Strahlung weiter ins All hinaus geblasen. Im nahen Bereich um den
neuen Stern bleiben schwerere Staubteilchen zurück, die auf ihren

Rotationsbahnen miteinander kollidieren und immer größere Brocken bilden. In der näheren Umgebung rund um die junge Sonne entstehen so allmählich Planeten aus festem Gestein. Ab einer gewissen Größe nehmen sie durch die Gravitation ihrer eigenen Masse eine kugelförmige Gestalt an. Sie haben eine Oberfläche, auf der sie die Strahlung des jungen Sterns empfangen.

Neue Gestalten entstehen: Flächen. Die im Licht liegen oder im Schatten.

Die Planeten kreisen auf einer jeweils eigenen Bahn mit einem bestimmten Abstand zum Stern, bei dem die Anziehungskraft des Sterns und die Fliehkraft der Kreisbahn genau ausbalanciert sind. Dieser Abstand vom Stern bestimmt die Strahlungsintensität, die den jeweiligen Planeten erreicht. Wenn die Intensität nicht zu hoch ist, aber auch nicht zu niedrig, können sich auf seiner Oberfläche komplexe Moleküle anreichern. Auch flüchtige Stoffe kann der Planet durch Gravitation an seiner Oberfläche binden. Zum Beispiel Wasser. Und eventuell – wenn ein eigenes Magnetfeld ihn von dem Sonnenwind aus geladenen Teilchen abschirmt – auch eine Atmosphäre.

Die Oberfläche ist die Grenzschicht zwischen der gravitativ wirksamen Masse des Planeten und dem von Strahlung erfüllten äußeren Raum.

Ein Stern mit Strahlung. Ein Planet mit fester Oberfläche.

Eine Grenzschicht. Ein Gegenüber. Zwei Gestalten treten in Beziehung zueinander, entwickeln eine gemeinsame Geschichte.

*

Ein paar Hundert Millionen Jahre später:

Auf einem dieser sonnennahen Gesteinsplaneten hat sich Wasser angesammelt, vielleicht durch Vulkanismus aus seinem Inneren emporgebracht, vielleicht durch die Einschläge wasserhaltiger Asteroiden. Und der Abstand des Planeten zum zentralen Stern ist so beschaffen, dass dieses Wasser größtenteils in seinem unwahrscheinlichsten Aggregatzustand vorliegt:

Es ist flüssig.

Dieser Zustand ist ein Dazwischen, ein schmaler Bereich, eine Grenzschicht zwischen dem starren Festkörper Eis und dem schwebenden, haltlosen Gas. Neben dem Druck hängt die Existenz dieses Zustands vor allem von der Temperatur ab.

Temperatur bedeutet die Energie, mit der sich Teilchen (Atome oder Moleküle) ungerichtet und ungeordnet bewegen. Das Maß dieser Energie kann sich in einem Bereich bewegen von Null – entsprechend –273,15 Grad Celsius, dem absoluten Temperatur-Nullpunkt – bis zu ca. 500 Milliarden Grad Celsius bei Supernova-Sternexplosionen. Der Bereich möglicher Temperaturen im Universum beträgt also Hunderte von Milliarden Grad. Der Bereich, in dem flüssiges Wasser vorliegen kann, umfasst dagegen nur 100 Grad. Was für eine hauchdünne Schicht!

Flüssiges Wasser – auf diesem zunächst unscheinbaren Gesteinsplaneten. Ein besonderer und seltener Stoff im Universum.

Meere sind entstanden, manche flach und sonnendurchflutet, andere tief bis in die Dunkelheit.

Vielleicht geschieht es in sonnenbeschienenen Gezeitentümpeln, vielleicht an vulkanischen Quellen in der Tiefsee, vielleicht in wassergefüllten Spalten der jungen Erdkruste – jedenfalls geschieht es an Grenzschichten, an denen wassergefüllte Räume mit einer Energiequelle (von der Sonne oder aus dem Erdinneren) zusammentreffen:

An einigen dieser Orte beginnen sich immer komplexer aufgebaute Stoffe anzureichern. Mit Wasser als Lösungsmittel und mithilfe von Energie aus Sonnenlicht oder Vulkanismus bilden sich Moleküle mit vielfältigen Ketten und Ringen aus Kohlenstoff, Wasserstoff, Sauerstoff und einigen anderen Elementen. Diese immer vielgestaltigeren Moleküle sind »reaktionsfreudig«, sie beginnen miteinander zu interagieren, sich zu verbinden oder sich gegenseitig zu regulieren, die Bildung anderer Moleküle zu hemmen oder zu fördern. Ein Netzwerk von wechselseitiger Beeinflussung entsteht, immer feiner und vielfältiger geflochten. Ein System, mit wirkenden Kräften und Beziehungen.

Irgendwann kommen in diesem Tanz der Moleküle noch solche hinzu, die Membranen bilden. Dadurch entstehen abgeschlossene Kompartimente, umgeben von Grenzschichten, sodass die Wolken miteinander interagierender Stoffe beieinanderbleiben und sich nicht mehr so leicht durch Diffusion verlieren. Schließlich entstehen noch Moleküle, die Information bewahren und speichern können. Dann ist der Moment gekommen für etwas völlig Neues.

Eine neue Gestalt ist entstanden. Eine lebende Zelle. Ein gerichteter Prozess, mit Zielen: sich erhalten, sich vermehren. Leben.

Bei jeder dieser Zellen gibt es ein Innen und ein Außen. Und eine Grenzschicht dazwischen, die sowohl trennt als auch verbindet. Das Außen wird dem Innen zu einem Gegenüber, das förderlich sein kann oder gefährlich. Und das Innen kann dem Außen gegenüber ein Verhalten entwickeln, zum Beispiel sich das Außen einverleiben. Innen und Außen treten in Beziehung zueinander. Sie entwickeln eine gemeinsame Geschichte.

*

In diesem Kapitel haben wir Anfänge verschiedener Art betrachtet. Dabei kommt es zu Prozessen, die eine intensive Dynamik entwickeln und manchmal abrupte Phasenübergänge vollziehen. Es entstehen neue Gestalten, die miteinander in Verbindung treten, die Beziehungen eingehen. Dies geschieht an Grenzschichten, die sich entwickeln und differenzieren, sich falten, sich öffnen oder schließen, trennen und verbinden.

2.

Oberflächen

Die Gesamtheit des Lebens mit seiner unermesslichen Vielfalt finden wir nur in einer dünnen Schicht an der Oberfläche unseres heimatlichen Planeten. Die Erde hat einen Radius von 6 370 Kilometern, das ergibt ein Volumen von ca. einer Billion Kubikkilometern. Aber der größte Anteil der biologischen Artenvielfalt (der mehrzelligen Lebewesen) findet sich auf der Oberfläche in einer Schicht, die nur etwa 200 Meter dünn ist. Das Volumen dieser zentralen Biosphäre beträgt nur ein Zehntausendstel des Erdvolumens. Hätte die Erde die Größe eines Apfels, wäre diese Schicht nur zwei Tausendstel Millimeter dick, das entspricht der Größe eines Bakteriums.

Wie ein unsichtbarer Bakterienrasen auf einem Apfel. So dünn ist zentrale Biosphäre, die belebte Grenzschicht zwischen massivem Gestein und lichtdurchflutetem Raum. Unsere Heimat ist nicht die Erde. Es ist ihre Oberfläche.

Diese Oberfläche ist allerdings geprägt vom Inneren des Planeten. Einerseits durch die Erdanziehung, die von der Masse der Erde abhängt. Auch durch den Vulkanismus, der die Atmosphäre beeinflusst und ursprünglich vielleicht einen Teil des Wassers vom Erdinnern auf die Erdoberfläche brachte. Durch die Plattentektonik, bei der die Kontinente über die Oberfläche wandern, ihre Gestalt verändern, Gebirge auffalten, Meeresströme und Klima beeinflussen. Und durch das Magnetfeld der Erde, das in ihrem Inneren entsteht und die Erde vor zerstörerischer Strahlung der Sonne abschirmt.

Die Gestalt der Oberfläche hängt vom Inneren ab. Und vom äußeren Raum.

Die Umlaufbahn der Erde um die Sonne ist nämlich nicht exakt kreisförmig, sondern leicht elliptisch. Die Form dieser Ellipse ändert sich zyklisch; ein Zyklus umfasst etwa 100 000 Jahre. Die Achse der Eigendrehung der Erde – die Erdachse – wiederum ist gegenüber der Ebene der Umlaufbahn geneigt. Durch diesen Neigungswinkel (Ekliptik) entstehen die Jahreszeiten auf der Erde, er beträgt etwa 23,5 Grad. Auch dieser Winkel ändert sich zyklisch alle 40 000 Jahre. Diese (und andere) sich überlagernde zyklische Veränderungen der Erdbewegung lösen zum Beispiel Eiszeiten aus, mit ihren weitreichenden klimatischen Veränderungen, mit dem Wachsen und Schwinden von großflächigen Vereisungen und deren Folgen für alle Lebewesen. So wirkt sich die Bewegung der Erde durch den äußeren Raum auf die Gestalt ihrer Oberfläche aus.

Das Licht, das unsere irdische Heimatschicht erfüllt, stammt von der Oberfläche der Sonne, von einer ebenfalls sehr dünnen Schicht, der Fotosphäre. Ihre Dicke beträgt weniger als ein Tausendstel des Sonnenradius (nämlich »nur« 400 Kilometer). Die Energie entsteht zwar tief im Sonneninneren bei der Kernfusion. Aber sie braucht durch Streuung und Absorption Jahrtausende, um bis zur Oberfläche der Sonne zu gelangen, zur Fotosphäre. Von dort gelangen die Photonen des Sonnenlichts dann in wenigen Minuten bis zur Oberfläche der Erde.

Diese beiden Grenzschichten – von der Sonne und von der Erde – sind verbunden durch Licht. Zwei Gestalten. Ein Gegenüber. Zugewandt und abgewandt. Tag und Nacht.

In der Beziehung dieser beiden, in deren Gespräch, entstand das Leben.

3.
Zellen

Alles Leben, das wir kennen, besteht aus eigenständigen und abgrenzbaren Einheiten: den Zellen. Sie sind mikroskopisch klein: Die meisten Zellen haben einen Durchmesser zwischen einem tausendstel und einem zehntel Millimeter. Sie sind das grundlegende Organisationsprinzip des Lebens.

Das erscheint selbstverständlich. Aber warum ist das so? Könnte Leben nicht auch in einem unbegrenzten Kontinuum bestehen, wie in einer Ursuppe? Ein Lebewesen wäre dann wie eine Wolke von miteinander interagierenden Stoffen in dieser Suppe. Und die Begegnung zweier Lebewesen wäre wie zwei verschiedene Wolken, die sich durchdringen. Allerdings würde das auf eine einfache Mischung hinauslaufen, bei der sich Unterschiede angleichen und sich dadurch die Vielfalt der möglichen Interaktionen verringert. Unter diesen Umständen könnte sich wahrscheinlich nicht viel entwickeln.

Für eine immer weiter gehende Entwicklung und damit Erhöhung von Vielfalt und Komplexität scheint die Verschiedenartigkeit eigenständiger und abgegrenzter Einheiten nötig zu sein.

Einheiten, die eigenständig sind – und miteinander verbunden. Die einander ein Gegenüber sein können.

Eigenständig ist eine Zelle durch eine dünne Grenzschicht: die Zellmembran. Sie besteht aus einer doppelten Lage von Phospholipid-Molekülen und ist etwa ein hunderttausendstel Millimeter dick. Sie trennt das Innere der Zelle vom äußeren Raum und ermöglicht es dadurch, dass die biochemischen Prozesse des Zellstoffwechsels ungestört ablaufen können. So kann die Zelle in ihrem Inneren ein eigenes chemisches Milieu entwickeln und aufrechterhalten. In der Zellmembran gibt es unterschiedliche Proteine, die eine Vielfalt von Funktionen erfüllen. Da gibt es Kanäle, die bestimmte Stoffe reguliert nach innen oder nach außen lassen und die sich öffnen oder schließen können. Da gibt es Pumpen, die Stoffe aktiv transportieren, Rezeptoren, die Reize von außen nach innen weiterleiten, und Vesikel, kleine Bläschen, die von innen mit der Zellmembran verschmelzen und Signalstoffe oder Abfallstoffe nach außen transportieren.

Das biochemische Milieu im Inneren der Zelle ist vor allem geprägt durch gelöste Proteine, die Hauptwerkzeuge des Zellstoffwechsels, die als negativ geladene Ionen vorliegen, und durch positiv geladene Kalium-Ionen. Außen dagegen, in der wässrigen Umgebung der Zelle, sind positiv geladene Natrium-Ionen vorherrschend sowie negativ geladene Chlorid- und Hydrogencarbonat-Ionen.

Diese Konzentrationsunterschiede (zum Beispiel zwischen Kalium-Ionen innen und Natrium-Ionen außen) werden in der Zellmembran durch Ionenpumpen unter Energieeinsatz aktiv aufrechterhalten. Sie führen an der Membran zu einem elektrischen Potenzial, das wiederum neue Steuerungsmöglichkeiten eröffnet. Im ersten Kapitel ist uns das bei der soeben befruchteten Eizelle bereits begegnet. Bei Muskel-, Sinnes- und Nervenzellen werden Informationen durch Veränderungen des elektrischen Membranpotenzials weitergeleitet. Damit ist die Grenzschicht der Zellmembran ein wichtiges Medium der zellulären Informationsübermittlung. Wir werden in einem späteren Kapitel darauf zurückkommen.

Bakterien, Pilze, Pflanzen und Tiere. Sie alle bestehen aus Zellen, umhüllt von Grenzschichten, die selektiv durchlässig sind – man nennt sie auch semipermeabel.

Das so organisierte Leben schlägt der allgemeinen Zunahme der Entropie ein Schnippchen. Entropie ist ein Maß für die Unordnung in einem System. Das allgemeine physikalische Gesetz der Entropie besagt, dass in geschlossenen Systemen das Maß der Unordnung stets zunimmt. Immer und überall im Universum. Zunehmende Unordnung bedeutet: Es gleichen sich mit der Zeit alle Unterschiede aus, mehr und mehr, bis alle Prozesse allmählich zum Erliegen kommen.

Jede physikalische Energie wandelt sich irgendwann in Wärme um. Wärme ist ungeordnete Energie. Wenn ich beim Fußball den Ball ins Tor schieße, wandelt sich die Bewegungsenergie in Reibungswärme um. Wenn das Publikum jubelt, geschieht mit der Energie des Schalls das Gleiche. Und diese Wärme breitet sich aus, bis alle Wärmeunterschiede ausgeglichen sind. Wie der anfangs heiße Kaffee, der nach einiger Zeit seine Temperatur an die des Raumes angleicht: lauwarm.

In einem geschlossenen System passiert irgendwann: nichts mehr. Keine Unterschiede, keine Kontraste, keine Grenzschichten, keine Dynamik. Nichts.

Das geschieht immer. Langsam, aber unausweichlich.

In geschlossenen Systemen.

Wie kann das Leben da seit Milliarden von Jahren solche Ordnung, solche Komplexität und Schönheit schaffen?

Weil Zellen und Organismen keine geschlossenen Systeme sind!

Es sind offene Systeme. Sie sind zwar abgegrenzt, müssen es auch
sein, um bestehen zu können. Aber sie sind nicht abgeschlossen. Ihre
Grenzschichten trennen nicht nur, sondern sind auch durchlässig,
und zwar selektiv durchlässig.

Wenn mein Haus ein überwiegend geschlossenes System wäre,
würde sich seine Temperatur durch kleine Undichtigkeiten recht bald
an die Umgebungstemperatur angleichen. Das wäre jetzt im Oktober schon ziemlich ungemütlich. Zum Glück habe ich eine Heizung,
aber deren Energie wird von außen zugeführt. Selbst wenn ich im
Zelt schlafe, oder in einem Baumhaus im Wald, ist das ein offenes
System, dem ich Energie zuführe. Mein Körper produziert Wärme,
deren Energie ich in Form von Nahrung aufnehme. Gleichzeitig
brauche ich eine Grenze, damit »die Wärme drinnen bleibt«. Wenn
ich die Tür vom Baumhaus offenstehen lasse, funktioniert es nicht.
Aber eine Tür oder dergleichen brauche ich – sonst komme ich mit
meiner Nahrung im Bauch nicht hinein und kann keine Körperwärme produzieren. Die selektiv durchlässige Grenzschicht schlägt
also der Entropiezunahme ein Schnippchen: Mensch als Wärmequelle darf rein, aber Wärme darf nicht raus! Oder bei meinem Haus:
Gasleitung für Heizung darf rein, aber Energiesparfenster lassen die
Wärme drin – selektive Durchlässigkeit.

Insofern ist das Gebäude, in dem ich wohne, egal ob Iglu, Jurte
oder Steinhaus, eine Erweiterung meines Lebensprozesses. Wie eine
zweite Haut. Wir werden das in einem späteren Kapitel noch eingehender betrachten.

Offene Systeme sind in einem ständigen Ungleichgewicht mit ihrer Umgebung, in einem ständigen Austausch. Sie balancieren auf der
Grenze zwischen Trennung und Verbundenheit. Verbunden mit der
Umgebung sind sie, weil sie offen sind. Getrennt von der Umgebung
sind sie, weil sie eigenständige Systeme und von einer Grenzschicht
umgeben sind.

So können auch Zellen durch ihre selektiv durchlässige Zellmembran der Entropiezunahme trotzen und ihre Lebensprozesse aufrechterhalten. Lebewesen führen als offene Systeme ein unaufhörliches Gespräch mit ihrer Umgebung. Das macht Leben aus. Dieses Gespräch endet erst mit dem Tod. Dann lösen sich die Grenzschichten auf, die dieses Lebewesen umhüllten, und die Entropiezunahme nimmt ihren Lauf.

4.
Faltungen

In mehrzelligen Organismen ist die Schicht zwischen Innen und Außen nicht nur eine flächig ausgedehnte Membran. Sie nimmt ganz unterschiedliche Formen an und prägt damit die Gestalt des Organismus.

Bei Pflanzen ist die Oberfläche, die Grenzschicht zwischen Innen und Außen, ausgefaltet und verzweigt. Da Pflanzen an einem Ort bleiben, können sie sich zur Vergrößerung der Oberfläche nach außen entfalten.

In ihren Blättern wird die Fläche vergrößert, auf der die Pflanze atmet und auf der die Chloroplasten die Energie des Lichts aufnehmen. Um etwa das 25-Fache ist die Blattoberfläche eines Baumes größer als seine Grundfläche. Auf der großen Oberfläche seiner Blätter verdunstet er Wasser – der dadurch entstehende Unterdruck saugt das Wasser aus den Wurzeln durch die Leitungsbahnen hoch bis zur Baumkrone.

Im Wurzelwerk der Pflanze wird ebenfalls Fläche vergrößert: Die Fläche der Grenzschicht, die dem Austausch mit dem Erdreich dient, der Aufnahme von Wasser und Nährstoffen. Über das entfaltete Geflecht der Wurzeln sind Pflanzen mit Bakterien und Pilzen im Boden verbunden und auch mit anderen Pflanzen. In einem Wald tauschen

Bäume durch dieses »wood wide web« miteinander Nährstoffe aus und warnen einander durch Signalstoffe vor Fraßfeinden. All das wird möglich durch die netzartig auseinandergefalteten Grenzschichten der Pflanzen.

Tiere dagegen haben eine andere, gegensätzliche Strategie zur Vergrößerung ihrer Oberfläche: Sie falten sich ein nach innen. Das ermöglicht ihnen den kompakten Körperbau, der für eine Fortbewegung notwendig ist.

Denn die Oberfläche unseres Körpers ist nicht nur die Haut. Dazu gehören auch der gesamte Verdauungstrakt vom Mund bis zum Enddarm, die Luftwege und die Lunge, die Nieren und die ableitenden Harnwege. All das sind eingefaltete Grenzschichten zwischen Innen und Außen. Während die Fläche der menschlichen Haut weniger als 2 Quadratmeter beträgt, haben allein Darm und Lunge mit all ihren Zotten und Alveolen beim Menschen zusammen eine Fläche von etwa 500 Quadratmetern.

Die Luftröhre, die sich verzweigt in die Bronchien, immer weiter verästelt in kleine Bronchiolen, bis hin zu den mikroskopisch kleinen Lungenbläschen, den Alveolen: All das erscheint wie ein umgekehrter, nach innen wachsender Baum. Auch die Oberfläche des Darms ist enorm vergrößert durch Falten und Zotten. Dadurch erreichen diese verschiedenen Grenzflächen eine Größe, die notwendig ist, um ausreichend Sauerstoff aufzunehmen, Kohlendioxid abzuatmen, die komplexen Stoffgemische der Nahrung zu erschließen und Abfallstoffe abzugeben.

Diese großen Flächen trennen uns von unserer Umwelt – und verbinden uns mit ihr. Durch sie stehen wir in einem ständigen Dialog mit der Umgebung Die Ausdehnung dieser semipermeablen Grenzschichten ermöglicht einen intensiven Austausch von Stoffen, bietet jedoch gleichzeitig Krankheitserregern die Möglichkeit, in unseren Körper einzudringen. Lungenentzündung, infektiöse Darmerkrankung, Harnwegsinfekt: Wie gut unsere körperlichen Grenzschichten in der Lage sind, ihre selektive Durchlässigkeit effektiv zu regulieren, entscheidet über Krankheit und Gesundheit.

5.
Semipermeabilität

Semipermeabilität ist Durchlässigkeit und Undurchlässigkeit in einem. Diese selektive Durchlässigkeit ist vielleicht die wesentlichste und allgemeinste Eigenschaft von Grenzschichten. Sie ermöglicht vielfältige Funktionen:

Verschließen und durchlassen.

Verbinden und trennen.

Identität und Anpassung.

Grenzschichten bewegen sich in diesen Spannungsfeldern. Sie vollziehen jeweils beides, sind jedoch darin nie festgelegt, sie schwingen vielmehr zwischen den jeweiligen Polen in ständigem Wandel. Wenn wir sie untersuchen, erkennen wir je nach Blickwinkel und je nach Situation mal mehr den verbindenden, mal den trennenden, den verschließenden oder den durchlässigen, den Identität wahrenden oder den sich anpassenden Aspekt.

Grenzschichten sind ein Dazwischen. Sie konstituieren ein Diesseits und ein Jenseits – und werden selbst erst durch ein Diesseits und ein Jenseits konstituiert. Sie haben eine eigene Dynamik, denn besonders wichtige oder intensive Prozesse finden oft an Grenzschichten statt.

In ihrer Semipermeabilität lassen Grenzschichten selektiv manches durch und manches nicht, und sie regulieren, was und wieviel sie zu welchen Zeiten durchlassen. Diese Regulation kann wiederum selbst dynamisch angepasst und verändert werden. Manchmal entscheidet die Grenzschicht selbst, was sie durchlässt und was nicht. Manchmal kommt ein steuernder Impuls von innen, manchmal von außen.

Wären Grenzschichten komplett durchlässig, gäbe es keine dynamischen Prozesse an der Grenze, gäbe es nichts zu regulieren und keine Unterschiede zwischen diesseits und jenseits der Grenzschicht. Wären sie aber komplett undurchlässig und geschlossen, so gäbe es ebenfalls keine Dynamik, die Bereiche diesseits und jenseits der Grenze stünden verbindungslos nebeneinander, beziehungslos.

Im Folgenden betrachten wir einige Beispiele für Grenzschichten und die Vorgänge selektiver Durchlässigkeit, die mit ihnen verbunden sind:

*

An den Blättern einer Pflanze öffnen sich bei Licht die Spaltöffnungen der Blattoberfläche, wie Millionen winziger Münder. Die Pflanze lässt ihre Grenzschicht zur Luft selektiv durchlässig werden, sie atmet Kohlendioxid und verdunstet Wasser. Die Verdunstung lässt einen Sog in ihr entstehen, durch den ihre Wurzeln Wasser und gelöste Nährstoffe aufnehmen. Wird es Nacht oder ist es zu trocken, so schließen sich die Spaltöffnungen wieder, damit die Pflanze nicht zu viel Wasser verliert. Die Grenzschicht wird undurchlässiger, die Pflanze trennt sich von ihrer Umgebung.

*

Ein von außen kommendes Insulin-Molekül dockt an einem Rezeptor auf der Zellmembran einer menschlichen Körperzelle an. Das vom Insulin aktivierte Rezeptor-Molekül bewirkt, dass in die Membran mehr Glukose-Transporter-Proteine eingebaut werden und sie damit durchlässiger wird für Zucker-Moleküle. Dadurch kann Glukose in die Zelle einströmen und von ihr als Energieträger genutzt werden. Fehlt das Insulin oder dessen Rezeptoren in der Grenzschicht, bleibt die Zellmembran undurchlässig für Glukose, die sich dann im Blut ansammelt. Das führt zu einem Diabetes mit all seinen negativen Folgen.

*

Du und ich. Wir kommunizieren. Damit das gelingt, braucht es zunächst die Klarheit, dass ich nicht du bin und du nicht ich bist. Dass nur ich meine Gedanken wahrnehme und meine Gefühle spüre und nicht du. Gerade weil wir uns in andere Menschen einfühlen und »hineinversetzen« können, ist diese Unterscheidung alles andere als trivial. Wenn sie nicht ausreichend klar wäre, dann würde ich vielleicht meinen, du dächtest Gedanken in mir, die gar nicht meine wären, oder du pflanztest Gefühle in mich ein, die nicht meine Gefühle wären. Dann hätte ich keinen festen Halt in mir, von dem aus ich mich dir mit-teilen könnte. Dann könnte ich nicht mit ausreichender Sicherheit sagen: »Ich denke ...« oder »Ich empfinde ...« oder »Ich will ...«. Denn dafür braucht es ein abgegrenztes Ich.

Eine Grenzschicht. Ein Gegenüber. Ich und Du.

Begegnung findet genau an dieser semipermeablen Grenzschicht statt. Es gibt psychiatrische Erkrankungen, bei denen diese Grenzschicht nur eingeschränkt funktioniert. Dann glaube ich vielleicht, dass du mir Gedanken in meinen Kopf eingibst. Oder dass ich die Macht habe, dich fernzusteuern. Dass ich schuld bin, wenn ich negative Gedanken über dich habe und dir dann etwas Schlimmes zustößt. Bei solchen Überzeugungen kann eine zwischenmenschliche Begegnung sehr schwierig sein.

Wenn aber die Grenzschichten zwischen Ich und Du ihren Dienst tun und du dann mit mir kommunizierst, kann ich zuhören. Es aufnehmen. Oder nicht. Und ich kann es glauben, dir vertrauen. Oder nicht. Ich kann deine Worte deuten, dein Verhalten interpretieren. Aber nicht direkt dein Inneres wahrnehmen. Das kannst nur du. Wenn du mir deine Gefühle mitteilst, kann ich mitfühlen und meine Emotionalität in Resonanz zu der deinen bringen. Oder meine eigenen Gefühle in Kontrast zu den deinen betonen. Ich kann von meinen eigenen Gedanken oder Gefühlen etwas zeigen, aussprechen. Oder sie »für mich behalten«.

An dieser zwischenmenschlichen Grenzschicht finden ständige Selektionsprozesse statt: Was und wieviel zeige ich von mir? Was und wieviel nehme ich auf von dir? Manche dieser Regulationen erfolgen bewusst, die meisten jedoch unbewusst.

Die Grenzschicht zwischen Ich und Du muss durchlässig sein. Sonst wären Kommunikation und Resonanz nicht möglich. Die

Grenzschicht entsteht sogar anhand der Erfahrung ihrer Durchlässig-keit, und zwar schon in den ersten Lebensmonaten und Jahren. Aber sie muss auch die Erfahrung der Abgrenzung, des sich Abschließens ermöglichen, auch dies schon in den frühesten Lebensphasen. Wie geschieht das? Eine kleine Szene als Beispiel:

Das Baby sieht mich an ... ich schaue zurück ... es lächelt. Ich lächle unwillkürlich auch und mache lustige Geräusche ... es strahlt und gluckst vor Freude. Ich strecke ihm die Zunge raus ... und siehe da, das Baby versucht es nachzuahmen ... ein wenig schiebt sich die Zunge zwischen die Lippen. Dann lässt die Intensität unserer Reso-nanz nach und das Baby schaut von mir weg und wendet sich einem Spielzeug zu. Ein eigenständiger Impuls.

Jetzt will ich es wickeln, lege es auf den Wickeltisch und beginne es auszuziehen. Es protestiert ... es schreit, es will nicht! Ich mache vorsichtig weiter, rede beruhigend ... es schreit zornig, mit rotem Kopf. ICH will nicht! Ich pruste ihm mit dem Mund auf den nackten Bauch. Es gluckst, lacht, lässt sich von seinem Zorn ablenken. Aber als ich ihm die volle Windel öffne, protestiert es wieder und windet sich. Ich gebe ihm ein Spielzeug in die Hand, es greift danach ... So geht unser Tanz weiter ...

Die Grenzschicht zwischen Ich und Du ist zu Beginn unseres Le-bens nur rudimentär angelegt. Wenn wir in unseren frühen zwischen-menschlichen Erfahrungen das Wechselspiel zwischen verbindender Resonanz und Eigenständigkeit, zwischen Harmonie und Konflikt auf förderliche Art erleben können, dann entfaltet und differenziert sich diese Grenzschicht allmählich immer weiter.

So entstehen unsere Fähigkeiten zu Resonanz, Verbundenheit, Harmonie und zu Eigenständigkeit, Abgrenzung, Konflikt. Sie be-dingen einander wechselseitig und entwickeln sich miteinander.

Sie sind wie einatmen und ausatmen. Beides geht nur miteinander im Wechsel.

Die Erfahrungen der zwischenmenschlichen Resonanz einerseits und der Abgrenzung andererseits, die ich vom Beginn meines Le-bens an mache, konstituieren meine Grenzschicht zwischen Ich und

Du. Und sie stärken mein intuitives Vertrauen in die semipermeablen Funktionen dieser Grenzschicht.

Wenn die selektive Durchlässigkeit meiner Grenzschicht nicht gut funktioniert, vertraue ich ihr nicht. Und wenn ich ihr nicht vertraue, funktioniert sie nicht so gut.

Mein Vertrauen in das Funktionieren dieser Grenzschicht ist ein wesentlicher Aspekt meiner Beziehung zu mir selbst, meines Identitätsgefühls und meines Selbstvertrauens.

6.
Jetzt

Meine Beziehung zu mir selbst ist durch einen weiteren Aspekt geprägt: Für mich, wie für die meisten Menschen, ist das Ich das, was immer da ist, in jedem Moment meines bewussten Daseins – von wenigen Ausnahmen abgesehen, auf die wir noch kommen werden. Mein Ich hat also für mein individuelles Leben eine Konstanz in der Zeit. Ich-Erleben und Zeit-Erleben scheinen irgendwie verbunden zu sein.

Das führt uns zu der alten philosophischen Frage nach dem Wesen der Zeit.

Man kann die Frage physikalisch betrachten und landet bei der vierdimensionalen Raumzeit der allgemeinen Relativitätstheorie. Zeit und Raum sind relative Größen, abhängig von Masseverteilungen und Geschwindigkeiten. Das ist zwar faszinierend, aber zunächst für unsere Fragestellung nicht so bedeutsam.

Philosophische Spekulationen über das Wesen der Zeit gibt es in großer Zahl – jedoch fehlt ihnen oft die praktische Relevanz. So gibt es weitreichende Diskussionen, ob Zeit nur ein subjektives Erleben ist, vielleicht nur eine Illusion, oder ein eigenes, unabhängiges Prinzip darstellt. Warum hat die Zeit eine unabänderliche Richtung, während wir uns im Raum nach Belieben in verschiedene Richtungen bewegen können? Ist nur die Gegenwart real, gibt es Vergangenheit und Zukunft nur in unseren Köpfen? Wieso können wir dann konsistente und empirisch überprüfbare Aussagen über die Vergangenheit oder Vorhersagen für die Zukunft machen? Aber wenn die Zukunft »jetzt schon« real ist, ist sie dann festgelegt? Was ist mit meinen Entscheidungen, meinem freien Willen? Warum finden wir Kausalitäten immer nur in einer Richtung, von der Vergangenheit zur Gegenwart oder von der Gegenwart in die Zukunft, aber nie andersherum? Erkennen wir Zeit nur dadurch, dass sich etwas bewegt oder verändert? Und gibt es dann vielleicht nur Bewegung und Veränderung, und Zeit ist nur wie eine Art Wechselkurs, eine Verrechnung von einer Veränderung mit einer anderen?

Wir lassen diese komplexen philosophischen Fragestellungen hier beiseite und gehen bei diesem Thema von unserer Alltagserfahrung aus: Wir teilen Zeit ein in Vergangenheit, Gegenwart und Zukunft. Die Vergangenheit umfasst die Geschehnisse, von denen wir ein Bild haben (durch eigene Erinnerung, durch Geschichtswissenschaft oder Überlieferung), die wir aber nicht mehr ändern können. Die Zukunft umfasst die Geschehnisse, die wir noch nicht kennen, aber durch unser Handeln vielleicht beeinflussen können. Beides sind Zeiträume, die größer sind, als wir überblicken können. Sie übersteigen weit unsere eigene Lebenszeit.

Und das dritte, die Gegenwart? Sie ist eine dünne Schicht, eine Grenzschicht zwischen den beiden riesigen Räumen der Vergangenheit und der Zukunft. Wie eine Membran. Immer nur ein Moment. Jetzt. Im Nu vorbei und schon Vergangenheit geworden.

Dieses Jetzt ist der einzige Zeitpunkt, in dem ich existiere. Wenn ich handle, handle ich jetzt. Ich kann zwar Einfluss auf die Zukunft nehmen und sie durch planvolles Handeln gestalten. Aber meine Handlung findet immer jetzt statt. Und genauso meine Wahrnehmung, das Erleben meiner Welt: nur jetzt. Und jetzt. Und jetzt.

Auch die Vergangenheit, die ich erinnere, und die Zukunft, die ich vorwegnehme, finden in mir statt – und zwar jetzt. Insofern lebe ich eigentlich immer nur im Jetzt, auch mit meinen Gedanken und Gefühlen. Dennoch kann ich mich verlieren in Enttäuschung, Vorwürfen oder Reue über die Vergangenheit. Oder im Schwelgen: Früher war alles besser! Oder ich tauche ein in Hoffnungen, Ängste und Sorgen über die Zukunft. Ich verliere mich in inneren Räumen, die sich auf Vergangenheit oder Zukunft beziehen. Aber ich kann mich wiederfinden, wenn ich zurückkehre: ins direkte Erleben des Jetzt.

Dann verankere ich mich in der Wahrnehmung des Gegenwärtigen: in dem, was ich jetzt gerade tue und was in mir und um mich herum geschieht. Das ist nicht so einfach, wie es klingt, denn immer wieder werde ich weggezogen von dieser Grenzschicht der Gegenwart – weggezogen in die Labyrinthe der Gedanken, der Wünsche, Sorgen und Ängste.

Die Anziehungskraft dieser Labyrinthe ist nicht zufällig oder schicksalhaft, ihr liegt vielmehr eine Motivation zugrunde. Meine Wünsche, Hoffnungen, Ängste, meine Gedanken über Vergangenes oder Zukünftiges erzeuge ich selbst, ich kann sie mir selbst zurechtlegen. So führen sie zu einer gewissen Illusion von Kontrolle. In der Gedankenwelt kann ich angenehme Gefühle herbeiführen, einem unangenehmen Gefühl dagegen kann ich noch mehr Gedanken beifügen, die mich glauben lassen, ich hätte es im Griff. Ich kann alternative Vergangenheiten erdenken, zukünftige Varianten durchspielen, Situationen vorwegnehmen, Gefühle schonmal »im Voraus fühlen«. Gerade wenn es um unangenehme Gefühle geht, um Hilflosigkeit, Angst, Scham oder Wut, erlebe ich ein beruhigendes Maß an Kontrolle, wenn ich diese Gefühle durch gedankliche Beschäftigung mit Vergangenem oder Zukünftigem selbst herbeiführe. Ich bin dann sozusagen selbst der Regisseur meiner schwierigen Erlebnisse.

Die reale Gegenwart dagegen hat immer ein Element der Unkontrollierbarkeit. Im Wahrnehmen des Jetzt bin ich dieser einen Realität der Gegenwart ausgeliefert. Wenn mir mein Glas herunterfällt, dann ist es so. Dann ist es zerbrochen und der Fußboden nass. Ich kann es in der Realität nicht nochmal durchspielen und diesmal richtig festhalten – das geht nur in Gedanken. Wenn ich vor anderen Menschen spreche und mich verhasple, dann bin ich ganz in dem Moment des Nicht-weiter-Wissens, des Kontrollverlusts, vielleicht auch des Gefühls der Peinlichkeit. Da gibt es kein Entkommen – denn es gibt nur das eine Jetzt.

Deshalb richte ich mich oft in selbst erzeugten Gedankenwelten ein. Sie geben mir das Gefühl, Herr meiner eigenen Welt zu sein. Häufig wandelt sich das jedoch in die Erfahrung, Getriebener meiner eigenen Welt zu sein, denn die Kontrollwünsche kommen nie an ein Ende und die Gedanken ufern immer weiter aus.

Wie kann ich den Labyrinthen meiner Gedanken entkommen und mich immer wieder in der Realität des Jetzt verankern? Da ist es hilfreich, mich von der Erfahrung der Gegenwart emotional berühren zu lassen. Und eine der stärksten Arten von Berührbarkeit zeigt sich im Gefühl des Staunens.

Ohne Staunen wäre das Leben eintönig und armselig. Es öffnet uns für die Wunder der Welt und katapultiert uns in das unmittelbare Erleben des gegenwärtigen Moments.

Etwas poetisch (beim Staunen wird man leicht poetisch) könnte man sagen: Bleibt der Mund offen stehen, so fließt die Welt hinein und füllt die Seele mit Jetztheit.

Das Staunen verbindet uns mit der Welt. Wir sind berührt und geraten in Resonanz (siehe Kapitel 29). Es kann in uns den Wunsch erwecken, uns weiter und tiefer mit dem zu verbinden, was uns staunen lässt. So beschreiben viele Wissenschaftlerinnen das Staunen als eine wichtige Triebfeder ihrer Forschungsarbeit.

Staunen können wir über die Wunder der Welt, die uns umgibt, aber auch über die Tiefe unserer inneren Welten – den Reichtum unserer Empfindungen, die Vielfalt unserer Gedanken und Vorstellungen. So wird im Staunen die Grenze zwischen innerer und äußerer Welt durchlässig, Inneres und Äußeres sind in uns verbunden.

Staunen kann ich auch über etwas Unangenehmes: Eben wusste ich noch, was ich sagen wollte, jetzt verhasple ich mich und bin ganz durcheinander: ups! Erstaunlich! Vielleicht kann da sogar ein Lachen kommen und ein Staunen über die unvorhersehbaren Wendungen des Geistes. Und das kann mich verbinden mit mir selbst und mit den Menschen, vor denen mir mein Lapsus eigentlich unangenehm ist.

Der Moment der Gegenwart, diese Grenzschicht zwischen den unermesslichen Zeiträumen der Vergangenheit und der Zukunft, ist mein existenzielles Zuhause. Dort lebe ich, und wenn es zu einer Begegnung mit dir kommt, findet sie dort statt. Denn zwischenmenschliche Begegnung bedeutet: miteinander geteilte Gegenwart. Wenn ich ganz in eine Begegnung eintauche, in das direkte Erleben, nicht in die Konzepte, die ich habe von dir und von mir, dann bin ich ganz da mit dir. Denn ich begegne dir nirgendwo anders als in dieser hauchdünnen Schicht: jetzt.

Dann wird Begegnung fließend, dann kann zwischen uns ein gemeinsamer Tanz entstehen, in Verbundenheit und Abgrenzung, und wie jeder Tanz vollzieht er sich im Jetzt.

Das Erleben des Gegenwärtigen hat eine weitere existenzielle Dimension: Es kann mich zu spirituellen Erfahrungen führen. In allen Weltreligionen gibt es mystische Übungswege, die das unmittelbare Erleben des Allumfassenden anstreben. Bei diesen Wegen ist die Gegenwärtigkeit, die Verankerung der Wahrnehmung im Jetzt ein zentraler Aspekt der spirituellen Übung.

Nicht nur die ständige Beschäftigung mit Vergangenem oder Zukünftigem steht der unmittelbaren Erfahrung des Jetzt im Wege, sondern auch die Konzepte, die ich von den Dingen und den Vorgängen meines Lebens habe. Jede Wahrnehmung wird sofort kategorisiert, eingeordnet und bewertet. So bringt sie mich nicht »aus dem Konzept«, aber sie berührt mich auch nicht und ich tauche nicht ein in den Fluss des unmittelbaren Erlebens. Daher gehört es zu vielen spirituellen Übungswegen, sich von den eigenen Konzepten zu lösen. Allerdings bedeutet »lösen« hier nicht, keine Konzepte mehr zu haben – das wäre gar nicht möglich –, sondern sie als Werkzeuge zu erkennen und sie nicht mit der Wirklichkeit zu verwechseln.

Konzepte vereinfachen in vielerlei Hinsicht mein Leben und helfen mir, meinen Alltag zu bewältigen: Ich kenne mich aus, ich weiß Bescheid, ich habe Routine. Aber sie beruhen auf früheren Erfahrungen, sie sind sozusagen geronnene Vergangenheit. Wenn ich mich überwiegend von meinen Konzepten leiten lasse, ist mein Leben stark von meiner Vergangenheit geprägt. Außerdem führen definierte Konzepte mit ihren harten, undurchlässigen Abgrenzungen dazu, dass ich mich als getrennt von der Welt erlebe, als unverbunden und oft auch als fremd. Um in den gegenwärtigen Moment einzutauchen, muss ich meinen Konzepten weniger Beachtung schenken, denn sie behindern das vollständige Erleben des Jetzt. Deshalb ist das Staunen so wertvoll, es zieht mich aus den gewohnten Konzepten heraus.

Wenn das gelingt – mich ganz der Wahrnehmung des Jetzt öffnen, meine Konzepte loslassen und in der Gegenwärtigkeit verweilen – dann werden die Grenzschichten durchlässiger. Das Äußere spiegelt sich im Inneren und das Innere im Äußeren. Alle Dinge sind miteinander verbunden, nicht grenzenlos, sondern sie stehen in inniger Beziehung zueinander, und ich bin ein Teil davon. Das Leben vollzieht sich, in mir und um mich herum, als ein einziger Fluss. Die Wirklichkeit hat eine große, umfassende Gestalt, in die ich eingefügt bin. Das Tor zu dieser spirituellen Erfahrung ist immer der gegenwärtige Moment: jetzt.

Allerdings brauche ich dabei die stabile Basis eines Identitätsgefühls, das mich verlässlich spüren lässt, wer ich bin und wie ich mich sehe, und bei dem ich zumindest grundsätzlich im Einklang bin mit mir. Meine Seele braucht gut funktionierende Grenzschichten. Diese innere Stabilität hilft mir ganz allgemein, mich zu entwickeln, und ermöglicht mir insbesondere, mich für spirituelle Erfahrungen zu öffnen und sie gut verarbeiten zu können. Ist diese Basis nicht stabil genug, können mich Erfahrungen des Allumfassenden so erschüttern, dass ich meinen Halt in der Realität verliere. Die Spannung zwischen den abgegrenzten Konzepten des Alltagslebens und der tiefen Erfahrung von All-Verbundenheit wird zu groß und kann nicht ausgehalten werden. Das kann zu Angstzuständen, zu Verwirrung und im schlimmsten Fall zu einer Psychose führen. Dann verschwimmen die Grenzschichten zwischen Innenwelt und Außenwelt, sie werden instabil und zu durchlässig. Der einflussreiche Mythenforscher Joseph Campbell schrieb: »Der Psychotiker ertrinkt in jenem Meer, in dem der Mystiker freudig schwimmt.«

Es scheint hierbei jedoch unbewusste Schutzmechanismen der Seele zu geben, sodass sich meistens die Erfahrungen des Allumfassenden gar nicht erst öffnen, wenn die seelischen Grenzschichten nicht stabil genug sind. Ich kann mir also die Entwicklung meiner Persönlichkeit und meines Selbstwertgefühls nicht ersparen, indem ich mich direkt auf spirituelle Erfahrungen ausrichte. Es gibt keine »spirituelle Abkürzung«. Ein sicheres Ich-Gefühl, stabile Ich-Grenzen und lebensförderliche Konzepte müssen sich erst entwickelt haben, bevor sie in einer spirituellen Erfahrung schließlich losgelassen und transzendiert werden können.

7.

Geschlechtswelten

Ein wichtiger Aspekt meines Identitätsgefühls ist meine geschlechtliche Identität. Sie bezieht sich im Wesentlichen auf zwei Bereiche von Fragen.

Erstens: Welche Art von Geschlechtswesen bin ich? Sage ich: »Ich bin ein Mann« oder »Ich bin eine Frau« oder treffe ich eine andere Aussage, die mich einer Gruppe zuordnet, sei es trans, intersexuell oder queer? Oder fühle ich mich bezüglich meiner Geschlechtlichkeit keiner Gruppe zugehörig? Und welche Identität drückt mein Körper aus mit seinen äußeren und inneren Geschlechtsmerkmalen und seiner hormonellen Dynamik?

Und zweitens: Auf welche Art liebe ich sexuell? Auf welche Menschen und auf welche Geschlechtsmerkmale ist mein Begehren ausgerichtet? Welche Bedeutung hat sexuelle Liebe in meinem Leben? Liebe und begehre ich immer nur eine Person oder auch mehrere?

Zu diesen Themen gibt es seit einigen Jahren vielfältige und zum Teil erbitterte Diskussionen. Ist Geschlecht ein rein soziokulturelles Konstrukt? Ist Geschlecht als Konstrukt ein Werkzeug der Repression und der Stigmatisierung, die es zu überwinden gilt? Oder ist Geschlechtlichkeit eine biologisch objektive Tatsache, hat Geschlecht daher relevante biologische Grundlagen? Ist die gesellschaftliche Norm der Monogamie repressiv und zerstört es die Liebe, zu glauben, dass ein Partner sexuell »mir gehört«? Oder ist Monogamie ein Schutzraum, in dem beide Partnerinnen sich miteinander entwickeln und aneinander wachsen können?

Zu diesen Fragen stelle ich hier einen Blickwinkel zur Diskussion, der die Grenzschichten betrachtet zwischen männlichen, weiblichen und anderen Identitäten und zwischen verschiedenen sexuellen Orientierungen und der die verbindenden und trennenden Aspekte dieser Grenzschichten untersucht.

Dabei gehe ich – wie im gesamten Essay – davon aus, dass die beiden Bereiche der Natur und der Kultur, der biologischen Zusammenhänge und der sozialen Praktiken miteinander verbunden sind in durchlässiger Abgrenzung (Zu der Grenzschicht zwischen Natur und Kultur komme ich ausführlicher in Kapitel 10). Es ist notwendig, einerseits biologische Determinanten von Sexualität und Geschlechtlichkeit anzuerkennen, zum Beispiel die Tatsache, dass die menschlichen Sexualorgane evolutionär hauptsächlich auf die Funktion der Fortpflanzung in einem heterosexuellen Akt ausgerichtet sind. Andererseits ist auch einzubeziehen, dass Menschen biologische Festlegungen durch ihre kulturellen und persönlichen Praktiken verändern und gestalten. Ein Beispiel hierfür ist die kulturelle Praxis der Empfängnisverhütung, die Sexualität und Schwangerschaft entkoppelt und es dadurch Menschen ermöglicht, ein erfülltes Sexualleben zu haben, ohne Kinder zu zeugen. Oder die Homosexualität, in der Sexualität keine direkte reproduktive Funktion hat, sondern einem erfüllten Leben und der Paarbindung dient. Hier bekommt die Sexualität durch kulturelle Praktiken neue Funktionen und Zusammenhänge, die es in Ansätzen allerdings auch schon bei anderen Säugetieren gibt – zum Beispiel dient die Sexualität bei Bonobo-Schimpansen ebenfalls dem sozialen Zusammenhalt.

Daher muss eine konsistente Beschreibung von Phänomenen, die sowohl in biologischen als auch in sozialen Bereichen verwurzelt sind (wie es bei dem Phänomen Geschlechtlichkeit der Fall ist), sich in die wissenschaftlichen Analysen beider Bereiche widerspruchsfrei einfügen. Es geht hier also um eine Beschreibung, mit der sowohl Biologinnen als auch Soziologen etwas anfangen können.

Bei diesem Thema muss jedoch auch beachtet werden, dass Menschen, die nicht der heterosexuellen Männlich-weiblich-Norm entsprachen, in der Geschichte vieler Kulturen den schlimmsten Repressalien bis hin zu Verfolgung und Mord ausgesetzt waren. Und dass Stigmatisierung und Repression dieser Menschen bis heute anhalten, wenn auch teilweise in geringerem Umfang. Die Grenzschicht zwischen der heterosexuellen Norm und anderen sexuellen Orientierungen ist also geprägt von Verhärtung und Gewalt. Wir haben es hier mit jahrhundertelangen, gesellschaftlichen und persönlichen Verletzungen und Traumatisierungen zu tun, die es erfordern, sich diesen Themen mit großer Achtsamkeit zuzuwenden. Andererseits gibt es biologische und soziologische Tatsachen, die gesichert und bedeutsam sind. Zum Beispiel die Tatsache, dass die überwiegende Mehrheit der Menschen eine körperliche Fortpflanzungsfähigkeit hat, die biologisch entweder als weiblich oder als männlich eingeordnet werden kann. Und dass die meisten dieser Menschen mit einem Identitätsgefühl leben, das mit ihrem biologischen Geschlecht übereinstimmt. Solche Tatsachen zu ignorieren, um unbedingt die Gefahr einer Kränkung zu vermeiden, würde bedeuten, den Menschen, die Repression erlebt haben, schwierige Wahrheiten nicht zuzutrauen und sie damit erneut kleinzumachen – diesmal durch eine unangemessene Schonhaltung.

Wie könnte vor diesem Hintergrund eine Betrachtung des Themas aussehen? Ich stelle einige beschreibende Sätze vor, die aus den vorgenannten Überlegungen hervorgehen.

1. Frauen sind Menschen, die sich als Frauen verstehen. Die meisten Frauen haben von Geburt an eine Vagina, Gebärmutter und Eierstöcke, aber nicht alle.

2. Männer sind Menschen, die sich als Männer verstehen. Die meisten Männer haben von Geburt an einen Penis und Hoden, aber nicht alle.

3. Manche Menschen mit Vagina, Gebärmutter und Eierstöcken verstehen sich als Mann und wollen so leben. Manche dieser Menschen ändern dann auch ihre körperlichen Geschlechtsmerkmale, aber nicht alle.

4. Manche Menschen mit Penis und Hoden verstehen sich als Frau und wollen so leben. Manche dieser Menschen ändern dann auch ihre körperlichen Geschlechtsmerkmale, aber nicht alle.

5. Die meisten Menschen sehen sich als Frau oder als Mann, aber es gibt Menschen, die sich weder als Mann noch als Frau verstehen, als zwischen Frau und Mann oder als beides. Manchmal haben diese Menschen Besonderheiten in chromosomalen, hormonellen oder anderen biologischen Bereichen, aber nicht immer.

6. Die meisten Männer lieben und begehren Frauen, die meisten Frauen lieben und begehren Männer. Es gibt jedoch viele Frauen, die Frauen lieben und begehren, und viele Männer, die Männer lieben und begehren, und es gibt viele Menschen, die sowohl Männer als auch Frauen lieben und begehren.

7. Im Prinzip kann jede erwachsene Person jede andere erwachsene Person lieben und begehren, jeweils unabhängig von den geschlechtlichen Einordnungen der beiden.

8. Viele Menschen entscheiden sich, jeweils eine andere Person zu lieben und zu begehren, aber manche Menschen lieben und begehren mehrere Personen. Andere entscheiden sich für ein Leben ohne sexuelle Partnerschaft.

9. Sämtliche sozialen Identitäten und Orientierungen der Geschlechtlichkeit können sich im Laufe eines Lebens ändern. Niemand ist dauerhaft darauf festgelegt, Mann, Frau, trans, hetero- oder homosexuell etc. zu sein.

Anhand dieser beschreibenden Sätze zeigt sich: Es gibt Grenzschichten zwischen den verschiedenen geschlechtlichen Eigenschaften (männlich, weiblich, intersexuell, transgender, homosexuell, heterosexuell etc.) – aber diese Grenzschichten sind auf vielfache Art durchlässig. Scheinbar gegensätzliche Eigenschaften können transzendiert werden (»weder-noch«, »sowohl-als-auch«), oder Eigenschaften können sich ändern.

Weiterhin gibt es in diesen Sätzen Häufigkeitsangaben: »die meisten... aber nicht alle«, »manche«, »viele«. Warum? Weil diese Häufigkeiten statistisch messbar sind und biologischen Zusammenhängen entsprechen und weil unsere Orientierung in der Welt es erfordert, das Häufige vom Seltenen zu unterscheiden. So lernt zum Beispiel jede Ärztin schon im Studium, bei einer effektiven Diagnostik die Häufigkeit oder Seltenheit der in Frage kommenden Krankheiten einzubeziehen.

Die sexuelle Fortpflanzung hat sich evolutionär bei den meisten Tieren durchgesetzt, da sie durch die Rekombination von Erbanlagen einen großen Selektionsvorteil bietet. Und in der Biologie ist die sexuelle Fortpflanzung meistens ein heterosexueller Akt zwischen einem weiblichen und einem männlichen Individuum (auch hier wieder: »meistens« – denn es gibt Ausnahmen). Wenn die überwiegende Mehrheit der Individuen einer Tierart homosexuell ausgerichtet wäre, hätte diese Art einen evolutionären Nachteil. Das heißt in keiner Weise, dass homosexuelle Partnerschaften weniger wert sind. Aber evolutionär hat eine homosexuelle Ausrichtung zur Folge, dass das Individuum weniger Nachkommen hat. Deshalb bleibt diese Eigenschaft in der Minderheit. Erst durch die technischen Möglichkeiten der In-vitro-Fertilisation (im Zusammenhang mit einer größeren sozialen Akzeptanz homosexueller Partnerschaften) beginnt sich das bei Menschen in letzter Zeit zu ändern.

Der wichtigste Punkt dabei ist: Die Eigenschaften einer Minderheit sind genauso akzeptabel und wertvoll wie die Eigenschaften der Mehrheit, nicht mehr und nicht weniger. Diese Grundhaltung einzunehmen ist die Herausforderung, vor der wir stehen. Das ist nicht so leicht, wie es vielleicht klingt, denn die meisten von uns, ja vielleicht sogar wir alle, stecken voller Ressentiments und Vorurteile, die uns nur teilweise bewusst sind. Wie oft wurden und werden geschlechtliche Minderheiten als wertloser betrachtet, verurteilt und ausgegrenzt! Und manchmal haben Minderheiten als Reaktion darauf eingeschworene Gemeinschaften gebildet und sich selbst als überlegen und wertvoller angesehen, als eine Avantgarde gegenüber der stupide angepassten Mehrheit. Beides führt zu verhärteten und undurchlässigen Grenzschichten.

Ich plädiere also hier dafür, die Grenzschichten zwischen den verschiedenen geschlechtlichen Gruppierungen zu sehen, Unterschiede nicht zu verschweigen, aber die Grenzen durchlässig zu halten. Bei einer durchlässigen Grenzschicht erkennen und benennen wir die Verschiedenheit diesseits und jenseits der Grenze, aber auch die Verbundenheit, und vor allem bleiben wir frei von Abwertung und Verurteilung. Durchlässig bleiben die Grenzschichten vor allem auch in folgender Hinsicht: Es geht bei allen Spielarten der Geschlechtlichkeit darum, dass Menschen sich selbst und einander lieben – und der Wert der Liebe liegt in sich.

8.

Tropfen

In den bisherigen sieben Kapiteln haben wir uns einen ersten Überblick zum Thema Grenzschichten verschafft, haben astronomische, biologische und psychologische Bereiche betrachtet und sind bis zu soziokulturellen Überlegungen gelangt. Jetzt richten wir unseren Blick auf ein geophysikalisches Phänomen, das für das Leben auf der Erde von entscheidender Bedeutung ist: Wasser.

Flüssiges Wasser gestaltet die Erde. Zwei Drittel ihrer Oberfläche ist von Wasser bedeckt. Da es schwerer ist als die Gase der Atmosphäre, sammelt es sich am Erdboden an. Es fließt immer abwärts, gräbt Täler und Schluchten ein, trägt Gebirge ab. Es verdunstet, durch Licht und Wärme der Sonne, steigt gasförmig in die Atmosphäre auf, lässt die komplexe Dynamik des irdischen Wetters entstehen und regnet in Tropfen wieder zu Boden. Fließendes Wasser ist zu bewegter Materie gewordene Sonnenenergie. Alle Lebewesen brauchen es, denn sie bestehen zu einem großen Teil aus Wasser und müssen es in ihren Körper aufnehmen, um zu überleben.

Wasser bildet an seiner Grenzfläche zur Luft eine Oberflächenspannung aus, die stärker ist als die der meisten anderen Flüssigkeiten. Diese Spannung entsteht durch die Anziehungskräfte der Wassermoleküle untereinander und wirkt sich aus wie eine gespannte Folie zwischen Wasser und Luft. Kleine Gegenstände oder Tiere (wie zum Beispiel Wasserläufer) sinken dadurch nicht ins Wasser ein, obwohl sie eigentlich im Wasser untergehen würden.

Durch die Oberflächenspannung hat Wasser das Bestreben, seine Oberfläche möglichst klein zu halten. Da die Kugel die Form mit der kleinsten Oberfläche pro Volumen ist, und da eine größere Kugel eine kleinere Oberfläche hat als mehrere kleine Kugeln, bildet gasförmiges Wasser in der übersättigten Atmosphäre kugelförmige Tropfen aus, die zusammenfließen und sich vergrößern und die dann durch ihre Schwerkraft abregnen. Das Phänomen des Regens gibt es also nur aufgrund der hohen Oberflächenspannung des Wassers.

Die Oberflächenmoleküle des Wassers ziehen nicht nur einander an, sondern werden auch von den meisten anderen festen Stoffen angezogen. Durch diese Adhäsion wird Wasser in enge Röhren (Kapillaren) hineingesaugt. Deshalb kann der Erdboden mit seinen feinen Spalten Wasser aufsaugen und es halten wie ein Schwamm. Diese Kapillarkräfte sind es auch, die es Pflanzen ermöglichen, Wasser aus dem Wurzelbereich zu den Blättern hochzusaugen, bei Bäumen bis zu einer Höhe von 130 Metern.

Fällt auf die Oberfläche eines Teiches ein Regentropfen, geht dieser im Wasser des Teiches auf, versetzt aber die gespannte Oberfläche des Wassers in Schwingung, wie die Schwingung einer gespannten Saite. Eine sich kreisförmig ausbreitende Welle entsteht. Diese Welle ist ein Oberflächenphänomen, eine Erscheinung der Grenzschicht.

Hätte Wasser nicht diese hohe Oberflächenspannung, dann gäbe es nicht die Tendenz kleiner Wassertröpfchen, zu größeren Tropfen zusammenzufließen. Dann könnte eine mit Wasserdampf übersättig-

te Luft wohl höchstens Nebel ausbilden, aber keinen Regen. Wir hätten auf der Erde wahrscheinlich eine dauerhaft neblige Welt, in der
nur wenig Sonnenlicht den Erdboden und die Meere erreichen würde. Es gäbe keinen Regen und damit keine Flüsse und Bäche, Teiche
und Seen. Es gäbe also kaum fließendes Wasser und eine viel geringere Dynamik des Wetters. Die Plattentektonik und der Vulkanismus
hätten zwar Gebirge aufgefaltet, aber ansonsten wären die Landmas-
sen weitgehend ungestaltet. Durch das fehlende fließende Wasser und
geringere Winde gäbe es kaum Verwitterung und damit nur wenig
feinkörnigen Boden, dessen Nährstoffe von Pflanzen erschlossen werden könnten. Der Boden selbst könnte aufgrund fehlender Kapillarkräfte kaum Wasser speichern. Vielleicht hätte sich trotzdem Leben
entwickelt, aber sicher in viel geringerer Vielfalt.

Die hauchdünne Schicht, die Wasser an seiner Oberfläche ausbil-
det, besteht aus genau den gleichen Molekülen wie das übrige Wasser:
Wasserstoffoxid – H_2O. Das leichteste Atom des Universums – Wasserstoff (H) – und eines der reaktionsfreudigsten Elemente – Sauerstoff (O). Die negativ geladenen Elektronen, die die Bindungen des
Moleküls ausmachen, sind zum Sauerstoffatom hin verschoben. Daher
sind die beiden Wasserstoffatome leicht positiv geladen. Sie stehen jedoch nicht gegenüber (im 180-Grad-Winkel) am Sauerstoff, sondern
bilden miteinander einen Winkel von nur 104 Grad (also etwas mehr
als einen rechten Winkel) – eine folgenreiche Asymmetrie. Denn
dadurch hat das Molekül eine elektrische Ladung mit einem positiven und einem negativen Pol. So entstehen die Anziehungskräfte der
Wassermoleküle untereinander. Im Wasser gleichen diese Kräfte sich
aus, wenn ein Molekül in allen Richtungen von gleichartigen Molekülen umgeben ist. An der Wasseroberfläche jedoch entsteht geome-
trisch eine zweite folgenreiche Asymmetrie: In der Richtung zur Luft
fehlen die Wassermoleküle mit ihrer Anziehung. Dadurch werden an
der Oberfläche des Wassers die Anziehungskräfte nicht ausgeglichen,
dies zeigt sich als Oberflächenspannung oder als Adhäsionskraft an
angrenzende Festkörper.

Diese Grenzschicht, diese besondere Struktur, die so bedeutsam ist für das Leben auf unserem Planeten: Sie entsteht durch keine besondere Zutat, durch keinen ausgeklügelten Mechanismus. Nur diese einfachen Moleküle: H_2O. Und die Geometrie einer Oberfläche, die besonderen Eigenschaften einer Grenzschicht. An ihr entsteht aus einfachen Zusammenhängen Komplexität. Mit biologischer Komplexität befassen wir uns im nächsten Kapitel.

9.

Spezies

Wenn Biologen die Vielfalt des Lebens auf der Erde betrachten, unterscheiden sie etwa zwei Millionen verschiedene Arten von Lebewesen – eine ungeheure Anzahl. Das sind jedoch nur die bekannten Arten. Die Gesamtzahl der existierenden Arten ist wesentlich höher und kann nur geschätzt werden: Bei vorsichtiger Schätzung kommt man auf ca. acht Millionen Arten von Tieren, Pflanzen, Algen und Pilzen und vermutlich zig Millionen Arten von Bakterien. Der größte Teil der Artenvielfalt auf der Erde ist also noch unbekannt.

Um uns den Reichtum der irdischen Artenvielfalt quantitativ zu verdeutlichen, stellen wir uns eine gedruckte Liste der Arten vor. In jeder Zeile der Name einer Art, fünfzig Zeilen pro Seite. »Homo sapiens« stünde irgendwo auf einer Zeile. Auf anderen Zeilen der Liste stünden zum Beispiel der Wüstenfuchs »Vulpes zerda«, der goldglänzende Rosenkäfer »Cetonia aurata« und die Sumpfdotterblume »Caltha palustris«. Die Liste der weltweit bekannten Wirbeltiere (Säugetiere, Reptilien, Amphibien und Fische) würde dann 1400 eng bedruckte Seiten umfassen. Nehmen wir die bekannten Insektenarten hinzu, kommen wir bei unserer Liste schon auf über 20000 Seiten. Für die bekannten zwei Millionen Tiere, Pflanzen, Algen und Pilze hätte unsere Liste einen Umfang von 40000 Seiten, das wären 80 Bände von je 500 Seiten. Und darin wären nur die Namen der Lebewesen genannt, nicht ihre einzigartigen Eigenschaften und Verhaltensweisen, nicht die komplexen Zusammenhänge, in denen sie leben.

Jetzt schneiden wir aus diesen 80 Bänden mit je 500 Seiten jede einzelne Zeile mit der Schere aus. Dann haben wir zwei Millionen Schnipsel, auf denen jeweils ein Art-Name steht. Aus diesen Schnipseln und aus Bindfäden basteln wir in einem großen Raum ein dreidimensionales Netzwerk, in dem jeder Schnipsel durch die Bindfäden mit vielen anderen Schnipseln verbunden ist. Eine ziemlich große Fleißarbeit? Man nennt sie Ökologie.

Aber was ist das überhaupt: eine Art, eine Spezies im Bereich der Lebewesen? Die Definition lautet (nach E. O. Wilson): eine Gruppe von Individuen mit überwiegend identischen gemeinsamen Merkmalen, die sich unter natürlichen Bedingungen frei miteinander fortpflanzen, nicht aber mit anderen Arten.

Der letzte Halbsatz ist entscheidend: Verschiedene Arten pflanzen sich unter natürlichen Bedingungen nicht miteinander fort. Durch dieses Kriterium sind die biologischen Arten am deutlichsten voneinander abgrenzbar, viel klarer als durch Unterschiede in der äußeren Gestalt. Denn es gibt äußere Unterschiede oft auch innerhalb einer Art, zum Beispiel zwischen männlichen und weiblichen Individuen. (Wer schon einmal versucht hat, Männchen und Weibchen sehr ähnlich aussehender, aber verschiedener Vogelarten wie zum Beispiel Buntspecht, Weißrückenspecht und Blutspecht der jeweiligen Art zuzuordnen, der weiß, dass die äußeren Merkmale bei der Bestimmung einer Art manchmal nur bedingt weiterhelfen.)

Indem sich die Individuen einer Art »frei miteinander fortpflanzen«, bleibt die Art erhalten. Ist dies nicht mehr möglich, stirbt die Art aus und verschwindet aus der Welt. Etwas Einzigartiges ist verloren gegangen. Durch diese Eigenschaften erhält der eigentlich abstrakte Begriff der biologischen Art etwas sehr Greifbares und Emotionales, wie ein eigenständiges Wesen.

Warum gibt es diese abgegrenzten Wesenheiten der Arten?

Warum ist die Vielfalt der Lebewesen nicht wie ein Kontinuum, wie ein Spektrum von Farben, die ohne Grenze ineinander übergehen? Warum können sich nicht verschiedene, aber einander ähnliche Arten miteinander fortpflanzen, wenn auch vielleicht verschieden häufig, und warum gibt es dann nicht ein grenzenloses Spektrum von Mischformen? Nicht nur Kohlmeisen und Blaumeisen, Haus- und Feldsperlinge, Feldmäuse und Erdmäuse, Tiger und Löwen, sondern unendlich viele Formen der Übergänge dazwischen?

Vielleicht könnten folgende Faktoren dabei eine Rolle spielen: Jede Art lebt im Kontext eines Ökosystems und steht in Interaktion mit unzähligen anderen Arten von Lebewesen. Man spricht auch von der ökologischen Nische, die jede Art besetzt. Dieser Begriff ist jedoch nicht so statisch zu verstehen, wie er klingt. Lebewesen hocken nicht in ihren Nischen, die Arten in einem Ökosystem sind eher wie Tänzer einer komplexen Choreografie, die auf verschiedene Weisen miteinander interagieren und in tänzerischen, dynamischen Verbindungen stehen.

Dieses Miteinander-Tanzen, dieses Aufeinander-bezogen-Sein der verschiedenen Arten von Lebewesen in einem Ökosystem könnte der Grund sein, dass Arten sich voneinander unterscheiden. Sie nehmen unterschiedliche Rollen im ökologischen Tanz ein und erfüllen unterschiedliche Funktionen in ihrem Ökosystem. Durch das Netz an Beziehungen, das Arten untereinander eingehen, entsteht der Selektionsdruck, der einzelnen Arten ihre Identität gibt. Und damit ihre Abgrenzbarkeit voneinander.

Beziehung schafft Identität. Und Identität ermöglicht Beziehung. Die Grenzen zwischen den verschiedenen Arten entstehen einerseits durch die Vernetzung des Ökosystems und ermöglichen andererseits die funktionalen Beziehungen dieses Systems.

Individuen verschiedener Arten fressen einander und werden gefressen, bestäuben Blüten und verbreiten Samen, konkurrieren um die gleiche Nahrung oder um Licht, leben parasitär oder symbiotisch zusammen, bilden für andere Arten räumliche Bedingungen wie Verstecke, Schatten oder Deckung, profitieren von anderen nach deren

Tod oder von den Abfällen ihrer Mahlzeiten, leben aufeinander und ineinander... und noch unendlich viele andere Beziehungsarten.

Dies alles ist möglich, weil Arten voneinander abgegrenzt und verschieden sind. Wenn die Vielfalt der biologischen Eigenschaften wie eine Landschaft ist, dann hat jede Art ihren eigenen Platz, mit einem gewissen Abstand zu jeder anderen Art.

Man könnte auch sagen: Wenn zwei miteinander tanzen wollen, ist es vorteilhaft, wenn beide auf unterschiedlichen, abgegrenzten, nämlich den jeweils eigenen Beinen stehen. Wenn ich meine Beine an den deinen festbinde, wird die Vielfalt unserer Tanzschritte darunter leiden.

Die Grenzschichten zwischen den biologischen Arten sind also notwendig. Sie trennen die Arten voneinander und sie sind durchlässig. Sie konstituieren Verschiedenheit, ermöglichen aber gerade dadurch vielfältigste Beziehungen.

10.
Natur und Kultur

Zwischen allen biologischen Arten gibt es Grenzschichten. Eine besonders tiefgehende und facettenreiche Grenzschicht besteht jedoch zwischen der biologischen Art Homo sapiens und allen anderen Arten von Lebewesen auf der Erde. Es handelt sich um die Grenzschicht zwischen Natur und menschlicher Kultur.

Diese Grenzschicht zeigt sich in ganz verschiedenen Bereichen, die wir in diesem Kapitel näher betrachten werden. Wir finden sie in den Landschaftsräumen der Erde, in Natur- und Kulturlandschaften, die unterschiedlich stark von Menschen geprägt sind. Wir finden sie auch in unserem eigenen Blick auf uns selbst als Art »Homo sapiens« und in unserer Idee, eine einzigartige Stellung im System der Erde einzunehmen. Wir finden sie in der facettenreichen Beziehung zwischen Körper und Psyche und auch in den ungezähmten Emotionen unserer Seele, in der wir trotz aller kulturellen Prägungen immer wieder auf Regungen stoßen, die aus den Tiefen unserer biologischen Herkunft aufsteigen.

Bei Landschaften postulieren wir eine »Wildnis«, wo die Natur »unberührt« und sich selbst überlassen ist. Früher erschien uns diese wilde Natur feindlich und bedrohlich, aber längst verbinden wir mit ihr Vorstellungen von Reinheit und Unverdorbenheit, und wir sehnen uns nach ihr. Die gezähmten Kulturlandschaften geben uns zwar Kontrolle über eine fast industrielle Erzeugung von Nahrungsmitteln und Rohstoffen, aber es bleibt in uns eine tiefe Sehnsucht nach dem Ungezähmten und Unkontrollierten, das frei ist von den Zwängen industrieller Optimierung. Diese Sehnsucht nach der äußeren Wildnis korrespondiert mit der inneren Wildheit unserer Seele. Unsere unangepassten Triebe und Verrücktheiten, unsere Träume und Fantasien bleiben allzu oft in den Zwängen der kulturellen Verfügbarkeit stecken.

Allerdings beruht der idealisierende Wunsch nach der reinen und »unberührten« Wildnis auf einer strikten Trennung und einer undurchlässigen Grenze zwischen der »guten« Natur und dem »verdorbenen« Menschsein. Dass diese strikte Trennung in vielfacher Hinsicht illusorisch ist, wird uns im Folgenden beschäftigen.

In der biologischen Realität des 21. Jahrhunderts, im Zeitalter des »Anthropozäns«, ist die »reine« Wildnis weitgehend verschwunden. In den Landschaften Mitteleuropas sind fast alle Gebiete geprägt durch den Einfluss der menschlichen Kultur. Aber auch weltweit gibt es durch die globalen Auswirkungen menschlichen Handelns (wie Giftstoffe, Mikroplastik und Klimaveränderungen) praktisch keine unberührte Wildnis mehr, in der sich nicht der Einfluss des Menschen finden ließe.

Der sogenannten Wildnis gegenüber stehen – als »Übergangszonen« zwischen Natur und Kultur – die Agrarflächen, Forste und Gärten, in denen die Natur gehegt, eingegrenzt und unterjocht wird durch die Kulturtechniken des Menschen und durch seine Neigung zur industriellen Ausbeutung. Traktoren, Mähdrescher und Harvester, ausgeräumte große Felder und asphaltierte Wirtschaftswege, technisch hergestellte Stoffe wie Kunstdünger und Pestizide zeigen unsere ausbeuterische, auf Effizienz ausgerichtete Kultur. Dennoch gehorcht auch in diesen Übergangszonen die Natur weiterhin ihren eigenen Gesetzen, die wir oft erst beginnen zu verstehen und die sich letztlich unserer Kontrolle entziehen. So führen unsere Kulturtechniken zu destruktiven Folgen wie Insektensterben, dem Verlust an Bodenfruchtbarkeit und Waldsterben, die wiederum auf die menschliche Kultur zurückwirken.

In den städtischen Räumen schließlich ist die Landschaft fast ausschließlich technisch geprägt: Stein, Beton und Asphalt, hohe Häuser, Autos und künstliches Licht. Natur kommt allenfalls am Rande vor, als Straßenbäume und vereinzelte Parks. Dem Menschen in der Stadt werden so die natürlichen Zusammenhänge fremd, Lebensmittel kommen aus dem Supermarkt, die Natur erscheint fern und hat keinen Zusammenhang mit dem menschlichen Alltag. Leben wir in einem großstädtischen Umfeld, so steigt statistisch das Risiko für psychische Erkrankungen, denn wir entfremden uns auch von unserer eigenen seelischen Natur.

So verfestigt sich die Vorstellung von Natur und Kultur als polare Gegensätze. In unserem Blick auf uns selbst steht der Mensch mit seiner Kultur unverbunden der Natur gegenüber. Wir feiern und überhöhen unsere Kultur, unsere wirtschaftlichen, technischen, sozialen und künstlerischen Errungenschaften, aber wir leiden auch an ihren Zwängen, ihrer Ungerechtigkeit und Gewalt. Immer jedoch denken wir unsere Kultur getrennt von der Natur – als ob wir Menschen nicht zum globalen Netzwerk des Lebens dazugehörten wie andere Säugetiere auch. Verstärkt wird diese rigorose Trennung durch die religiösen Vorstellungen einer unsterblichen Seele, die nur den Menschen vorbehalten sei und anderen Tieren nicht zukomme. Ähnlich wirkt die christliche Überlieferung, der Mensch sei »nach dem Bilde« Gottes geschaffen, und vor allem die biblische Aufforderung, sich »die Erde untertan« zu machen. Dieses paternalistische Bild eines aktiv herrschenden Menschen, der die passive Natur unterwirft, prägt bis heute unsere Sichtweise auf das Verhältnis zwischen Kultur und Natur. Deutlich wird das im Begriff der »Umwelt«, zum Beispiel in »Umweltschutz«: Die Um-welt ist das, was um den Menschen und seine kulturelle Sphäre herum ist, ihn umgibt wie eine passive Um-gebung, die »gegeben« ist, die man pfleglich behandeln oder zerstören kann, die aber scheinbar keinen eigenen Gesetzen gehorcht und keine eigene Dynamik entfaltet. Jedoch ist in letzter Zeit gerade diese Dynamik der natürlichen Zusammenhänge nicht mehr zu ignorieren – auch in ihrer Zerstörungskraft. Steigende Meeresspiegel, Waldbrände, Dürren und andere Wetterextreme zeigen uns, dass die Natur keine passive »Umwelt« ist, sondern mit eigenen Kräften wirkt, und dass auch wir Menschen mit unserer Kultur diesen Wirkungen ausgesetzt sind. Daher erscheint der Umweltbegriff nicht mehr zeitgemäß. Denn Mensch und Biosphäre, Kultur und Natur sind untrennbar miteinander verwoben und wechselseitig voneinander abhängig.

Durch unsere kulturelle Entwicklung haben sich unsere Lebensweise, unser Selbstverständnis, unsere Ideen und Vorstellungen in den letzten Jahrhunderten und Jahrtausenden tiefgreifend verändert. In vielfacher Hinsicht leben wir heute völlig anders als in der Antike oder im Mittelalter. Was sich aber seit vielen Tausend Jahren kaum verändert hat, ist unser Körper. Er ist immer noch gut angepasst an eine steinzeitliche Lebensweise als Jägerinnen und Sammler, an ständige Bewegung in der Natur, aber nicht an die überwiegend sitzende Lebensweise mit einem ständigen Überangebot an hochkalorischen Nahrungsmitteln, die unsere heutige Kultur mit sich bringt. Wir laufen also alle mit einem Stück relativ ursprünglicher Natur durch unser Leben. Es ist ein Teil von uns – unser Körper. Und wie wir die Natur um uns herum oft nicht gut behandeln, sie ausbeuten und wenig Rücksicht auf sie nehmen, so gehen wir auch mit der Natur in uns um, mit unserem Körper. Wir geben ihm zu wenig Bewegung, zu viel hochkalorisches Essen und beachten zu selten sein Bedürfnis nach Einfachheit, Entschleunigung und Entspannung.

Auch in unserer menschlichen Seele finden wir eine Vielzahl von
Regungen und Gefühlen, die der Natur entspringen und unsere Verwandtschaft mit anderen Lebewesen bezeugen. Seelisch sind wir in
mancher Hinsicht einfach Säugetiere. Ein kleines menschliches Wesen, das nur schreien, schlafen, trinken und zappeln kann, zu nichts
nütze ist und jede Menge Arbeit macht, umsorgen wir fürsorglich
und unermüdlich. Diese Regung haben wir mit allen Säugetieren
und vielen anderen Tierarten gemeinsam. Bei Tieren nennen wir dieses Fürsorgeverhalten instinkthaft, aber das ist es bei uns Menschen
auch – wenn auch leider leichter störbar durch unseren Verstand,
durch Ängste und lebensferne Konzepte. Denn viel seelisches Elend
entsteht dadurch, dass Eltern nicht ihren natürlichen Säugetier-
Instinkten der Fürsorge folgen, diese vielleicht gar nicht wahrnehmen,
und so das kleine abhängige Wesen vernachlässigen, oder es mit ihrer
Überfürsorge und Kontrollsucht erdrücken.

Natürlich sind auch viele aggressive Impulse, Dominanzverhalten,
Eifersucht und Konkurrenz in unserer Tiernatur verankert – obwohl wir
als vernunftbegabte Wesen darin eine boshafte Raffinesse entwickeln
können, die über das aggressive Verhalten anderer Tiere weit hinausgeht.
Aber wie viele andere sozial lebende Tiere haben auch wir eine angeborene Neigung zu Kooperation und Mitgefühl. Ob Menschen nun von
Natur aus brutale Egoisten sind, deren Zügellosigkeit von den kulturellen Praktiken eines Staates nur mühsam gebändigt werden kann, wie
Thomas Hobbes meinte, oder ob Menschen von Natur aus »edle Wilde«
sind, unverdorben und gut, die erst durch die Kultur zu Unwahrhaftig-
keit, Selbstsucht und Neid verführt werden, wie Jean-Jacques Rousseau
glaubte: Die Wahrheit liegt vermutlich dazwischen, und die Einflüsse
von biologischer Natur und Kultur in der menschlichen Seele sind so
miteinander verwoben, dass sie kaum zu trennen sind.

Außerdem mehren sich in der biologischen Forschung die Hinweise, dass auch Tiere über Kultur verfügen. Bei sozial lebenden Säugetieren wie Elefanten, Wölfen oder Pottwalen, aber auch bei Vögeln
(zum Beispiel Papageien oder Rabenvögeln) gibt es innerhalb einer
Art verschiedene Gruppen von Individuen, die sich durch Jagdtech-

niken oder andere komplexe Verhaltensweisen unterscheiden und bei denen diese kulturellen Praktiken von älteren Tieren durch Lernen und Nachahmung an ihre Nachkommen weitergegeben werden. Zum Beispiel wissen ältere Elefantenkühe aus Erfahrung, wo es in Trockenzeiten noch Wasser geben könnte, führen ihre Gruppe dorthin und geben so ihr Wissen an jüngere Tiere weiter. So entwickelt eine Gruppe von Tieren eine eigene Kultur. Wird diese kulturelle Weitergabe gestört, weil zu viele ältere Tiere getötet werden, dann hat dies unmittelbaren Einfluss auf die Überlebenschancen der Tiergruppe.

Nicht nur in der menschlichen Kultur ist also viel von unserer biologischen Natur eingewoben – umgekehrt finden wir im natürlichen Verhalten vieler Tiere auch kulturelle Praktiken. Diese Praktiken beziehen sich natürlich nicht auf die menschliche Kultur, sondern auf Kulturen von Tieren: da geht es um Elefanten-, Pottwal- oder Papageien-Kulturen.

Wie also können wir uns ein Bild von der Grenzschicht zwischen Natur und Kultur machen, die der Durchlässigkeit der Grenze und der Verbundenheit beider Bereiche gerecht wird, ohne ihre Verschiedenheit zu leugnen? Der gemeinsame Nenner beider Bereiche ist die Evolution – und dort liegt auch ihre Verschiedenheit begründet.

Alle biologischen Arten entstehen durch Evolution. Neue Kombinationen des Erbguts und zufällige genetische Mutationen lassen ständig Lebewesen mit leicht veränderten Eigenschaften entstehen. Durch die natürliche Selektion überleben und vermehren sich diejenigen Individuen, die besser an ihre Lebensbedingungen angepasst sind, deren Beziehungen zu ihrer Welt noch lebensförderlicher sind. Diese evolutionären Veränderungen vollziehen sich meist in sehr kleinen und nur selten in größeren Schritten, sie brauchen daher vor allem eines: viel Zeit.

Leben gibt es seit mindestens 3,8 Milliarden Jahren auf der Erde. So viel Zeit hatte also die biologische Evolution, die überwältigende Vielfalt und den Formenreichtum der Lebewesen und das unendlich erscheinende Netz ihrer wechselseitigen Beziehungen entstehen zu lassen.

Über zwei Milliarden Jahre lang gab es nur winzige und relativ einfach aufgebaute Bakterien (und Archaeen) im Meer, die sich sehr langsam weiter entwickelten. Sie pflanzten sich fort, indem sie sich teilten, sodass die Tochterzelle die gleichen Gene hatte wie die ursprüngliche Zelle. Im Laufe dieser Jahrmilliarden erlangten die Cyanobakterien die Fähigkeit zur Fotosynthese – ein Schritt, der die weitere Entwicklung des Lebens entscheidend prägte (siehe Kapitel 21). Und Bakterien konnten immerhin mit einem »horizontalen Gentransfer« Erbgut miteinander austauschen. Aber ansonsten war das Tempo der Evolution in dieser Zeit sehr langsam. Die höchsten Entwicklungs- und Komplexitätsstufen waren Bakterienfilme und -matten in flachen Meeresbuchten, in denen verschiedene Arten von Bakterien und Archaeen miteinander kooperierten. Weiter ging die Entwicklung in den ersten 2,3 Milliarden Jahren des Lebens nicht.

Vermutlich vor etwa 1,5 Milliarden Jahren traten schließlich die ersten Eukaryoten auf: komplexe Zellen mit Zellkern, einem doppelten Chromosomensatz und verschiedenen Zell-Organellen. Sie waren 10- bis 15-mal größer als Bakterien. Man nimmt an, dass diese komplexen Zellen dadurch entstanden, dass einfache Bakterien andere Bakterien aufnahmen, also »fraßen«, diese aber in ihnen weiterlebten und wichtige Funktionen übernahmen, als Mitochondrien oder als Chloroplasten. So lebten Bakterien ineinander in Symbiose – als »Endosymbionten« – und erlangten völlig neue Fähigkeiten. Grenzschichten zwischen Lebewesen wurden so zu Grenzschichten innerhalb eines Lebewesens.

Recht bald nach der Entwicklung der ersten Eukaryoten kam es bei diesen zu einer entscheidenden Neuerung – der sexuellen Fortpflanzung. Bei ihr kommt es von Generation zu Generation zu einer neuen Kombination von Erbanlagen. Die Hälfte der Gene des Vaters und die Hälfte der Gene der Mutter kombinieren sich neu und einzigartig im Kind. Dadurch hat jedes Individuum eine neue und einzigartige Kombination von Erbanlagen. Aus den zunächst einzelligen Eukaryoten entwickelten sich sämtliche höheren Pflanzen, Tiere und Pilze – die meisten von ihnen übernahmen diese neue Fähigkeit der geschlechtlichen Vermehrung.

Das Wesentliche dabei: Durch die höhere genetische Variabilität bei der sexuellen Fortpflanzung beschleunigte sich das Tempo der biologischen Evolution erheblich: Nach über zwei Milliarden Jahren einzelligem Leben entstanden innerhalb von »nur« 900 Millionen Jahren die ersten komplexen mehrzelligen Lebewesen, nämlich vor ca. 600 Millionen Jahren. Dann ging es »Schlag auf Schlag« – die ersten Meerestiere vor 580 Millionen Jahren, die ersten Landpflanzen vor 500 Millionen Jahren, erste Insekten an Land vor 480 Millionen Jahren, erste Wirbeltiere an Land vor 410 Millionen Jahren, die ersten Säugetiere mit einem größeren Gehirn und einer intensiven Mutter-Kind-Bindung vor ca. 200 Millionen Jahren.

Enge Bindungen – vor allem bei Säugetieren und Vögeln – entwickelten sich zwischen Mutter und Kind, schlossen teilweise auch den Vater mit ein, dann auch Onkel und Tanten, ganze Familienverbände. Diese Tiere hatten relativ große, lernfähige Gehirne, mit denen sie sich erfolgreiche Praktiken merken konnten, zum Beispiel Jagdtechniken bei Schwertwalen oder Delfinen, den Standort fruchttragender Bäume bei Schimpansen, Wasserstellen in der Steppe bei Elefanten, Wanderrouten bei Zugvögeln und so weiter. Dieses Wissen, das manchmal entscheidend war fürs Überleben, wurde im Rahmen der engen Familienbeziehungen an die jüngere Generation weitergegeben. So entstanden Gruppenidentitäten, die durch kulturelle Praktiken bestimmt waren, durch Gewohnheiten und Rituale – und zwar bei Tieren, lange vor der Entwicklung des Menschen.

Aus dem Lernen des einzelnen Individuums, durch Versuch, Irrtum oder Erfolg, entstand ein soziales Lernen durch Weitergabe von Wissen, durch Lernen voneinander. So kam es zu gemeinsam geteiltem Wissen, zu Traditionen einer Gruppe, zu einer gemeinsamen Kultur. Und da Kultur niemals statisch ist, sondern sich verändert und weiterentwickelt, entstand eine *kulturelle Evolution*. Sie lief mit der genetischen Evolution zusammen, beide Arten der Evolution beeinflussten sich wechselseitig.

Vor einigen Millionen Jahren kam es schließlich zu einem weiteren tiefgreifenden Sprung im Entwicklungstempo der Evolution:

Bei den Vorfahren der heutigen Menschen, vor allem Homo erectus und Homo habilis, nahm die kulturelle Evolution an Fahrt auf. Sie wurde immer schneller und effizienter, und zwar bis heute. In den letzten Jahrtausenden explodierte sie geradezu. Frühe Schritte dieser Entwicklung waren die ersten Steinwerkzeuge vor ca. drei Millionen Jahren und die Nutzung des Feuers vor etwa 1,5 Millionen Jahren. Die kulturelle Weitergabe dieser Techniken durch frühmenschliche Familienbande und Gruppenbindungen, durch Lehren und Zeigen, durch Nachahmen und Lernen ermöglichte ein Entwicklungstempo, das die Geschwindigkeit der genetischen Evolution um ein Vielfaches übertraf.

Das Ausmaß der kulturellen Techniken ging bei den Hominiden weit über das anderer Tiere hinaus. Zwar benutzen auch Affen oder Rabenvögel Werkzeuge und bearbeiten diese teilweise sogar, aber kein anderes Tier wärmt seine Speisen über einem aktiv gehüteten Feuer, um sie verdaulicher zu machen.

Das Tempo der kulturellen Evolution beschleunigte sich weiter, als Homo sapiens vor 100 000 bis 200 000 Jahren die Fähigkeit zur Sprache entwickelte. Dadurch konnten komplexe Informationen noch effektiver weitergegeben werden. Weitere Beschleunigungsschritte waren die Entwicklung der Schrift vor ca. 7000 Jahren, die Erfindung des modernen Buchdrucks vor ca. 550 Jahren, die Entwicklung des kollektiven Erkenntnissystems der Naturwissenschaft in den letzten 400 Jahren und die Erfindung des Internets vor etwa 50 Jahren.

Was unterscheidet die kulturelle von der genetischen Evolution und in welchem Verhältnis stehen sie?

Jede Evolution braucht ein Speichermedium. Darin wird die Information, die eine biologische Art ausmacht, gespeichert und variiert. Schon bei der Entwicklung der Eukaryoten und der sexuellen Fortpflanzung vor 1,5 Milliarden Jahren hatte sich das evolutionäre Speichermedium verändert, denn aus dem einfachen Bakterien-Erbgut wurde der doppelte Chromosomensatz der Eukaryoten und durch die sexuelle Fortpflanzung kamen neue Möglichkeiten der Variation und der sexuellen Selektion hinzu. Aber damals wurde die

Information der evolutionären Entwicklung weiterhin im Genom variiert und gespeichert. Bei der kulturellen Evolution entstand dagegen eine völlig neue Art der Informationsspeicherung, nämlich im Gehirn. Genauer gesagt: in sozial vernetzten Gehirnen. Nicht mehr neue Gene brachten Veränderung, sondern neue Ideen und Fähigkeiten, die von Tier zu Tier, von Mensch zu Mensch weitergegeben wurden, die gelernt und erinnert, abgeschaut und mitgeteilt wurden und in das »kollektive Gedächtnis« eingingen, aber nicht ins Genom.

Zusammenfassend können wir feststellen: Bei der genetischen Evolution ist die Information in den Genen gespeichert, sie wird durch Mutationen dieser Gene und durch sexuelle Durchmischung variiert, und sie wird durch Fortpflanzung weitergegeben. Bei der kulturellen Evolution ist die Information in sozial vernetzten Gehirnen gespeichert, in einem »kollektiven Gedächtnis«, sie wird durch neue Ideen und Erfahrungen variiert und durch Kommunikation, durch Lehren, Lernen und Nachahmen weitergegeben.

Soweit sich das quantitativ vergleichen lässt, ist das Tempo der kulturellen Evolution des Menschen mittlerweile Tausende bis Millionen Mal höher als die Geschwindigkeit der genetischen Evolution. Aus diesem Grund sind die negativen Folgen der kulturellen Evolution für die Natur so bedrohlich. Nichtmenschliche Lebewesen, die langsam genetisch evolvieren, können mit dem Tempo der kulturell bedingten Veränderungen nicht mithalten und sterben aus. Dadurch dünnt sich das Netz des Lebens aus, von dem auch wir Menschen ein Teil sind – mit unserer menschlichen Kultur.

In der Forschung zum Anthropozän, dem Erdzeitalter des Menschen, spricht man von der »Great Acceleration« (der großen Beschleunigung). Seit den 1950er-Jahren sind weltweit sowohl sozioökonomische Messgrößen als auch ökologische Belastungsfaktoren explosionsartig angestiegen. Im Vergleich zum langsamen Tempo der genetischen Evolution hat die »große Beschleunigung« durch die menschliche kulturelle Evolution allerdings schon vor Jahrtausenden eingesetzt und sich bis heute exponentiell gesteigert. Diese Beschleunigung hat dazu geführt, dass Homo sapiens in so hohem Maße und in derart kurzer Zeit die Biosphäre prägt wie noch keine Spezies vor ihm in der langen Geschichte des Lebens. Dabei zerstört er jedoch die ökologischen Netzwerke des Planeten und gefährdet seine eigene Existenz.

Wie wir gesehen haben, basieren genetische Evolution und kulturelle Evolution auf den gleichen Prinzipien: Information wird gespeichert (in Genen – oder in Gehirnen, Büchern, Computern) und weitergegeben (durch Fortpflanzung oder durch Kommunikation), dabei entstehen auch neue Gene oder neue Ideen, die einer Selektion unterliegen: durch den unterschiedlichen Fortpflanzungserfolg in einem Ökosystem oder durch den unterschiedlichen Erfolg einer kulturellen Praxis im sozialen Miteinander. Durch diese Selektion breiten sich einige neue Gene oder neue Ideen aus, andere nicht – so kommt es zur Evolution.

Somit beruhen Natur und Kultur auf ähnlichen evolutionären Prozessen, wenn auch mit unterschiedlichen Medien der Informationsspeicherung und mit unterschiedlicher Art der Informationsweitergabe und der Selektion. Aber es gibt noch ein weiteres Bindeglied: So wie die genetische Evolution die sexuelle Fortpflanzung »erfand« und damit ihr Tempo deutlich steigerte, so erfand sie auch die kulturelle Evolution. Die Kultur ist also gleichsam ein Abkömmling der Natur und untrennbar mit ihr verbunden. Sie ist Natur – auf einer anderen, neuen Entwicklungsstufe.

Im Bild von »Mutter Natur« hat man das Verhältnis zwischen Natur und Kultur verglichen mit der Beziehung zwischen Mutter und Kind. Das ist zwar insofern passend, als die kulturelle Entwicklung aus der natürlichen biologischen Evolution hervorgegangen ist. Jedoch kann ein Kind sich von der Mutter lösen und ohne sie weiterleben, wenn es sich ausreichend entwickelt hat. Selbst wenn das Bild des Menschen am »Busen der Natur« zunächst das eines abhängigen Säuglings ist, so steckt darin doch schon das Entwicklungspotenzial der Loslösung und Unabhängigkeit. Das jedoch kann die menschliche Kultur keinesfalls, oder sie ist davon zumindest noch weit entfernt. Das Bild von Mutter Natur überschätzt also die Eigenständigkeit der menschlichen Gattung und unterschätzt die Durchlässigkeit der Grenze zwischen Natur und Kultur. Wir Menschen sind nicht Kinder der Natur, wir sind Natur. Natur in einer neuen Erscheinungsform, die das kulturelle Evolutionsprinzip im Spiel der Natur weiter entwickelt. Denn es gibt kulturelle Evolution auch in der nichtmenschlichen Natur, etwa bei Säugetieren und Vögeln, wie wir oben schon gezeigt haben.

Insofern ist unsere besondere, menschliche Kultur nicht wie ein Kind der Natur, sondern eher wie ein spezieller Ast am Baum der Natur, der sich anders und intensiver entwickelt, und der andere, neue Früchte trägt, aber dessen Überleben abhängt vom Überleben des ganzen Baumes. Wenn der Baum der Natur abstirbt, so stirbt auch der Ast der menschlichen Kultur.

Die Grenzschicht zwischen Natur und Kultur wird unter enorme Spannung versetzt durch die unterschiedlichen Geschwindigkeiten ihrer jeweiligen Evolution und durch unsere kulturelle Illusion, von der Natur unabhängig zu sein. Gerade wegen ihrer viel höheren Reaktionsgeschwindigkeit obliegt es der menschlichen Kultur, einen Weg zu finden, die Natur und damit die eigene Lebensgrundlage nicht zu zerstören, sondern zu erhalten. Und tatsächlich entwickeln sich in den letzten Jahrzehnten nicht nur Techniken der Ausbeutung der Natur in hohem Tempo, sondern ebenso schnell auch das Wissen um ökologische Zusammenhänge und die Bewusstheit, dass Menschen ohne ein intaktes ökologisches Netzwerk nicht überleben können. Diese dringend notwendige kulturelle Anpassung an die planetaren Grenzen (einschließlich des »ökologischen Umbaus der Industriegesellschaft«) erfordert ein evolutionäres Tempo, bei dem es nicht mehr um Jahrhunderte geht und auch nicht um Jahrzehnte, sondern bei dem jedes einzelne Jahr zählt. Die Evolution der menschlichen Kultur muss jetzt zeigen, was sie kann.

11.

Nervensysteme

Wie wir im letzten Kapitel gesehen haben, basiert die Entwicklung der Kultur auf einem neuen Medium der Informationsspeicherung: nicht mehr in den Genen, wie bei der biologischen Evolution, sondern im Gehirn. Daher betrachten wir im Folgenden die Entstehung und den Aufbau von Nervensystemen.

Wie kam es dazu, dass sich Nervensysteme entwickelt haben?

Bei den mehrzelligen Lebewesen gibt es solche, die ihre Energie durch Sonnenlicht beziehen. Sie haben es nicht nötig, andere Lebewesen als Beute zu verzehren, sondern können sich an einem Ort verwurzeln, wo sie die nötigen Stoffe dem Boden entnehmen und dem Licht entgegenwachsen. Wir nennen sie Pflanzen. Andere Lebewesen müssen dagegen organische Stoffe aufnehmen, um existieren zu können. Pilze zersetzen vor allem abgestorbene Pflanzenteile. Tiere mussten jedoch besondere Fähigkeiten entwickeln, da sie sich größtenteils von anderen noch lebenden Wesen ernähren. Zu diesen Fähigkeiten gehören die Fortbewegung und eine damit einhergehende differenziertere Sinneswahrnehmung.

Ein Tier muss seine Nahrung suchen oder sich vor Räubern schützen, die es selbst zu ihrer Nahrung machen wollen. Dafür braucht es ein System, das Sinneswahrnehmungen schnell verarbeitet und das mithilfe einer Vielzahl von Muskeln die Fortbewegung und das Verhalten steuert und koordiniert. Ohne ein solches zentrales System könnten kleine oder große Tiere mit ihren Tausenden bis Billionen Zellen, aus denen sie bestehen, niemals schnelle Reaktionen und ein sinnvolles, dem Überleben dienliches Verhalten zeigen.

Die allermeisten Tiere haben dafür ein Nervensystem. Wir finden es mit relativ ähnlichem Aufbau bei so unterschiedlichen Tieren wie Würmern, Spinnen und Insekten, Fischen, Quallen, Vögeln und Säugetieren. Vom Blauwal bis zur Fruchtfliege, von der Seeanemone bis zum Elefanten, vom Tausendfüßer bis zum Habicht, vom Käfer bis zum Menschen: Dieses System besteht aus Geflechten von Nervenzellen oder Neuronen – Zellen, die auf die Weiterleitung von Signalen spezialisiert sind.

In der Evolution tauchte dieser spezialisierte Zelltyp vor 500 bis 600 Millionen Jahren auf. Damals lebten im Meer die frühesten Tiere: Schwämme. Sie saßen an einem festen Platz des Meeresbodens, filterten ihre Nahrung aus dem Meereswasser und hatten noch kein Nervensystem. Aus ihnen entwickelten sich die Quallen und Nesseltiere. Quallen sind frei schwimmende Räuber, heute leben sie vor allem von kleinen Krebsen und Fischlarven, die sie mit ihren Tentakeln fangen. Dafür müssen sie sich bewegen können. Sie ziehen sich ringförmig zusammen, stoßen Wasser nach unten aus und erzeugen so einen Vortrieb. Dafür haben sie ein ringförmiges Geflecht von Nervenzellen, und das hatten sie wohl auch schon vor 500 bis 600 Millionen Jahren: das erste Nervensystem.

Unser wunderbares, hochkomplexes Gehirn: Es ist nur eine besondere Ausprägung jenes Zellgeflechts, das Quallen und andere Hohltiere damals im urzeitlichen Meer entwickelten.

Nervenzellen oder Neuronen sind im Vergleich zu anderen Zellen ziemlich einzigartig. Von ihrem Zellkörper gehen verschiedene Fortsätze aus: feinverästelte Dendriten, mit denen sie Signale von anderen Nervenzellen aufnehmen, und eine Nervenfaser (Axon), mit der sie ihr Signal weiterleiten. Die Länge des Axons kann bis zu einem Meter betragen – wenn die Nervenzelle die Größe eines Fußballs hätte, wäre ein solches Axon bis zu zehn Kilometer lang.

Die Gesamtheit der Verbindungen zwischen Neuronen im Gehirn nennt man Konnektom. Es wird seit ca. 20 Jahren intensiv erforscht. Dabei zeigte sich, dass in der menschlichen Großhirnrinde die Nervenzellen durch Fasern verbunden sind, die geschätzt eine Länge von etwa 2,8 Millionen Kilometern haben. Wenn man die Nervenfasern einer einzigen menschlichen Großhirnrinde aneinanderlegen könnte, würden sie siebzigmal um den Äquator reichen.

Die Signale werden von den Neuronen nicht etwa im Inneren der Zelle weitergeleitet, sondern auf ihrer Grenzschicht, der Zellmembran. Diese trägt aufgrund der unterschiedlichen Ionenkonzentrationen zwischen Innen und Außen ein elektrisches Potenzial, das sogenannte Membranpotenzial. Durch Signale, die an den Dendriten der Nervenzelle ankommen, wird das Membranpotenzial verändert. Unterschreitet es einen bestimmten Wert, bricht das Potenzial kurzzeitig zusammen und kehrt sich sogar um. Danach normalisiert es sich schnell wieder. Diesen Vorgang nennt man Aktionspotenzial, es dauert nur zwei Tausendstelsekunden. Das Aktionspotenzial pflanzt sich wie eine Welle entlang der Membran der Zelle und des Axons fort und leitet so das Signal der Zelle weiter.

Das wesentlichste Funktionsprinzip aller Nervensysteme ist also ein Wellenphänomen auf einer Grenzschicht. Wie Wellen auf der Oberfläche eines Sees.

Die Nervenzellen sind jedoch nicht direkt miteinander verbunden. Das Axon verzweigt sich meist an seinem Ende, und an den Enden dieser Zweige sitzen die Kontaktstrukturen zum nächsten Neuron, die Synapsen. Zwischen dem Axon der einen Nervenzelle und den Dendriten der nächsten Nervenzelle aber befindet sich ein Spalt: der synaptische Spalt. Er ist schmaler als ein zehntausendstel Millimeter, das elektrische Aktionspotenzial kann ihn dennoch nicht überwinden.

Hier liegen sich also die Grenzschichten zweier Nervenzellen gegenüber, und zwischen ihnen gähnt ein Spalt! Nervenzellen haben die Funktion, sich miteinander zu verbinden, und es gibt in einem menschlichen Gehirn ca. 100 000 000 000 000 (100 Billionen) solcher synaptischen Verbindungen. Jede von ihnen wird gebildet durch einen Spalt, der selbst eine Grenzschicht darstellt zwischen zwei Neuronen. Also auch hier: Verbindung entsteht durch eine Grenzschicht.

Der Spalt wird natürlich überbrückt, die Grenzschicht ist semipermeabel.

Das Aktionspotenzial des Axons führt an der Synapse zur Ausschüttung eines Botenstoffes, eines Neurotransmitters. Dessen Moleküle überwinden den Spalt, docken an Rezeptoren in der Membran des Dendriten an und verändern dort durch das Öffnen von Ionenkanälen das Membranpotenzial. Je nach Art der Neurotransmitter und der Rezeptoren können sie das Potenzial verschieden stark senken oder heben. Es sind allein im menschlichen Gehirn acht verschiedene Arten von Neurotransmittern bekannt, zum Beispiel Noradrenalin, Dopamin oder Serotonin.

Wäre die Signalübertragung zwischen zwei Nervenzellen rein elektrisch, könnte sie bei Weitem nicht so vielfältig reguliert und verändert werden wie bei diesem chemischen Weg der Übertragung. Der Spalt erzeugt eine Vielfalt von Verbindungsarten, die Grenzschicht schafft eine Fülle neuer Möglichkeiten.

Deshalb ist ein Gehirn eben nicht aufgebaut wie ein Computer! Die Transistoren des Computers funktionieren binär: Sie kennen nur »Strom an« oder »Strom aus«, null oder eins. Zwar funktioniert auch das Aktionspotenzial der Neuronen genauso binär. Eine Nervenzelle »feuert« oder feuert nicht, sie leitet ein Aktionspotenzial weiter oder nicht. Aber am synaptischen Spalt zwischen den Neuronen wird das binäre Prinzip erweitert: Je nach Art des Neurotransmitters wird die nachfolgende Zelle verschieden stark erregt oder gehemmt. Die Neurotransmitter entsprechen dabei unterschiedlichen Qualitäten, vergleichbar mit verschiedenen Farben eines Spektrums.

So bringt die selektiv durchlässige Grenzschicht des synaptischen Spalts zusätzlich ein ganz anderes Organisationsprinzip in die Nervensysteme: neben dem elektrischen und binären das chemische Prinzip verschiedener Qualitäten.

12.
Wohlergehen

Im Tanz von hundert Milliarden Neuronen miteinander und mit meinen anderen Körperzellen entsteht das Erleben meiner Welt. Daraus entfalten sich auch mein Verhalten und mein Sein als soziales

Wesen. Hierbei spielen Grenzschichten ebenfalls eine wichtige Rolle. Ein Beispiel:

Ich will einkaufen und ich habe es eilig. Vor dem Supermarkt steht noch ein einziger freier Einkaufswagen. Man darf nur mit Wagen hinein, denn im ersten Jahr der Coronapandemie wird über die Anzahl der bereitstehenden Wagen reguliert, wie viele Kunden in das Geschäft dürfen. Ich gehe auf den einzigen noch freien Wagen zu und ein anderer Kunde ebenfalls. Beschleunige ich und schnappe ihn mir? Oder ist die andere Person schneller, ich komme zu spät und ärgere mich?

Mein Interesse und dein Interesse, mein Wohlergehen und deines stehen manchmal in einem klaren Gegensatz, sind also klar voneinander abgegrenzt. Ein Vorgang dient entweder meinem oder deinem Interesse, mit einer eindeutigen Grenze dazwischen. Ich kriege den Wagen – oder du.

Wenn zwei Kinder zusammen ein Stück Kuchen haben, wird vielleicht das größere oder stärkere den ganzen Kuchen essen, das kleinere Kind geht leer aus.

Aber vielleicht wird das größere Kind auch Spaß daran haben, mit dem kleineren zu teilen und ihm beim Kuchenessen sogar noch zu helfen.

Und wenn gleichzeitig mit mir ein altes Mütterchen mit wackligem Schritt am letzten Einkaufswagen ankommt, werde ich ihr vielleicht sogar gerne den Vortritt lassen und mit dem schönen Gefühl, eine »gute Tat« getan zu haben, auf den nächsten frei werdenden Wagen warten. Würde ich mir dagegen den Wagen vor ihr nehmen, hätte ich zwar den Vorteil, aber vielleicht »kein gutes Gefühl dabei«.

Die Grenze zwischen meinem Interesse, meinem Wohlergehen, und dem einer anderen Person kann also durchlässig sein: Es geht mir erst dann gut, wenn es dir und mir gut geht. Die Interessenbereiche überlappen sich.

Ich benutze hier neben dem Begriff »Interessen« auch den des »Wohlergehens«. »Interesse« ist mehr rational geprägt und nach außen gerichtet: »Was will ich?« – während »Wohlergehen« mehr die eigenen Bedürfnisse und die Emotionalität ins Spiel bringt: »Was tut mir gut?« Daher ergänzen sich beide Begriffe.

Es scheint bei Menschen neben dem Streben nach der Befriedigung der eigenen Wünsche auch eine angeborene Neigung zu Einfühlungsvermögen, Kooperation und Gerechtigkeit zu geben. Schon Kinder fühlen sich in einer Gruppe am wohlsten miteinander, wenn alles gerecht aufgeteilt wird. Wenn vier Kinder zwölf Smarties untereinander verteilen sollen, werden sie das wahrscheinlich gerecht tun. Dabei lernen sie nebenbei auch noch die praktische Anwendung der Grundrechenart Division. Ist doch klar: Jedes Kind kriegt drei!

Manchmal ist Gerechtigkeit einfach angewandte Mathematik.

Aber natürlich geht es in der Gesellschaft oft um Wettbewerb, Konkurrenz und das Recht des Stärkeren. Bewerberinnen konkurrieren um eine freie Stelle. Firmen stehen im Wettbewerb des Marktes, und wer dabei nicht bestehen kann, wird verdrängt. »The winner takes it all.« Wenn wir beide um ein knappes Gut konkurrieren und sonst nicht viel miteinander zu tun haben, ist es gut für mich, wenn es dir schlecht geht, und schlecht für mich, wenn es dir gut geht. Dann sind die Interessenbereiche der verschiedenen Akteure eindeutig und sozusagen undurchlässig voneinander abgegrenzt.

Aber sobald zum Beispiel eine Firma mit einer anderen kooperiert und dadurch beide einen »Wettbewerbsvorteil« haben, überlagern sich die Interessenbereiche, und ihre Grenzen werden durchlässig. Wenn du mir bei etwas hilfst, bei dem ich dich brauche, und ich dir helfe, wo du mich brauchst, ist es gut für mich, wenn es dir gut geht, und schlecht für mich, wenn es dir schlecht geht.

Auch im zwischenmenschlichen Nahbereich, in Freundschaften, Liebesbeziehungen und Familien, gibt es das Zusammenspiel zwischen Konkurrenz und Kooperation. Wer gewinnt beim »Mensch ärgere dich nicht«? Es kann nur einen Gewinner geben! Oder: Wenn ich Urlaub in den Bergen machen will und meine Partnerin will ans Meer – wer setzt sich durch? Aber beim Aufbau eines großen Planschbeckens an einem sommerlichen Tag im Garten helfen alle mit und haben einen Riesenspaß dabei! Und wer darf dann zuerst ins Becken?

Da lassen vielleicht die Großen den Kleinen den Vortritt und freuen sich an ihrer Begeisterung. Wie durchlässig da die Grenzen werden zwischen »Was nützt mir?« und »Was nützt dir?«!

Emotionale Nähe ist ein wichtiges menschliches Bedürfnis. Sie entsteht zwischen Menschen nur da, wo die Wünsche aller Beteiligten Raum haben. Wenn ich meine Interessen zu sehr auf deine Kosten durchsetze, wird die Nähe zwischen uns schwinden. Sind wir in inniger Beziehung verbunden, wird deine Freude mich freuen und dein Leid mir leidtun. Ignoriere ich jedoch ständig meine eigenen Bedürfnisse, um es dir recht zu machen, dann dreht es sich nur noch um deine Wünsche. Der Grenzbereich zwischen meinen und deinen Interessen gerät aus dem Blick. Auch in diesem Fall schwindet die Nähe zwischen uns, denn ich zeige weniger von mir und verliere an Authentizität.

Die größte Nähe und die beste Zusammenarbeit werden möglich, wenn die Grenzen zwischen meinen und deinen Wünschen da sein können – und wenn sie durchlässig sind.

Auf allen Ebenen menschlichen Zusammenlebens gibt es abgegrenzte oder sogar gegensätzliche Interessenbereiche, und dadurch entstehen Kampf, Konkurrenz, Konflikte und Streit. Und genauso sind auf all diesen Ebenen die Grenzen der Interessenbereiche oft durchlässig, es entstehen Zonen übereinstimmender Interessen, gemeinsamen Wohlergehens. So kommt es zu Kooperation, Solidarität, Mitgefühl, Freundschaft und Liebe.

Im Feld zwischen diesen Polen entfaltet sich unser sozialer Tanz.

13.
Freiheit und Solidarität

Sowohl Kooperation als auch Konflikt und Streit basieren auf gesellschaftlich geteilten Werten, die oft in einem Spannungsverhältnis zueinander stehen.

In den letzten Jahren ist ein gesellschaftliches Spannungsfeld zwischen verschiedenen Werten bedeutsam geworden und in den allgemeinen Blick gerückt: Das Feld zwischen persönlicher Freiheit und Solidarität, zwischen Eigeninteresse und Verantwortung für die Gemeinschaft.

Im Zusammenhang mit den verschiedenen Umweltkrisen (z. B. Raubbau an der Natur, Überfischung der Meere, CO_2-Belastung der Atmosphäre) wird manchmal von der »Tragik der Allmende« gesprochen. Die »Allmende« bezeichnet seit dem Mittelalter ein gemeinschaftlich genutztes Gut, zum Beispiel Weideland, das die Bäuerinnen eines ganzen Dorfes gemeinsam nutzten, oder einen Hutewald, in den die Schweine des Dorfes zur Eichelmast getrieben wurden. Die Allmende stellt Ressourcen zur Verfügung, die von allen genutzt werden können. Aber sie muss auch pfleglich behandelt werden, was oft bedeutet, dass ihre Nutzung beschränkt werden muss, damit sie nicht zu sehr ausgebeutet wird. Wenn aber jeder Nutzer nur nach seinen eigenen Interessen handelt, kommt es bei allgemein knappen Ressourcen zu einer Übernutzung und damit zur Zerstörung der Allmende.

Im Mittelalter konnten die sozialen Beziehungen innerhalb eines Dorfes ein Regulativ darstellen. Die Menschen kannten sich und standen in persönlicher Beziehung zueinander. Wer die Allmende übermäßig ausbeutete oder sich nicht an ihrer Pflege beteiligte, hatte mit sozialen Konsequenzen in der Dorfgemeinschaft zu rechnen. Aber heute in unserer globalen Gesellschaft tragen die persönlichen Beziehungen nicht weit genug. Wenn ich in Europa durch meine Lebensweise die Atmosphäre besonders stark mit CO_2 belaste und dadurch Menschen auf pazifischen Inseln ihre Heimat verlieren oder in Indien Tausende bei Hitzewellen umkommen – was kümmert's mich? Ich habe ja eine Klimaanlage!

Wie also soll das große gemeinsame Gut, die große Allmende unserer Biosphäre geschützt werden? Wir sind als Land oder als Menschheit kein Dorf, in dem alle sich kennen und Menschen ihre Interessen und ihre Solidarität miteinander im direkten Kontakt aushandeln können. Soll der Staat diese Aufgaben übernehmen? Oder der »freie

Markt«? Letzterer führt unweigerlich zur Zerstörung der Allmende, solange die Nutzung der Gemeinschaftsgüter keinen Preis hat. Soll die Belastung der Biosphäre also einen Preis bekommen? Und wer legt ihn fest? Wie können wir verhindern, dass übermäßiger Eigennutz einzelner Individuen, gesellschaftlicher Gruppen oder einzelner Staaten die Lebensgrundlagen auf unserem Planeten zerstört? Und kann es dabei gelingen, individuelle Freiheiten zu bewahren und nicht in einer »Ökodiktatur« zu landen?

Wo liegen die Grenzschichten zwischen schützenswerter persönlicher Freiheit und legitimem Eigeninteresse einerseits und der erforderlichen Solidarität und dem notwendigen Verzicht auf übermäßigen Eigennutz andererseits? Sind diese Grenzschichten vielleicht durchlässig? Liegen Solidarität und Verzicht manchmal im wohl verstandenen Eigeninteresse? Kann es sogar ein beglückender Akt der Freiheit sein, mich an Regeln zu halten, deren Sinn ich einsehe, auch wenn sie mich unangenehm begrenzen? Oder ist diese moralische Haltung nur ein Luxus der Gutsituierten? Stimmt es nicht, was Brecht in seiner »Dreigroschenoper« schrieb: »Erst kommt das Fressen, dann kommt die Moral«? Muss daher moralisches Verhalten vom Staat verordnet und durchgesetzt werden? Wo dienen staatliche Regeln jedoch der Unterdrückung und der übermäßigen Kontrolle des Individuums? Oder gibt staatlich eingeforderte Regeltreue vielleicht einen festen Rahmen, innerhalb dessen Freiheit überhaupt erst möglich wird?

Andererseits: Brauchen wir als Gesellschaft es nicht auch, einmal festgelegte Prinzipien immer wieder infrage zu stellen, um uns weiterzuentwickeln? Brauchen wir nicht die Abweichung von den Regeln, den ganz anderen Blickwinkel, die konträre Meinung, die durch die individuelle Freiheit ermöglicht wird, um als Gesellschaft lernfähig und flexibel zu bleiben?

Die Grenzschichten zwischen Freiheit und Solidarität sind in beide Richtungen durchlässig: Solidarität gibt einen nachhaltigen und stabilen Rahmen für Freiheit, Freiheit hält die Regeln der Solidarität flexibel, lebendig und entwicklungsfähig.

Neben der Krise der Biosphäre haben diese Fragen auch durch die Coronapandemie eine besondere Aktualität bekommen. Durch Lockdowns und Kontaktbeschränkungen wurden vom Staat persönliche Freiheiten in hohem Maße eingeschränkt. Das wäre nicht möglich gewesen, wenn nicht die überwiegende Mehrheit der Menschen den Sinn der Maßnahmen eingesehen und sich daran gehalten hätte – ein bedeutsamer Akt der Solidarität mit den besonders Gefährdeten. Allerdings zeigen sich auch hier die Grenzen der Solidarität. In Deutschland haben sich etwas über 75 Prozent der Erwachsenen gegen Covid-19 impfen lassen – parlamentarisch sind wir knappere Mehrheiten gewohnt. Umgekehrt haben über 20 Prozent für sich die Freiheit gewählt, sich nicht impfen zu lassen. Nach übereinstimmender Aussage der meisten Wissenschaftlerinnen wäre jedoch eine höhere Impfquote hilfreich gewesen, um gefährdete Menschen zu schützen und das Gesundheitssystem zu entlasten. Hätte der Staat weitere Überzeugungsarbeit leisten sollen – die »weiche« Variante? Hätte er mit einer Impfpflicht einen »harten« Rahmen setzen sollen, innerhalb dessen persönliche Freiheiten schneller wieder möglich geworden wären, weil dann keine weiteren Lockdowns erforderlich gewesen wären? Oder wäre das ein unverhältnismäßiger Eingriff in die individuellen Grundrechte gewesen?

Eine ähnliche Diskussion wird seit Jahren über die Einführung eines allgemeinen Tempolimits auf Autobahnen geführt. Sinnvolle staatliche Regelung oder unangemessene Einschränkung der Freiheit?

Die neue Einführung einschränkender staatlicher Regeln (wie einer Impfpflicht oder eines Tempolimits) kann starke Emotionen hervorrufen, Empörung und Widerstand. Wenn sie jedoch einmal eingeführt worden sind, werden solche Regeln oder Pflichten sehr schnell als normal und gewohnt empfunden und kaum noch infrage gestellt.

Die Grenzschichten zwischen persönlicher Freiheit und staatlich geregeltem Gemeinwohl wurden im Laufe der Geschichte immer wieder verändert und neu justiert.

So war es in Deutschland bis 2011 selbstverständlich und wurde jahrzehntelang kaum hinterfragt, dass junge, gerade eben erwachsene

Männer für mehr als ein Jahr ihrer Lebenszeit ihre Freiheit weitgehend aufgeben und Dienst für die Allgemeinheit tun mussten, bei
der Bundeswehr oder im zivilen Bereich. Sie wurden dabei nicht gefragt, ob sie diesen Dienst sinnvoll fanden oder nicht, wurden aber
bis hin zu Gefängnisstrafen sanktioniert, wenn sie jeglichen Dienst
verweigerten. Eine allgemeine Wehrpflicht hatte es in Deutschland
allerdings seit 200 Jahren gegeben, mit nur 11 Jahren Unterbrechung
nach dem Zweiten Weltkrieg. Diese massive Freiheitseinschränkung
war also eine gewohnte Tradition.

Der Paragraf 175 des deutschen Strafgesetzbuches stellte über
100 Jahre lang homosexuelle Handlungen zwischen Männern unter
Strafe. Er wurde erst 1994 aufgehoben. Hier mischte sich der Staat in
intimste persönliche Bereiche ein und begrenzte massiv die persönliche Freiheit einer großen Gruppe von Individuen. Mittlerweile ist
es zumindest juristisch eindeutig klar, dass homosexuelle Handlungen genauso zu betrachten sind wie heterosexuelle und dass der Staat
diesen Bereich privater Freiheiten zu respektieren hat, solange keine
Persönlichkeitsrechte verletzt werden. Zum Glück hat sich hier die
Gewöhnung an eine völlig ungerechtfertigte Freiheitseinschränkung
nicht auf Dauer durchgesetzt.

Auch die Friedliche Revolution in der DDR 1989 ist ein Beispiel
für eine Verschiebung der Grenzschichten zwischen Freiheit und Solidarität: Ein Gesellschaftssystem, das individuelle Freiheiten massiv
einschränkte unter dem Deckmantel der vorgeblichen Solidarität und
des Gemeinwohls und an das sich viele Menschen über Jahrzehnte
gewöhnt hatten, wurde schließlich durch eine Bewegung für größere
Freiheit und Selbstbestimmung zu Fall gebracht. Möglich wurde das
durch eine neue Form der Solidarität: die der Protestierenden.

Das Alkoholverbot am Steuer wird von den meisten Menschen
heute als selbstverständlich angesehen. Allerdings wurde erst 1973
nach langem Zögern eine Promillegrenze eingeführt, nachdem die
Zahl der tödlichen Verkehrsunfälle Rekordhöhen erreicht hatte und
bei diesen Unfällen zu 25 Prozent Betrunkene beteiligt waren. Damals hatte die freiwillige Solidarität, beim Steuern eines Autos wegen

der Unfallgefahr auf Alkohol zu verzichten, nicht ausgereicht. Heute ist klar, dass bereits bei 0,5 Promille eine wesentliche Einschränkung der Fahrtüchtigkeit bestehen kann. Auch hier sind also Grenzen, die persönliche Freiheiten nicht unwesentlich einschränken, selbstverständlich geworden. In diesem Falle unterstützen diese Grenzen das Individuum darin, sich solidarisch zu verhalten. Wenn ich mit dem Auto unterwegs bin und trotzdem gerne etwas trinken würde, dann wird das Verbot (mit seinen durchaus gravierenden Sanktionen) mich davor bewahren, zu sagen: »Ach egal, es wird schon nichts passieren!«, dann anderes Leben zu gefährden und mir vielleicht für den Rest meines Lebens Vorwürfe machen zu müssen.

Denn so sehr wir Menschen auch auf Kooperation ausgerichtet sind – mindestens so stark ist manchmal unsere Bereitschaft, zu verdrängen und moralische Grenzschichten unserer Freiheit einfach zu ignorieren.

Staatliche Verpflichtungen, die eine nicht ausreichende freiwillige Solidarität ersetzen, können zunächst eine ablehnende Gegenreaktion hervorrufen. Das kann man bei Diskussionen über ein Tempolimit oder über das schrittweise Verbot von Öl- und Gasheizungen beobachten. Mittel- bis langfristig unterliegt die staatliche Regelung dann einer ausgeprägten Gewöhnung und unterstützt vielleicht das Individuum darin, sich auf eine sinnvolle Art solidarisch zu verhalten. Die Gewöhnung birgt jedoch auch die Gefahr, Freiheitseinschränkungen hinzunehmen, die nicht lebensförderlich sind. Hier braucht es die kreative Freiheit der Vordenkerinnen und Abweichler, damit die Gesellschaft wandlungsfähig bleibt.

Vielleicht war die Coronapandemie gesellschaftlich und global gesehen ein Lernfeld für uns, das uns helfen kann, mit der Klimakrise und der ökologischen Krise – den beiden existenziellen Menschheitskrisen – besser umzugehen. Verschiedene Haltungen, die wir in der Coronapandemie in aller Unzulänglichkeit einzunehmen versuchten, werden wir in den sich weiter verschärfenden planetaren Krisen noch viel mehr benötigen: Wir lernen, auf einen Teil unserer individuellen Freiheiten und Möglichkeiten zu verzichten um übergeordneter Ziele willen, wir erkunden die Grenzbereiche zwischen freiwilliger Einsicht und staatlich verordneter Pflicht, wir üben sowohl strategisch vorausschauendes Handeln als auch kurzfristiges Reagieren auf unvorhersehbare Wendungen der Krise. Wir versuchen, offen zu bleiben für neue Ideen, andere Blickwinkel und abweichende Meinungen. Wir lernen, Risiken abzuschätzen, und trainieren den Mut, Entscheidungen zu treffen, die notwendig sind, aber einschneidende Folgen haben und eventuell Verzicht erfordern.

14.
Gut und schlecht

Auch im individuellen, persönlichen Leben sind Werte von großer Bedeutung. Vor allem unsere Wünsche und Bedürfnisse sind wichtige Triebfedern unseres Handelns. Ein großer Teil unserer Gedanken ist fast ständig damit beschäftigt, was uns an unserer Situation gefällt oder nicht gefällt, was wir gerne anders hätten und wie wir diese Änderung erreichen könnten, was in der Vergangenheit hätte anders sein sollen oder was wir für die Zukunft befürchten und wie wir das Eintreten des Befürchteten verhindern könnten. Ein großer Teil unserer Gedanken dreht sich um Bewertungen.

Ich sitze am Laptop und schreibe. Gleichzeitig tauchen Gedanken auf: »Ich hätte es gerne wärmer ... Wer hat denn schon wieder die Heizung runter gedreht? ... Da drüben ist es schrecklich staubig, da müsste ich mal putzen ... Hoffentlich stürzt der Router nicht wieder ab ... Ich sollte doch mehr trinken, aber mein Wasserglas ist fast leer ... Dieser Text wird bestimmt nicht gut ... Gestern Abend lief es besser, ich hätte gestern länger schreiben sollen ... Wenn ich nicht bald ins Bett gehe, bin ich morgen furchtbar müde ...«

All das basiert auf berechtigten und nachvollziehbaren Wünschen. Aber die Gedanken daran tendieren dazu, sehr viel Raum in mir einzunehmen. Konzentrationsfähigkeit bedeutet unter anderem, meine Aufmerksamkeit von all diesen Bewertungen und Bedürfnissen abzuziehen und nur auf das auszurichten, was ich gerade tue.

Bedürfnisse, Wünsche und Interessen basieren auf einer sehr grundlegenden Unterscheidung, einer psychischen Grenzschicht: Ich unterscheide, was gut ist für mich und was schlecht. Wonach ich strebe und was ich vermeide, was mir gefällt und was nicht. Ich treffe ständig Bewertungen: gut oder schlecht, nützlich oder schädlich, schön oder hässlich. Daumen hoch oder Daumen runter. Immer wieder bin ich mit dieser Grenzschicht zwischen Gut und Schlecht beschäftigt, versuche herauszufinden, was mir nützt und was nicht. Manchmal kann die gleiche Handlung erst gut sein und dann schlecht. Zum Beispiel: Ich habe Hunger, ich esse und es schmeckt mir gut(!) … Jetzt bin ich eigentlich satt … aber es ist so lecker, also esse ich weiter … Jetzt wird mir schlecht(!), ich höre lieber auf …

Da ist es natürlich hilfreich, die Grenzschicht zwischen Gut und Schlecht spüren zu können. Wenn ich aber nach dem Essen gedanklich stundenlang damit beschäftigt bin, dass ich vielleicht zu viel gegessen habe und daher zunehmen werde, und wenn ich mir deshalb bittere Vorwürfe mache, dann wird diese Bewertung zum Problem.

Manchmal hat die Grenze zwischen Gut und Schlecht mehrere Ebenen: Ich sollte mal wieder zur Vorsorgeuntersuchung bei meiner Ärztin gehen. Aber angenehm ist das nicht, es tut sogar kurz weh, das ist schlecht! Und es könnte etwas Schlimmes dabei herauskommen, dann werde ich mich schlecht fühlen. Gehe ich deshalb nicht hin? Doch, ich gehe, denn es ist gut, zu wissen: Alles in Ordnung.

Bewertungen geben mir wichtige Orientierungen für mein Verhalten. Sie sind hilfreich, um Entscheidungen zu treffen, um für mich und für andere zu sorgen. Wir können auch gar nicht anders, als zu bewerten, was wir mögen und was nicht – das haben wir mit allen anderen Tieren gemeinsam, von den kleinsten Insekten bis zu großen Säugetieren. Schon einzellige Amöben bewegen sich auf das zu, was sie brauchen, und von dem weg, was ihnen schadet – auch sie treffen Bewertungen. Die Grenzschicht zwischen Gut und Schlecht hat also vermutlich eine sehr allgemeine biologische Grundlage.

Die meisten Tiere denken allerdings nicht lange über ihre Wünsche und ihre Bewertungen nach – sie handeln nach ihnen.

Wir Menschen sind oft gedanklich so sehr mit unseren Wünschen oder Befürchtungen beschäftigt, dass wir den Reichtum der Wirklichkeit verpassen. In Kapitel 6 haben wir betrachtet, wie sehr wir oft mit der Vergangenheit oder der Zukunft beschäftigt sind und dabei die Gegenwärtigkeit verlieren. Auch die geradezu zwanghafte Beschäftigung mit Gut und Schlecht macht sich in unseren Gedanken breit und bindet einen erheblichen Teil unserer geistigen Kräfte. Das liegt an unserem ausgeprägten Denk- und Vorstellungsvermögen, das uns von anderen Tieren unterscheidet und uns vieles ermöglicht, das aber auch die bewertenden, wünschenden oder befürchtenden Gedanken ins Uferlose wachsen lässt. Bis in die feinsten Verästelungen denken wir uns in die Bewertungen gegenwärtiger, vergangener oder zukünftiger Situationen hinein. Wir spielen in Gedanken durch, was wir wünschen oder befürchten, positive und negative Szenarien von Vergangenem oder Zukünftigem – und wir verlieren uns darin.

Gibt es Auswege aus diesem Labyrinth der bewertenden Gedanken?

Wir kennen seelische Haltungen, die nicht von Bewertungen geprägt sind: Ein gutes Bild dafür ist die Haltung des Zeugen, der wahrnimmt und nicht ins Geschehen eingreift. Der Zeuge lässt sich nicht durch eigene Bewertungen davon ablenken, ganz in die Wahrnehmung dessen einzutauchen, was geschieht. Wir können in uns die Haltung eines inneren Zeugen, einer inneren Zeugin entwickeln und einüben. Dann sind wir einfach präsent, wir sind unmittelbar verbunden mit dem Leben, wie es sich gerade vollzieht. Ein weiteres hilfreiches Bild dafür ist die Haltung der Forscherin. Sie untersucht die Wirklichkeit genau, sie ist unvoreingenommen und offen für alle Wahrnehmungen. Sie beobachtet, sie will wirklich wissen, was geschieht, aber es nicht ständig ändern.

In dem spirituellen Übungsweg des Zen geht es um diese Präsenz. Einer der frühesten Texte des Zenbuddhismus ist das Shinjin-mei aus dem 6. Jahrhundert. Dort heißt es:

Der höchste Weg ist nicht schwer,
wenn du nur aufhörst zu wählen.
Wo weder Liebe noch Hass,
ist alles offen und klar.
Aber die kleinste Unterscheidung
bringt eine Distanz wie zwischen Himmel und Erde.
Soll Es sich dir offenbaren,
lass Abneigung wie Vorliebe beiseite.

In der stillen Meditation übe ich diese Haltung der nichtbewertenden Aufmerksamkeit. Ich sitze und beobachte, spüre den Fluss des Atems, die Empfindungen des Körpers, das Vorbeiziehen von Gedanken. Alles darf da sein in der Wahrnehmung, aber ich springe auf nichts drauf, reagiere nicht, erzeuge kein gedankliches Labyrinth. In all dem bleibe ich still. Die bewertenden Ich-Funktionen werden immer weiter heruntergefahren. Dann öffnen sich Grenzen. Innen und Außen spiegeln einander, fließen ineinander. Die Grenzschichten leuchten auf in ihrer Lebendigkeit und Durchlässigkeit. Da ist kein abgetrenntes oder festgefügtes Ich, nur der eine Lebensstrom.

All das bedeutet natürlich nicht, dass wir keine Wünsche und Bedürfnisse, Vorlieben oder Abneigungen mehr haben sollen – das wäre gar nicht möglich –, sondern dass wir uns nicht mit ihnen identifizieren. Wir üben uns darin, auch unsere Vorlieben und Abneigungen einfach als Phänomene der Wirklichkeit wahrzunehmen. Das schafft eine innere Distanz zu den eigenen Bewertungen. Sie sind nicht mehr Dreh- und Angelpunkt unseres Erlebens, sondern ein Geschehen unter anderen. Erst diese Distanz ermöglicht es uns, wirklich frei zu entscheiden, wie wir mit ihnen umgehen wollen.

Bewertungen sind wichtig. Für mich als Person und für uns als Gesellschaft. Es ist falsch verstandene Spiritualität, zu glauben, dass alle Bewertungen »schlecht« sind – was wiederum eine Bewertung wäre! Es geht vielmehr darum, mich nicht so sehr in Bewertungen zu verstricken, dass ich das Leben verpasse. Es ist eine immerwährende Übung und Herausforderung: Wenn eine Bewertung auftaucht in mir, sage ich Ja zu ihr, wie zu allen Wahrnehmungen, und schaue, welche Handlungsimpulse aus ihr entstehen. Aber ich verliere mich nicht im Labyrinth der hadernden und zweifelnden Gedanken.

Wenn ich einen Pudding koche und feststelle, dass er anbrennt, dann bin ich Zeuge dieser Wahrnehmung, auch Zeuge der unmittelbaren Bewertung in mir (»Das ist nicht gut!«), des Impulses und der Handlung, zu rühren und den Herd kleiner zu stellen. Auch Zeuge der Sorge, die auftaucht (»Der Pudding wird angebrannt schmecken ...«, »Was werden meine Gäste denken?«), Zeuge des Loslassens der Sorge und Zeuge des weiteren Rührens. Mit einem Zeugenbewusstsein nehme ich jede Wahrnehmung an, ich gehe mit dem Prozess des Lebens, das sich in mir und um mich herum vollzieht. Ich bleibe an nichts haften, ich störe mich an nichts, das heißt: Ich nehme das Gefühl, von etwas gestört zu sein, als weiteres Phänomen der Wirklichkeit. Bewertungen und Sorgen sind nichts weiter als Ausdruck meiner Verbundenheit: mit dem Pudding, dem Herd, den Gästen. Ich erkenne die Verbundenheit an, ohne wie hypnotisiert der Sorge zu verfallen.

Die Grenzschichten zwischen Gut und Schlecht sind weiterhin da und prägen auf verschiedene Arten meine Handlungen, geben meinen Entscheidungen Orientierung. Wenn ich mich jedoch nicht mit meinen Bewertungen identifiziere, sondern sie ebenso als Erscheinungen der Wirklichkeit wahrnehme wie andere Phänomene, dann sind für meinen freien, bezeugenden Geist diese Grenzschichten durchlässig. Er fließt durch sie hindurch wie Wasser durch ein Netz. Und im Fließen des Lebens kann es still werden in mir. Denn was auch geschieht, ob gut oder schlecht, und wo es auch immer geschieht, ob in mir oder um mich herum: Es ist der eine Fluss des Lebens.

Das Leben geschieht an den Grenzschichten, und es fließt durch sie hindurch.

15.

Vertrauen

Wenn ich nicht zu sehr mit meinen Bewertungen identifiziert bin, mit meinen Meinungen und Einordnungen, dann fällt es mir leichter, mich einem anderen Menschen zu öffnen, einem Menschen, der ein anderes Leben führt und der wahrscheinlich bei manchen Fragen andere Meinungen hat – dann fällt es mir leichter zu vertrauen.

Vertrauen ist ein wichtiger Faktor im sozialen Tanz der Kooperation. So wie ein Neurotransmitter den synaptischen Spalt überbrückt, lässt Vertrauen als eine Art Soziotransmitter die Grenzschichten der Werte- und Interessenbereiche durchlässig werden. Ohne Vertrauen sind weder emotionale Verbundenheit möglich noch die vielfältigen Kooperationsformen unserer modernen Gesellschaft.

Ich vertraue darauf, dass die Tischlerin den Stuhl, auf dem ich sitze, gut verleimt hat und er nicht zusammenbricht. Dass das Elektrizitätswerk auch nachher noch Strom für meine Lampe liefert. Dass mein Partner morgen noch mit mir zusammen sein will. Dass mein Geld auch in Zukunft etwas wert sein wird. Dass Verträge eingehalten werden, Arbeitsverträge oder Kaufverträge. Dass mein Eigentum respektiert wird. Dass ich morgen so gesund sein werde wie heute. Dass meine Freunde mich wirklich mögen. Dass mein Kind gut aufpasst, wenn es mit dem Fahrrad fährt.

Das Gegenteil von Vertrauen ist nicht nur Misstrauen oder Verunsicherung, sondern auch Kontrolle. Vertrauen ist da nötig, wo Kontrolle nicht oder nicht komplett möglich ist. Und Kontrolle ist da nötig, wo Vertrauen nicht ausreicht. Unser technisches, soziales und emotionales Leben ist jedoch dermaßen komplex, dass Kontrolle hierbei oft an Grenzen stößt. Je komplexer und unkontrollierbarer die Situation, desto wichtiger wird Vertrauen – nach Niklas Luhmann ein »Mechanismus der Reduktion sozialer Komplexität«.

Im zwischenmenschlichen Bereich versuchen wir, durch Sitten, Regeln und Gesetze Kontrolle auszuüben. Aber letztlich läuft es doch

darauf hinaus, dass wir vertrauen müssen, dass all diese Regeln eingehalten werden. Vertrauen und Kontrolle sind eng miteinander verflochten und ergänzen sich.

Im Islam heißt es: Vertrau auf Allah – und binde dein Kamel fest.

Manchmal wird es deutlich, dass das Einhalten der Regeln gar
nicht so selbstverständlich ist: bei einem Gewaltverbrechen, einem
Betrug, einem Staatsstreich, einem Krieg.

Vertrauen hilft mir, damit klarzukommen, dass ich vieles in meinem Leben nicht kontrollieren kann. Unkontrollierbares macht im
Allgemeinen Angst. Insofern hilft Vertrauen mir, meine Ängste zu
regulieren: »Es wird schon gut gehen ...«

Vertrauen ist also auch ein »Mechanismus zur Ent-Ängstigung«.

Manchmal ist Vertrauen nicht gerechtfertigt. Etwas ist eben doch
zu gefährlich und geht schief, oder ich werde betrogen. Dann wäre es
besser gewesen, Angst zu haben und vorsichtiger zu sein. Vertrauen ist
erschüttert. Es muss sich neu justieren.

Ob jemand, mit dem ich spreche, vertrauenswürdig ist, spüre ich
am ehesten in mir. »Ich hatte so ein komisches Gefühl ...« Darauf zu
hören wäre dann gut, aber dafür muss ich wiederum meinen Gefühlen vertrauen. Die Entscheidung, ob ich meinem Gegenüber vertraue,
kann ich dann am besten treffen, wenn ich sowohl die andere Person
als auch mein eigenes Gefühl gut wahrnehmen kann.

Also Wahrnehmung diesseits und jenseits der Grenzschicht.

Soziales Vertrauen hat biologische Grundlagen. Beim Menschen
wie auch bei anderen Säugetieren wird im Hypothalamus das Hormon Oxytocin ausgeschüttet. Es spielt eine wichtige Rolle bei der Geburt, aber auch beim Stillen des Babys. Dort steuert es nicht nur den
Milchfluss, sondern es fördert auch die seelische Bindung zwischen
Mutter und Kind. Und in der Eltern-Kind-Bindung entfaltet sich das
tiefste und grundlegendste Vertrauen. Wird es dort tiefgreifend und
dauerhaft enttäuscht, werde ich nur schwer darauf vertrauen können,
dass diese Welt ein guter Ort für mich ist.

Oxytocin verstärkt allgemein Bindungen und Zusammengehörig-
keitsgefühle. Damit fördert es verlässliche Beziehungen, Kooperation

und Vertrauen – nicht nur bei Menschen. Präriewühlmäuse, die zeitlebens in monogamen Paarbeziehungen leben, haben mehr Oxytocin im Blut und mehr Rezeptoren für dieses Hormon im Gehirn als ihre polygam lebenden Verwandten. Blockiert man aber bei ihnen das Hormon, gehen auch sie zu einem polygamen Verhalten über.

Intensiver Blickkontakt zwischen Hunden und ihren Halterinnen erhöht bei beiden den Oxytocin-Spiegel, bei Hund und Mensch.

So ist es auch zwischen Menschen: Blickkontakt, Nähe, emotionale Verbundenheit, Vertrauen und sexueller Kontakt gehen mit einem erhöhten Oxytocin-Spiegel einher.

Allerdings hat die Wirkung des Oxytocins auch eine Kehrseite: Es fördert zwar Nähe und Vertrauen zwischen bekannten Personen, aber gegenüber fremden Personen verstärkt es Abgrenzung und Misstrauen. Wenn wir uns schon kennen oder uns zur selben Gruppe zugehörig fühlen, macht es die Grenzschichten zwischen uns durchlässiger, aber es verfestigt die Grenzen gegenüber jenen, die wir nicht kennen und die nicht zu unserem Umfeld gehören.

Der stärkste Auslöser für die Oxytocin-Ausschüttung bei Menschen (und auch bei vielen anderen Säugetieren) ist angenehmer Hautkontakt.

Die Haut. Wieder eine Grenzschicht.

16.

Haut an Haut

Unsere Haut ist nicht nur Grenze und Schutzschicht gegenüber der Außenwelt, sie ist auch ein großes und außerordentlich sensibles Sinnesorgan. Auf den etwa zwei Quadratmetern unserer Hautoberfläche haben wir 700 bis 900 Millionen sensible Sinneszellen. Die anderen Sinne (Sehen, Hören, Riechen und Schmecken) kommen zusammengenommen nur auf etwa 200 Millionen Rezeptoren.

Vier von fünf Sinneszellen unseres Körpers liegen auf unserer
Haut!

Wenn ein winziges Insekt auf unserer Haut krabbelt, können wir
es vielleicht kaum sehen, aber wir spüren die Bewegung durch die
Verformung feiner Härchen sehr deutlich. Unsere Haut reagiert auf
feinste Berührungen, aber auch auf Druck, Vibration, Wärme, Kälte und Schmerz. Für jede dieser Qualitäten sind eigene Sinneszellen
zuständig.

Aus diesen ständig fließenden Millionen von Tastinformationen
entsteht in unserem Gehirn nicht nur ein Bild der uns direkt umgebenden Umwelt, des Bodens unter den Füßen, der Oberflächen
und Gegenstände, die wir berühren, der Luft, die über unsere Haut
streicht – sondern auch ein Bild unseres eigenen Körpers und dessen
Oberfläche.

Auch unterhalb der Haut, in allen Muskeln, Sehnen und Gelen-
ken sitzen Millionen von Rezeptoren, die ständig Informationen über
Bewegung, Lage und Muskelspannung der Körperteile ans Gehirn
leiten. Dies ist ein nach innen gerichteter Tastsinn, man nennt ihn
Propriozeption. Er ist notwendig, um überhaupt zielgerichtete Bewegungen durchführen zu können. Denn schon für einfache Bewegungen ist ein Zusammenspiel verschiedener Muskeln erforderlich,
von denen manche sich unterschiedlich stark zusammenziehen müssen, andere dagegen lockerlassen müssen. Ohne die propriozeptiven
Rückmeldungen der einzelnen Muskeln und Sehnen und ohne die
Sensorik unserer Haut könnten unsere Bewegungen gar nicht genau
genug koordiniert und gesteuert werden.

Die Entwicklung unserer Sinnessysteme beginnt bereits im Mutterleib. Dort entsteht der Tastsinn als die erste Sinnesqualität, lange
vor allen anderen Sinnen. Schon in der siebten Woche seiner Entwicklung reagiert der nur 1,5 Zentimeter große Embryo auf Berührung. Zu diesem Zeitpunkt kann er weder hören noch sehen, weder
riechen noch schmecken – diese Sinne entwickeln sich erst zwischen
der 20. und der 30. Schwangerschaftswoche. Schon ab der 12. bis
15. Woche ist der Fötus in der Lage, immer differenziertere Bewe-

gungen einzelner Körperteile auszuführen. Er kann Arme oder Beine und sogar Finger einzeln bewegen. In dieser Zeit beginnt er, sich immer häufiger zielgerichtet selbst zu berühren. Ohne sehen zu können, schafft es das wenige Zentimeter große Kind, den Daumen in den Mund zu führen und daran zu saugen. Diese immer wiederkehrenden Bewegungen und Selbstberührungen lassen im Gehirn neuronale Verschaltungen und Rückkopplungsschleifen entstehen zwischen der Muskelsteuerung, der Propriozeption und dem Tastsinnessystem der Haut. Durch das Zusammenspiel dieser drei Systeme entsteht im Embryo ein erstes Konzept des eigenen Körpers im Gegensatz zur Außenwelt. Denn eine Berührung des eigenen Körpers erzeugt eine andere Wahrnehmung als eine Berührung der Innenwand der Gebärmutter.

Dadurch kommt es zu einer ersten Unterscheidung zwischen der eigenen Körperlichkeit und der äußeren Welt. Es entsteht ein Körperschema, ein erstes Konzept eines körperlichen »Ich«, eine wesentliche Grundlage unseres Ichbewusstseins.

Etwas gehört zu mir, ist Teil von mir, wenn ich es berühre und die Berührung gleichzeitig an zwei Stellen des Körpers spüre. Und etwas gehört nicht zu mir, ist nicht Teil von mir, wenn ich es berühre und die Berührung nur an einer Stelle spüre. Unsere grundlegendste Erfahrung von Innen und Außen entsteht durch tastende, spürende Selbstberührung.

Dass es ein Ich gibt und eine Welt des »Nicht-Ich«, begreife ich zuallererst und am grundlegendsten durch ein Be-greifen. Und zwar schon vor der Geburt.

Die Selbstberührung des Kindes im Mutterleib ist noch aus einem anderen Grund wichtig. Der Fötus berührt mit seinen Händen seinen Oberkörper, seine Beine und Füße, aber am häufigsten seinen Kopf und sein Gesicht. Und die Gesichtsberührung geschieht umso häufiger, je höher der Stresslevel der Mutter ist. Der Fötus ist den Stresshormonen der Mutter zwar ebenso ausgesetzt wie sie, er hat aber anscheinend die Fähigkeit, sich eigenständig durch Selbstberührung der hochsensiblen Gesichtshaut zu beruhigen.

Wie es sich für den Fötus wohl anfühlt im Mutterleib? Natürlich
hat niemand eine Erinnerung daran. Worte können es nicht fassen,
denn im Mutterleib haben wir noch keine Worte. Aber vielleicht sind
Ahnungen dieser Erfahrung, die wir alle gemacht haben, doch auf ir-
gendeine Art in uns gespeichert. Woher kämen sonst die mythischen
Bilder umhüllender Geborgenheit, die tiefe Sehnsucht nach ozeani-
scher Entgrenzung?

*

Erinnerst du dich?
Schweben, in warmer Geborgenheit.
Weiche glatte pulsierende Höhlung, rötliches Dunkel.
Der Geschmack des Umhülltseins. Schaukeln.
Langsame Bewegung, durch Wasser gezogen.
Lippen Mund Hände Gesicht Finger Daumen.
Ich, noch ungetrennt.
Erinnerst du dich?

*

Wird ein Kind dann geboren, kommt es manchmal viel zu früh zur
Welt. Es ist noch nicht ausgereift und muss intensivmedizinisch betreut
werden. Es wird in einem Brutkasten gewärmt und eventuell auch beat-
met. Trotz hochentwickelter medizinischer Technik haben diese Babys
ein erhöhtes Risiko, bleibende Schäden davonzutragen oder zu sterben.
Aber seit einigen Jahrzehnten kennt man eine sehr einfache Methode,
die die Überlebens- und Entwicklungschancen eines frühgeborenen
Kindes deutlich verbessert: Das Baby wird möglichst oft nackt auf die
nackte Brust oder den Bauch der Mutter oder des Vaters gelegt, sodass
ein großflächiger Hautkontakt möglich wird. Dieses »kangarooing«
senkt die Sterblichkeitsrate der Frühgeborenen um durchschnittlich
36 Prozent! Es stabilisiert die Atmung und die Körpertemperatur des
Babys und fördert den Aufbau des Immunsystems.

Aber auch wenn mit der Geburt alles normal verläuft, ist es für das neugeborene Kind eine schwierige Umstellung auf eine völlig neue Umwelt. Für die Haut und den Tastsinn des Babys bedeutet das: Es schwebt nicht mehr schwerelos in warmer Flüssigkeit, in der es sich mühelos bewegen und sich selbst berühren konnte, sondern es liegt, der ungewohnten Schwerkraft ausgeliefert, weitgehend bewegungslos an einer Stelle. Die Muskulatur kann die Gravitationskräfte noch kaum überwinden, es ist zunächst allenfalls zu zappelnden und wenig zielgerichteten Bewegungen fähig. Damit werden auch die im Mutterleib so wichtigen gezielten Selbstberührungen fast unmöglich. Das Baby muss die Koordination der Muskeln unter den Bedingungen der Schwerkraft völlig neu lernen.

Wird es jetzt nicht von anderen Menschen berührt, bewegt und herumgetragen, erleidet es einen massiven Verlust an Nähe, Kontakt und an Stimulation des Tastsinns.

Wie wichtig diese körperliche und emotionale Nähe für die menschliche Entwicklung der ersten Lebensjahre ist, zeigen die Berichte über die schrecklichen Zustände in rumänischen Waisenhäusern in den 1980er-Jahren, die nach dem Zusammenbruch des Ostblocks entdeckt wurden. Diese Kinder wurden in den Waisenhäusern lediglich ernährt und medizinisch versorgt, aber bekamen keine emotionale Zuwendung und keinen Körperkontakt. In dieser grauenhaften Situation starben Hunderte Kinder. Die Überlebenden zeigten gravierende körperliche, kognitive und psychosoziale Einschränkungen, die teilweise auch durch die spätere Übernahme in eine liebevolle Pflegefamilie nicht mehr korrigiert werden konnten.

Zum Glück wecken Babys bei ihren Eltern meistens instinktive Impulse, sie zu berühren, nahe bei sich zu haben und sie umherzutragen. Einen schlafenden Säugling auf dem Arm zu haben, kann tiefe Glücksgefühle auslösen – Hingabe und Vertrauen des Kindes öffnen das Herz.

Berührung ist die erste Sprache. Sie ist die Urform der Kommunikation, des Gesprächs an einer Grenzschicht – der Haut. Eine liebevolle und einfühlsame Berührung sagt dem berührten Wesen:

»Du bist willkommen!« – mit einer emotionalen Tiefe, die Worte nur schwer erreichen können.

Auch als Erwachsene brauchen wir Berührung! Und wir tun es mit uns selbst: Wir berühren uns häufig selbst, oft unbewusst und viel häufiger, als wir glauben. Mehrere Hundert Mal am Tag berühren wir unser Gesicht. Diese Selbstberührungen führen zu einer besseren Regulation emotionaler Schwankungen und unter Stress zu einer besseren Gedächtnisleistung. Sie sind also weder zufällig noch sinnlos, sondern sie stärken unsere Ausgeglichenheit und geben uns eine körperliche Basis von Selbstvergewisserung und wohlwollendem Selbstbild.

Angenehme und als stimmig empfundene zwischenmenschliche Berührungen haben eine ganze Palette von positiven Auswirkungen: Sie fördern Entspannung, Selbstwertgefühl und Wohlbefinden, führen zu einer Ausschüttung des Hormons Serotonin, das Angst verringert, und sie senken den Spiegel des Stresshormons Cortisol. Eine Umarmung von nur 20 Sekunden Dauer zwischen vertrauten Menschen kann zu einer deutlichen Senkung von Blutdruck und Herzfrequenz führen.

Insofern sind angenehme und wohlwollende körperliche Berührungen ein menschliches Grundbedürfnis. Und dabei geht es um nicht-sexuelle Berührungen! Das ist wichtig zu betonen, denn Berührungen, die über ein Schulterklopfen oder eine ritualisierte Umarmung von wenigen Sekunden Dauer hinausgehen, werden oft als sexuelles Signal interpretiert, finden daher nur in diesem Kontext statt und werden ansonsten vermieden. Dabei brauchen es nicht nur Kinder, zu »kuscheln«, sondern auch den meisten erwachsenen Menschen tut es gut, körperliche Nähe und Berührung ohne sexuelle »Hintergedanken« zu erleben.

Bei unseren nächsten Verwandten im Tierreich, den Affen, werden das Wohlbefinden der einzelnen Tiere und auch der Zusammenhalt der Gruppe durch Berührungen bei der gegenseitigen Fellpflege wesentlich gefördert. In dieser Hinsicht sind auch wir Menschen einfach Primaten. Das Grundbedürfnis nach Berührung wird in unserer modernen und scheinbar so offenen Gesellschaft bei Weitem nicht immer erfüllt. Natürlich können Wünsche nach Nähe auch durch Gespräche, Blickkontakt oder gemeinsames Tun erfüllt werden, jedoch vermag körperliche Berührung unsere Emotionen am tiefsten zu erreichen. Sowohl in Partnerschaften als auch in Familien und unter Freunden bleibt diese wichtige Ebene menschlicher Zuwendung ein allzu seltenes Gut.

Durch die Coronapandemie hat sich diese Problematik noch verschärft. Menschen, die sich sexuell näherkommen wollten oder in intimer Partnerschaft lebten, wussten sich zu schützen, wie sie das auch vor der Pandemie in Bezug auf ungewollte Schwangerschaft oder sexuell übertragbare Krankheiten konnten. Aber die spontan aufmunternde oder tröstende, Vertrauen oder Mitgefühl bezeugende Umarmung unter Freunden, unter Sportkameradinnen oder Arbeitskollegen – sie ist bis heute belastet durch die Angst vor Ansteckung und durch das in den letzten Jahren tief im Alltagsleben verankerte Gefühl, dass die Nähe zu einem anderen Menschen (der nicht zum eigenen Haushalt gehört) eine Gefahr darstellt.

Es war sinnvoll, in den Jahren der Pandemie Abstand zu halten und Masken zu tragen dort, wo eine erhöhte Ansteckungsgefahr herrschte. Aber auf längere Sicht ist es ebenso wichtig, ein gesellschaftliches Klima zu fördern, in dem körperliche Nähe nicht als Regelverstoß gewertet wird, sondern als grundlegendes menschliches Bedürfnis anerkannt wird und gelebt werden kann. Dabei war schon immer die Emotion der Angst mit im Spiel: Angst vor Krankheitserregern, vor Übergriffigkeit, emotionaler Ausbeutung oder Angriff. Nicht umsonst heißt es, dass der Händedruck zur Begrüßung eine ritualisierte Versicherung ist: Ich trage keine Waffe, meine Hand ist frei!

Insofern ist bei körperlicher Nähe das Spannungsfeld zwischen Nähebedürfnis und Angst nichts Neues, aber durch die Pandemie wurde das Gleichgewicht in Richtung Angst verschoben. Es ist zu hoffen, dass wir alle in Zukunft wieder mehr Mut zu körperlicher Nähe haben. Nicht unbedingt in ritualisierter und sinnentleerter Form, sondern als freier emotionaler Ausdruck von Freundschaft, Wohlwollen und Mitgefühl.

17.

Intermezzo

Hallo liebe Leserin! Hallo lieber Leser! Bist du noch da?

Wie ist es für dich, mir zu folgen?

Wohin bringt es dich, in welche Räume aus Gedanken, Assoziationen, Gefühlen?

Und was meinst du: Haben wir noch einen roten Faden?

Auch zwischen dir und mir gibt es eine Grenzschicht. Diesseits meine Gedanken und Empfindungen, jenseits die deinen.

Worin besteht diese Grenzschicht? Sie manifestiert sich in diesem Text hier, an dem ich jetzt gerade schreibe … und den du jetzt (ein anderes Jetzt) gerade liest. Durch diese Wörter hier, durch diese seltsamen, schwarzen, kleinen Schnörkel auf einem dünnen Blatt Papier oder einem Bildschirm haben wir etwas gemeinsam. Sie bilden die Grenzschicht zwischen deinem Geist und meinem.

Darüber hinaus besteht diese Grenzschicht zwischen uns aus unseren Kenntnissen der Sprache, in der ich schreibe und die du liest und verstehst. Vielleicht auch aus einem gemeinsamen kulturellen Hintergrund, der Begriffe mit ähnlichen Bedeutungen und Assoziationen hinterlegt.

Und übrigens: Diese Schicht überwindet Zeit und Raum. Es ist egal, ob du mir über die Schulter schaust, während ich schreibe, oder ob du es Jahre später auf einem anderen Kontinent liest. Durch dieses Essay sind wir miteinander verbunden. Ist das nicht unglaublich?

Wie durchlässig diese Grenzschicht wohl ist?

Hat das, was drüben bei dir ankommt, etwas zu tun mit dem, was ich denke und will und fühle?

Und wie könnten wir das feststellen?

Teil 2

18.
Ordnung und Chaos

Kehren wir für einen Moment noch einmal zurück zu einem Thema, das wir im ersten Kapitel kurz betrachtet haben: der Entstehung des Lebens.

Wir haben gesehen, wie sich an bestimmten Orten der jungen Erde, die für diese Prozesse günstige Bedingungen boten, verschiedene komplexe Moleküle bildeten und anreicherten. Sie waren vor allem aus Kohlenstoff und Wasserstoff aufgebaut, deshalb werden sie Kohlenwasserstoffe genannt. So kam es an diesen »Hotspots« der Entstehung des Lebens auf der Erde zur Bildung immer vielfältigerer Mischungen von Stoffen. Moleküle, die sich gegenseitig beeinflussen, regulieren, fördern oder hemmen. Ein immer größeres und feineres Netzwerk verschiedener Stoffe, ein »Tanz der Moleküle«.

Und daraus ist irgendwann etwas so unglaublich Komplexes wie ein Lebewesen entstanden?

Aus so einfachen Zutaten wie Wasserstoff, Kohlenstoff, Sauerstoff, Stickstoff, Phosphor, noch ein paar anderen Elementen und Energie? Wie ist das möglich?

Wir könnten allgemeiner fragen: Wie entsteht Komplexität aus einfachen Zutaten?

Und warum gibt es im Universum überhaupt so komplexe Strukturen wie Zellen, Lebewesen, Ökosysteme, ein planetares Klima, Gehirne, Gedanken und Ideen?

Die Klasse dieser Moleküle, der Kohlenwasserstoffe, aus denen Lebewesen bestehen, zeichnet sich gegenüber anderen chemischen Stoffen durch eine fast unendliche Vielfalt an Kombinationsmöglichkeiten und Molekülarten aus: kürzere oder längere Ketten, viele Arten von Ringen und Verzweigungen.

Diese vielfältigen Möglichkeiten der Kombinationen und der Bildung von Mustern sind zwar eine gute Voraussetzung. Aber sie reichen für das Entstehen von Komplexität nicht aus. Wolken am

Himmel können sich unendlich vielfältig formen, bilden aber kein so komplexes System wie ein Lebewesen. Bei allem Formenreichtum: Sie interagieren nur unwesentlich miteinander.

Die organischen Moleküle in Lebewesen jedoch beeinflussen sich wechselseitig. Sie reagieren miteinander, gehen vielfältige und stabile Beziehungen ein. Sie verbinden sich oder spalten einander auf, sie katalysieren Reaktionen untereinander, fördern oder blockieren andere Umsetzungen. Aus Molekül A bildet sich B, dieses verbindet sich mit C zu D, welches wiederum die Bildung von E katalysiert, aber E hemmt die Bildung von A und von C. So entstehen Regelkreise. Die Moleküle bilden ein ganzes Netzwerk aus verflochtenen Regelkreisen, das hatten wir schon gesehen.

Aber was für ein gigantisches Netzwerk! In einer menschlichen Zelle gibt es etwa 20 000 Gene, durch die mindestens 80 000 *verschiedene* Arten von Proteinmolekülen gebildet werden können. Die Proteine werden oft verglichen mit molekularen »Maschinen«, die zum Beispiel den Stoffwechsel der Zelle regulieren, Signale weiterleiten, Stoffe transportieren und Krankheitserreger abwehren. Sie arbeiten aber nicht einzeln, sondern sie bilden ein funktionales Geflecht, mit mindestens 300 000 Interaktionen untereinander. Wenn man jede menschliche Proteinsorte als einen Punkt darstellt und jede Interaktion als einen Strich zwischen zwei Punkten, hätte man ein Netzwerk von mindestens 80 000 Punkten und mit mindestens 300 000 Verbindungssträchen. Und all das in einer einzigen Zelle, in einem Raum, der nur Bruchteile von Millimetern umfasst. Noch nicht mitgezählt sind verschiedene DNA- und RNA-Moleküle, Zucker, Fettsäuren und andere Molekülarten, die wichtige Aufgaben im Stoffwechsel der Zelle erfüllen und in funktional verflochtenen Beziehungen zueinander stehen.

Bei Schneeflocken dagegen gleichen zwar keine zwei Flocken einander, es sind Milliarden unterschiedlicher Kristalle. Dennoch sind sie eher wenig komplex. Sie interagieren nicht miteinander. Sie bilden kein funktionales Netzwerk.

Aber nochmal: Wie muss ein Netzwerk beschaffen sein, damit Komplexität entsteht?

Bei der Betrachtung dieser Frage beziehe ich mich auf das Werk des theoretischen Biologen Stuart Kauffman, der bahnbrechende Untersuchungen zur Selbstorganisation komplexer Systeme vorgelegt hat. Man kann solche Netzwerke im Computer simulieren und dann leichter untersuchen, als wenn man Tausende von Molekülen in einer mikroskopisch kleinen Zelle chemisch analysiert. Und bei der Simulation solcher großen Netzwerke mit Tausenden von mitwirkenden Molekülsorten stellt man etwas Bemerkenswertes fest:

Je nachdem, wie die Elemente des Netzwerks miteinander verknüpft sind, kann sein Verhalten sehr geordnet und vorhersehbar sein. Es herrscht große Regelmäßigkeit und eine stabile Struktur. Das Extrembeispiel für ein solches Netzwerk ist ein Kristall. Wenn ich einen kleinen Ausschnitt des Kristallgitters analysiert habe, kenne ich ihn ganz. In einem Kochsalzkristall (Natriumchlorid) ist jedes Natrium-Ion von sechs Chlorid-Ionen umgeben und jedes Chlorid-Ion von sechs Natrium-Ionen. Sie ziehen sich gegenseitig an und bilden würfelähnliche Strukturen. Ein Netzwerk – sehr geordnet, aber wenig komplex.

Oder das Verhalten des Netzwerks ist chaotisch, sich ständig verändernd und unvorhersehbar. Strukturen entstehen, lösen sich aber sofort wieder auf. Ein Beispiel hierfür sind die Blasen in einem kochenden Wassertopf. Wassermoleküle bilden ein Netzwerk, aber die Entstehung und Größe der einzelnen Wasserdampfblase ist unvorhersehbar – ein chaotischer, zufälliger Prozess.

Und Komplexität? Sie entsteht weder im ganz geordneten Netzwerk noch im völlig chaotischen. Sondern genau am Übergang zwischen beiden Zuständen.

An der Grenzschicht zwischen Chaos und Ordnung.

Ein sehr stark geordnetes Netzwerk bietet wenig Möglichkeiten für Variabilität und Entwicklung. Es bewegt sich immer wieder in den gleichen Zuständen. Da passiert nicht viel; es entsteht keine Dynamik.

Ein sehr chaotisches Netzwerk kippt ständig in völlig unvorhersehbare Entwicklungen, die aber sofort wieder von einem ganz anderen Prozess unterbrochen werden. Da können sich keine Strukturen bilden.

Ein Netzwerk, das sich an der Grenzschicht zwischen Ordnung und Chaos bewegt, hat genug Chaotisches, sodass neue Entwicklungen entstehen können. Und genug Ordnung, um diejenigen Entwicklungen, die förderlich sind, beizubehalten. Es hat genug Chaos, um flexibel auf Veränderungen der Umwelt reagieren zu können, weil irgendeiner der eigenen chaotischen Impulse vorteilhaft sein wird für den Umgang mit der Veränderung. Und genug Ordnung, um dabei die eigene Erhaltung und Vermehrung sicherzustellen. Ein solches Netzwerk ist adaptiv. Es kann sich an Veränderungen seiner Umwelt anpassen und sich selbst verändern. Es kann sich weiterentwickeln.

Was bedeutet das konkret?

Nehmen wir zum Beispiel eine Paarbeziehung zweier Menschen. Es entspricht wohl häufiger Erfahrung, dass einerseits zu viel Ordnung, Vorhersagbarkeit und Gleichförmigkeit in die Erstarrung führen, die Erotik abtöten und die Beziehung weniger beglückend machen, dass andererseits aber zu viel Chaos, Instabilität und Unverbindlichkeit die Beziehung ebenfalls stören oder sogar zerstören können. Auch hier ist es die Grenzschicht zwischen Chaos und Ordnung, an der sich die Partnerinnen am besten miteinander bewegen. An der sie sich von einer eingespielten Harmonie zwischen ihnen stärken lassen, aber sich auch im chaotischen Feuer ihrer Konflikte weiterentwickeln. In diesem Grenzbereich können Partnerschaften am besten Krisen überstehen und sich kreativ an Veränderungen anpassen.

Auch jede einzelne Person hat einen eigenen Grenzbereich zwischen Ordnung und Chaos, der für sie zuträglich ist. Das Zimmer oder die Wohnung einer Person zeigen mit ihrer Mischung aus Ordnung und Chaos diesen persönlichen Grenzbereich oft recht deutlich. Wir alle brauchen Gewohnheiten und kleine Rituale, vertraute Dinge und Menschen, bei denen wir uns geborgen fühlen. Aber wir brauchen auch die Abwechslung, den Reiz des Neuen und Spontanen, die Spannung des Ungeregelten. Die individuellen Grenzbereiche zwischen Ordnung und Chaos können von Person zu Person ziemlich unterschiedlich sein. Differieren sie bei Lebenspartnern zu sehr, kann das zu tiefgehenden Spannungen in der Beziehung führen. Generell ist es ein wesentliches Thema in Partnerschaften (und in Familien), auszuhandeln, wie die gemeinsame Grenzschicht zwischen Ordnung und Chaos verortet sein soll. Dieser Grenzbereich ist nicht statisch – so können sich chaotische Zeiten und stabilere Phasen in einer Partnerschaft abwechseln, wie Ein- und Ausatmen.

Komplexe Systeme scheinen sich ganz allgemein an einer Grenzschicht zwischen Ordnung und Chaos anzusiedeln. Entfernen sie sich von dieser Schicht, führt dies zu einer Verringerung ihrer Komplexität und damit zu einem Verlust an Entwicklungsmöglichkeiten und Lebendigkeit.

Große Netzwerke mit hoher Komplexität haben noch eine weitere Eigenschaft: Sie bestehen meistens aus kleinen Gruppen von intern stark vernetzten Einheiten. Diese »small worlds« besitzen eine gewisse Teilautonomie. Sie sind jeweils durch Knotenpunkte (»hubs«) miteinander und mit dem Gesamtsystem verbunden. Zwischen den »small worlds«, den stark vernetzten Subsystemen, finden wir wieder Grenzschichten, die eine Mischung aus Entkopplung und Vernetzung darstellen. Diese Grenzschichten sichern sowohl die Teilautonomie der »small worlds« als auch ihre Verbundenheit mit dem gesamten Netzwerk. Solche Systeme haben ein ausgewogenes Verhältnis zwischen zentraler und dezentraler Organisation. Das erleichtert es dem Netzwerk, den Grenzbereich zwischen stabilen Ordnungsprinzipien und chaotischer Kreativität einzunehmen.

Diese Art der Organisation kann man beispielsweise bei den Neuronen im Gehirn feststellen – dem komplexesten Netzwerk, das wir kennen. Wir finden einen solchen Aufbau aber auch im föderalen System von Staaten (Kommunen, Regionen, Länder, Staat) oder auch bei Firmen (Team, Abteilung, Firma). Diese Netzwerke sind in »small worlds« organisiert; dadurch entsteht eine Mischung aus zentraler und dezentraler Organisation.

Kehren wir zurück zu der Grenzschicht zwischen Ordnung und Chaos. Wir betrachten weitere beispielhaft ausgewählten Bereiche, in denen diese Grenzschicht eine Rolle spielt:

Ein einzelliges Lebewesen: Es muss seinen Stoffwechsel, der aus einem Netzwerk von Zigtausenden Molekülarten besteht, regulieren und geordnet halten, um seine Existenz zu bewahren. So erhält es seine Homöostase, sein inneres Gleichgewicht, seine Ordnung aufrecht. Gleichzeitig muss es flexibel auf Reize oder Veränderungen seiner Umwelt reagieren. Es kann sich nicht von der Umwelt abschotten und nur die eigene Ordnung bewahren, sondern muss zulassen, dass Veränderungen der Umwelt auch das Innere des Einzellers erreichen und verändern. Es muss also eine gewisse Offenheit gegenüber der Umwelt haben, seine Grenzschichten müssen durchlässig sein. Nur so kann es die Chancen nutzen, die sich in der Umwelt bieten (zum Beispiel Nährstoffe aufzunehmen), und mögliche Gefahren vermeiden. Durch diese Offenheit kann jedoch jede Änderung der Umweltverhältnisse das fein austarierte Gleichgewicht des eigenen Stoffwechsels stören, es wird durcheinandergebracht und ein Stück weit chaotisch – mit der Gefahr fataler Folgen (zum Beispiel durch Giftstoffe), aber auch mit der Chance, flexibel auf Veränderungen zu reagieren. Das gleiche Prinzip gilt für alle Lebewesen, auch für mehrzellige Tiere wie uns.

Ökosysteme: Sie haben meistens eine ausgeprägte Stabilität, aber immer wieder kommt es zu Schwankungen und Veränderungen. Wenn neue Organismen in einem Ökosystem auftauchen, wenn Arten verschwinden oder wenn Umweltbedingungen sich wandeln, kann sich das ganze System unvorhersehbar verändern. Es wird eine Zeit lang chaotisch, geht danach jedoch meistens in eine neue stabile Ordnung über. Je komplexer ein Ökosystem ist, je vielfältiger und vernetzter die Beziehungen der beteiligten Organismen, desto chaotischer kann es zwar reagieren, aber desto stabiler ist seine Ordnung letztendlich. Deshalb ist das massenhafte Aussterben von Arten auch für ganze Ökosysteme bedrohlich: Sie verlieren an Komplexität und damit an Stabilität.

Biografien: Ein Mensch braucht einigermaßen stabile Lebensumstände, um sich zu entwickeln: psychisch, sozial und materiell. Aber er braucht auch Herausforderungen, Umbruchzeiten, unvorhergesehene Lebenswendungen, um daran zu wachsen, die eigenen Potenziale zu entdecken und zu verwirklichen. Scheue ich jedes Risiko, um nur ja meine Ordnung aufrechtzuerhalten, werde ich meine Möglichkeiten nur schwer entfalten können. Erlebe ich jedoch zu starke Verluste an Sicherheit und Stabilität und nimmt das Chaos überhand, dann werde ich aufgrund meiner Verunsicherung kaum in der Lage sein, die Möglichkeiten zu nutzen, die sich mir vielleicht bieten.

Biologische Evolution: Würde bei der Fortpflanzung die genetische Information nicht sehr genau und geordnet an die Nachkommen weitergegeben, so gäbe es kein Leben. Ebenso braucht das Leben als Ordnungsfaktor den Filter der Selektion, die diejenigen Wesen bestehen lässt, die gut angepasst sind und sich dadurch besser vermehren können. Aber ohne das ständige Chaos der genetischen Mutationen hätte sich die Vielfalt des Lebens nie entwickelt. Und unvorhersehbare, chaotische Veränderungen von Klima und Umweltbedingungen waren immer wieder ein evolutionärer Motor. Auch die Evolution balanciert auf dem Grat zwischen Ordnung und Chaos.

Sexuelle Fortpflanzung: Warum hat die Evolution etwas so Chaotisches wie die sexuelle Fortpflanzung entwickelt? Oft ist es völlig unvorhersehbar, welche Individuen sich miteinander paaren werden, und bei Werbung, Konkurrenzkampf und Partnerwahl unterliegen Lebewesen großen Gefahren und treiben einen immensen Aufwand. Wenn Ei- und Samenzelle verschmelzen, wird durch Zusammenführung zweier unterschiedlicher Genome die bei den Eltern bewährte Ordnung der genetischen Regulation durcheinandergebracht. So viel Chaos! Aber die sexuelle Fortpflanzung hat sich bei den meisten mehrzelligen Lebewesen durchgesetzt – das Chaos muss also große Vorteile mit sich bringen. Es erhöht die Flexibilität, mit der genetisch festgelegte Arten auf Veränderungen der Umwelt reagieren können, und bildet so ein Gegengewicht gegenüber den genetisch festgelegten Ordnungsprinzipien.

Musik: Was wäre Musik ohne wiederkehrende Gesetzmäßigkeiten wie Rhythmus und Takt, Melodie oder Tonart! Und was wäre Musik ohne das Unvorhersehbare, das Überraschende oder das Wilde! Ohne ein Element von Chaos ist Musik langweilig. Aber ohne Ordnungsprinzipien ergreift sie uns nicht. Wie jeder Rhythmus: Er ist geordnete Wiederkehr des Gleichen, aber mit manchmal überraschenden Abwandlungen.

Eine menschliche Gesellschaft: Sie funktioniert, weil es eine Ordnung gibt mit Regeln, an die sich die meisten halten. Ohne die Ordnung dieser Regeln und ohne das Vertrauen in diese Ordnung wäre unsere komplexe Gesellschaft nicht möglich (siehe Kapitel 15). Aber ohne Vordenker, ohne Außenseiter, die neue Ideen entwickeln und umzusetzen wagen, ohne eine Jugend, die gegen die etablierte Ordnung aufbegehrt, ohne das Chaos neuer Strömungen hätten sich Gesellschaften niemals weiterentwickelt. Die Glaubenskriege der Reformation in Europa, die Kämpfe zur Beendigung der Sklaverei – chaotische Ver-wicklungen begleiteten gesellschaftliche Ent-wicklungen. Die Naturwissenschaft, die heute unsere moderne Gesellschaft prägt und »Mainstream« ist – das waren vor 400 Jahren die abseitigen Ideen einiger Einzelgänger wie Kopernikus, Francis Bacon oder Galileo Galilei, die zum Teil heftiger Verfolgung durch die Obrigkeit ausgesetzt waren.

Die Beispiele ließen sich endlos fortführen: Alles Leben bewegt sich in dieser Grenzschicht, im Spannungsfeld zwischen Ordnung und Chaos.

Bei dem letzten Beispiel, der menschlichen Gesellschaft, taucht ein weiterer wichtiger Aspekt dieses Themas auf: der zeitliche Verlauf. Wenn ein System sich von der Grenzschicht entfernt durch eine übermäßig festgelegte und starre Ordnung, kann es manchmal unversehens auf die andere Seite der Grenzschicht, ins ausgeprägte Chaos kippen. Die Ehe, die in Gewohnheit und Kontrolle erstarrt ist und in der nach Jahren ein Partner »plötzlich« fremdgeht – die autokratische Gesellschaft, in der das Chaos abweichender Meinungen und kritischer Stimmen unterdrückt wird und die »plötzlich« von einer revolutionären Bewegung hinweggefegt wird: Das sind Beispiele für erstarrte Systeme, die ins Chaos kippen können. Wir werden diese Prozesse im nächsten Kapitel weiter untersuchen.

19.

Das Gute und das Schöne

Wir stellen also fest, dass lebende Systeme, und zwar nichtmenschliche genauso wie menschliche, sich im Grenzbereich zwischen Chaos und Ordnung bewegen. Vom Einzeller bis zur menschlichen Gesellschaft. Dort entfalten sie ihre größte Komplexität, dort sind sie stabil und flexibel zugleich und so langfristig am erfolgreichsten. Deshalb werden von der Evolution (der biologischen wie auch der kulturellen) auf längere Sicht solche Systeme selektiert, die in der Nähe dieser Grenzschicht verortet sind.

Wir können also sagen: Lebende Systeme *streben* nach dieser Grenzschicht zwischen Chaos und Ordnung. So wie ein einzelliges Lebewesen einerseits danach »strebt«, seine innere Ordnung (die Homöostase) aufrechtzuerhalten, und andererseits auf unvorhergesehene Veränderungen der Umwelt mit chaotischem Verhalten reagieren kann, zum Beispiel mit explosionsartiger Vermehrung, wenn die Umstände es erlauben. Oder wie ich in meinem Leben eine »gute Mischung« erstrebe aus geordneter Verlässlichkeit einerseits und neuartigen Herausforderungen und reizvollen Ungewissheiten andererseits.

Jetzt können wir in unseren Überlegungen einen seltsamen Sprung machen: Geben uns diese Betrachtungen lebender Systeme, menschlicher genauso wie nichtmenschlicher, vielleicht Hinweise auf die allgemeine Frage, was für uns Menschen *erstrebenswert* ist? Denn bekanntlich sind auch wir Menschen lebende Systeme, sowohl individuell als auch kollektiv in unseren sozialen Strukturen.

Und plötzlich finden wir uns in den philosophischen Gefilden der Ethik wieder. Was ist erstrebenswert? Was ist das Gute? Was ist das Schöne? Wie wollen wir leben? Bieten die Grenzschichten zwischen Ordnung und Chaos dafür Hinweise?

Das ist bemerkenswert: Wir waren ausgegangen von objektiven biologischen und psychologischen Betrachtungen, erkennen dabei ein Prinzip, das wohl für alle komplexen Systeme gilt, und landen schließlich bei Grundlagen einer Ethik. Das wäre eine Ethik, die somit von objektiven biologischen und psychologischen Erkenntnissen ableitbar wäre. Kann das sein?

Vielleicht ist das gar nicht so überraschend. Die ganze biologische Welt ist erfüllt von Streben. Für alle Lebewesen gibt es Erstrebenswertes und zu Vermeidendes. Schon mikroskopisch kleine einzellige Pantoffeltierchen, die sich mithilfe der Wimpern ihrer Zellmembran fortbewegen, streben zu Nährstoffen und flüchten vor schädlichen Stoffen. Die Pflanze strebt zum Licht. Und mit extravaganten Blüten streben viele Pflanzen danach, von Insekten bestäubt zu werden, die wiederum nach Nahrung streben. Jedes Wesen strebt danach, sich zu erhalten und sich zu vermehren. Und zumindest von vielen Tieren wissen wir, dass sie danach streben, sich gut zu fühlen. Das ist vermutlich die Folge eines zentralen Nervensystems, in dem sich der Zustand des Lebewesens in einer inneren Empfindung spiegelt.

Sich gut zu fühlen bedeutet für viele Tiere nicht nur, sich satt zu fühlen. Sondern auch (je nach Tierart), sich relativ sicher zu fühlen vor Bedrohung, ein eigenes Revier zu haben und es erfolgreich zu verteidigen, einen Partner zu finden, Sex zu haben und sich vielleicht zu vermehren, die eigene Familie zu versorgen und zu schützen, in guten Beziehungen mit der Partnerin oder den Mitgliedern der eigenen Gruppe zu stehen, mit dem eigenen Rang in der Hierarchie der Gruppe zufrieden zu sein, zu spielen, neugierig zu sein, auszuruhen, Körperkontakt zu genießen und so weiter. All das tun Tiere, all das ist für viele Tiere erstrebenswert, denn es ermöglicht ihnen, sich gut zu fühlen. Und all diese erstrebten Zustände haben einerseits eine gewisse Stabilität und Sicherheit und andererseits eine Dynamik mit vielen unvorhersehbaren Möglichkeiten und Gefahren. Sie alle bewegen sich an der Grenzschicht zwischen Ordnung und Chaos.

Wie ist es bei uns Menschen? In unserem ganz normalen Alltagsleben erstreckt sich der größte Teil unseres Strebens auf genau das, was wir im vorherigen Absatz zum Streben der Tiere zählten. Die eigene Familie zu versorgen ist für uns Menschen vielleicht komplexer

als für ein Rotkehlchen, das seinen Jungen im Nest Futter bringt –
aber das Streben ist vergleichbar.

Allerdings haben wir Menschen auch spezifisch menschliche Stre-
bungen, die bei Tieren wenig oder gar nicht vorkommen. Zum Beispiel können wir Menschen abstrahieren und über allgemeine Prinzipien nachdenken: Was ist das Prinzip des Guten, des guten Lebens?
So wie wir es hier versuchen.

Vielleicht ist es ein wesentliches Prinzip des Guten, und zwar des
Guten für alle lebenden Systeme, menschliche wie nichtmenschliche,
dass wir das Gute an der Grenzschicht zwischen Ordnung und Chaos
finden. Dazu betrachten wir einige Beispiele.

Ein Aspekt des menschlichen Strebens, auf den viele von uns einen großen Teil ihrer Zeit und ihrer Energie verwenden, ist das Streben nach Besitz. Wir hängen unser Herz an Dinge und versuchen, sie
zu erlangen oder zu bewahren, seien es Smartphones, Autos, Kleider,
Schmuck, Laptops, Häuser, Aktien. Diese Dinge können uns ein gutes Gefühl geben, deshalb streben wir nach ihnen. Sie stärken unseren sozialen Status oder verschaffen uns neue Möglichkeiten, aber
vor allem gibt ihr Besitz uns ein Gefühl der Sicherheit. So wie ein
Eichelhäher, der seine Nüsse im Boden versteckt und darauf achtet,
dabei von keinem anderen Häher beobachtet zu werden. Wir meinen, dass wir durch Besitz unser Leben unter Kontrolle haben, dass
wir Macht über unser Leben haben. So sorgt Besitz für eine starke,
ich-zentrierte Ordnung. Wenn aber das Streben nach Besitz und damit diese ich-zentrierte Ordnung einen sehr großen Raum in unserem Denken und Erleben einnimmt, so führt uns das in Erstarrung
und in Angst vor dem Verlust unseres Besitzes, in Einsamkeit und
Sinnlosigkeit. Es fehlt das lebendige Chaos dessen, was wir nie besitzen können: Freundschaft und Verbundenheit, Mitgefühl, Neugier
und das Abenteuer der Begegnung. Das »gute Leben« liegt wohl an
der Grenzschicht zwischen der Ordnung des Besitzens und dem lebendigen Chaos des Unbesitzbaren.

In unserem sozialen Leben können wir Menschen altruistisch sein
und für andere sorgen, für Personen aus unserer Familie oder unse-

rem Freundeskreis, und manchmal sorgen wir auch für Fremde. Wir streben danach, dass es anderen Menschen gut geht, mit denen wir verbunden sind. Auch Tiere sorgen für andere. Sie füttern oder verteidigen ihre Jungen und setzen dabei manchmal das eigene Leben aufs Spiel. Wölfe eines Rudels, Schimpansen einer Gruppe, Orcas einer Schule stehen füreinander ein und unterstützen sich gegenseitig. Auch ihr Streben kann altruistisch sein.

Auch im altruistischen Streben finden wir Ordnung und Chaos, und die Grenzschicht mit einem Gleichgewicht zwischen ihnen. Wir kümmern uns nicht um alle Lebewesen gleichermaßen, sondern es gibt eine Ordnung, für welche Wesen wir uns besonders engagieren: Wir tun dies stärker, wenn das Gegenüber uns besonders ähnlich ist oder bekannt und vertraut. Um meine Familie oder meine nahen Freunde werde ich mich engagierter kümmern als um Fremde. Wenn die Not groß ist, wird diese Ordnung jedoch durchbrochen. Wenn ein Fremder vom Ertrinken bedroht ist, werde ich wohl meinen Freund am Ufer stehen lassen und zur Rettung des Fremden ins Wasser springen.

Denn im Altruismus liegt auch Chaotisches: Ich kann nie sicher sein, ob meine Fürsorge zurückgegeben und auch mir erwiesen wird. Und in manchen Situationen werde ich einem völlig Fremden oder auch einem nichtmenschlichen Wesen gegenüber spontan fürsorglich sein, und diese Situationen werden mein Leben vielleicht sehr bereichern. Wenn ich allerdings mit jedem Leid der Welt mitfühle, jeden Unbekannten, der mir begegnet, mit Fürsorge überhäufe und darüber Freunde und Familie vernachlässige, gerate ich in ein Chaos des Altruismus, dem die Ordnung fehlt.

Auch unser menschliches Streben nach Macht und Einfluss teilen wir mit anderen sozialen Tieren, die hierarchische Gruppenstrukturen haben und die um Ränge in der Hierarchie ihrer Gruppe kämpfen. Und auch hier, zum Beispiel bei Wölfen oder Schimpansen, finden wir einerseits die Ordnung der Hierarchie, die für Entscheidungsprozesse in Gruppen vorteilhaft sein kann, aber auch zu Ungerechtigkeit und Unterdrückung führen kann. Und andererseits das Chaos der

Rangkämpfe, das zwar hilfreich ist, um Hierarchien an neue Bedingungen anzupassen, das aber in übermäßige Gewalt und Vernichtung ausufern kann.

Menschliche Machtstrukturen sind sehr viel komplexer als die Hierarchien in den Gruppen von Wölfen, Schimpansen oder anderen sozialen Tieren. Aber bei der Frage der Verteilung von Macht finden wir auch in menschlichen Gesellschaften wieder die Grenzschicht zwischen Chaos und Ordnung. Eine föderal organisierte parlamentarische Demokratie ist an dieser Grenzschicht angesiedelt, und meistens wird sie als eine »gute« Staatsform angesehen. Sie ermöglicht die Ordnung einer zentralen Regierung, balanciert durch das Chaos der regelmäßigen Neuwahlen mit der Möglichkeit des Regierungswechsels. Auch durch weitere chaotischere und konflikthafte Strukturen ist die Ordnung der »Zentralgewalt« ausbalanciert: zum einen durch die Gewaltenteilung, in der die Macht verteilt wird zwischen Regierung, Parlament und höchstem Gericht, außerdem durch die föderalen Regierungseinheiten auf Landes- und Kommunalebene, die jeweils eigene Entscheidungsbefugnisse haben. Beispielsweise führen die »checks and balances« der amerikanischen Staatsform zwar manchmal zu einem gewissen Chaos – wenn der Supreme Court eine Entscheidung fällt, die der Politik der Regierung zuwiderläuft, oder wenn die Partei des Präsidenten die Mehrheit im Kongress verliert – aber sie sorgen auch dafür, dass keine Instanz zu große Macht erhält und eine diktatorische, erstarrte Ordnung installiert.

Natürlich gibt es bei uns Menschen noch andere, abstraktere Ebenen von Streben, die wir nicht mit anderen Tieren teilen. Wir begeistern uns für weithin bekannte Menschen wie Musikerinnen oder Schauspieler. Oder für übergeordnete soziale Einheiten wie Sportvereine, Firmen oder Nationen. Und wir lassen uns leiten von Ideen, von Werten und Idealen. Solche Werte können unserem Leben eine wichtige Ausrichtung geben, eine Ordnung. Nimmt aber die Ordnung überhand, können diese Werte sich verhärten in Ideologie und Fanatismus. Dies geschieht vor allem, wenn andere, konkurrierende Werte ignoriert werden und das Chaos der Konflikte zwischen verschiedenen

Werten unterdrückt wird. Zum Beispiel hat der gesellschaftliche Wert
der sozialen Gleichheit sicher viele positive Aspekte, im Sinne von gleichen Rechten oder von Chancengleichheit. In manchen Situationen
gerät jedoch der Wert der Gleichheit in Konflikt mit anderen Werten,
zum Beispiel der Menschenwürde und der persönlichen Freiheit. Wird
dann der Wert der Gleichheit absolut gesetzt und werden die Konflikte mit anderen Werten ignoriert, dann entwickelt sich (aus einem eigentlich positiven Wert) unter Umständen eine menschenverachtende
Ideologie. Nur wenn das konflikthafte Chaos konkurrierender Werte
akzeptiert wird und die Werte gegeneinander abgewogen werden, können sie auf eine gute Art Ordnung und Orientierung bieten.

Wir fassen zusammen: Das Streben nach dem Guten ist dem Leben immanent, es findet sich in jedem lebenden System, denn jedes
lebende System will wachsen, sich erhalten, sich vermehren. Es strebt
nach dem, das für dieses System das Gute ist. Wir Menschen tun
dies persönlich und gesellschaftlich genauso, wenn auch teilweise auf
komplexere Art als andere Lebewesen. Und das Gute scheint ganz
allgemein mit der Grenzschicht zwischen Ordnung und Chaos in
Verbindung zu stehen.

Erstrebenswert wäre es dann, in den lebenden Systemen, mit
denen wir verbunden sind, immer wieder diese Grenzschicht anzu-
steuern: Wir verachten die Sicherheit des materiellen Besitzes nicht,
hängen aber unser Herz nicht zu sehr daran und erkennen, dass man
das Wesentlichste nicht besitzen kann. In unseren Familien suchen
wir die Balance zwischen Verlässlichkeit und lebendiger Veränderung,
in unserem Altruismus achten wir auf die Fürsorge für die uns nahen
Menschen, aber auch auf die Offenheit für Fremde. In unserer Staatsform schätzen wir die lebendige Ordnung und das geregelte Chaos
von Demokratie und Gewaltenteilung. Unsere Werte geben uns Orientierung, aber wir setzen sie nicht absolut und erkennen an, dass
konkurrierende Werte uns manchmal vor schwierige Probleme stellen.

Wir können jedoch nicht nur auf das Gute und Erstrebenswer-
te schauen, ohne das Böse in den Blick zu nehmen. Denn so durch
und durch nach dem Guten strebend ist unsere menschliche Welt

nun wirklich nicht. Was hat es mit Eroberungskriegen auf sich, mit Fremdenfeindlichkeit und Rassismus, mit Profitgier, mit Gleichgültigkeit gegenüber dem Leid anderer Menschen und der Zerstörung der Biosphäre? Was hat es mit dem Vater auf sich, der sein Kind sexuell missbraucht, was mit dem Ehemann, der seine Frau unterdrückt und schlägt und der sie vielleicht eher tötet, als auszuhalten, dass sie sich von ihm trennt?

Menschen streben nicht nur nach dem Guten – sie streben oft genug auch nach dem Bösen. Die übermäßige Gier nach Besitz oder nach Macht, die Vermeidung der eigenen Verletzlichkeit, die Abschottung gegenüber dem Fremden oder die Flucht vor der Vergänglichkeit – all das ist menschlich und als Potenzial in jedem und in jeder von uns angelegt.

Das Entstehen des Bösen geht oft damit einher, dass menschliche Systeme (Individuen, Gruppen, Staaten etc.) die Grenzschicht zwischen Ordnung und Chaos verlassen, durch individuelle Entscheidungen oder durch kollektive Prozesse. Diese Abkehr von der Grenzschicht ist in zwei Richtungen möglich: hin zu einer verhärteten Ordnung oder zu einem destruktiven Chaos.

Erstarrte Ordnungen finden wir zum Beispiel in der narzisstischen Selbstüberhöhung, der selbstsüchtigen Manipulation anderer Menschen, der Ausübung absoluter Macht, dem Bestreben, sich und andere weitgehend zu kontrollieren, der Abschottung gegenüber dem, was nicht unter Kontrolle ist. Deshalb sind autokratische Gesellschaften oft von künstlerischer Ödnis und Langeweile betroffen.

Dem gegenüber steht das destruktive Chaos, dem haltgebende Strukturen fehlen: Beispiele sind die völlige Regellosigkeit und das »Recht des Stärkeren«, die rücksichtslose Befriedigung von Trieben und suchtartigen Bedürfnissen, der Kampf jeder gegen jede. Hierzu gehören ungeregelte Börsenspekulationen und das ungezügelte Spiel des freien Markts, aber auch Propaganda und Fake News, bei denen man nicht mehr weiß, was man glauben kann, was Lüge ist und was Wahrheit.

Oft finden wir in konkreten Situationen des Bösen gleichzeitig beide Arten der Abkehr von der Grenzschicht vor. In einem erstarr-

ten autokratischen Regime mit gleichgeschalteten Medien und einem
Verlust der Meinungsfreiheit entsteht oft gleichzeitig ein chaotisches
Klima des Denunziantentums und Bespitzelns, aber auch ein lebendiges Chaos des subversiven Widerstands und einer Kunst, die sich
umso wilder zum Ausdruck bringt, je erstarrter das Regime ist. Hier
liegen eine starre Ordnung und ein wildes Chaos unverbunden nebeneinander, während bei Systemen auf der Grenzschicht von Ordnung und Chaos diese gegensätzlichen Aspekte eng miteinander verwoben sind und sich gegenseitig regulieren.

Indem wir uns in den verschiedenen Aspekten unseres Lebens
und in den komplexen Systemen, mit denen wir verbunden sind, auf
die Grenzschichten zwischen Ordnung und Chaos ausrichten, fällt es
uns also nicht nur leichter, das Gute anzustreben, sondern auch, das
Böse zu vermeiden – und so ein gutes Leben zu führen.

An dieser Stelle unserer Betrachtung laufen wir jedoch Gefahr, in
einen zu strengen Gegensatz, einen Dualismus zwischen dem Guten
und dem Bösen zu geraten. Als ob die Grenzschicht zwischen Gut
und Böse völlig undurchlässig wäre. Vor dieser Verhärtung kann uns
folgender Aspekt bewahren: Auch wenn wir nach Kräften das Gute
anstreben – wir finden immer auch das Böse, und zwar nicht nur in
der Situation, in der wir uns befinden, *sondern auch in uns selbst.*

Gier und Machtstreben, Ignoranz und Verhärtung – wenn ich unvoreingenommen und mutig in mich hineinspüre, mit der Haltung
eines Zeugen oder einer Forscherin (siehe Kapitel 14), so werde ich
diese Regungen auch in mir selbst finden. Das ist kein Grund, mich
zu entwerten oder zu verurteilen, sondern ein konstruktiver Schritt
der Selbsterkenntnis. Wir haben das Böse notwendigerweise in uns,
es könnte gar nicht anders sein. Gäbe es das Böse nicht in uns, wir
könnten es auch nicht im Außen erkennen. Denn Erkennen ist ein
Resonanzphänomen. Für die lichten Qualitäten hat Goethe es so
ausgedrückt:

»Wär' nicht das Auge sonnenhaft, die Sonne könnt' es nie erblicken.«
(J. W. Goethe, Gedichte, 1827)

Und der antike Philosoph Plotin (ca. 204–270 n. Chr.) schrieb:

»… so kann auch die Seele das Schöne nicht sehen, wenn sie nicht selbst schön ist.«
(Plotin, Enneaden, Sechstes Buch, Kap. 9)

Auch die moderne Sinnesphysiologie erklärt uns, dass unsere Wahrnehmung in unserem Inneren entsteht. Beim Sehen beispielsweise sind *außen* nur elektromagnetische Wellen verschiedener Wellenlängen. *In mir* jedoch trägt ein Rezeptor meiner Netzhaut die Information für »rot«, indem er durch eine bestimmte Wellenlänge aktiviert wird. Und in der Sehbahn im Gehirn wird daraus die Wahrnehmung »rot«.

Das Gleiche gilt auch für die dunkle Seite des Menschlichen, den Schatten, wie C. G. Jung es nannte: Auch diese dunkle Seite erkennen wir, weil wir sie in uns tragen. Als ein Potenzial, das sich immer wieder, mehr oder weniger stark aktiviert, auch in uns.

Vielleicht sollten wir uns daher weniger über andere Menschen erheben, bei denen wir Böses erkennen, sondern eher einen Umgang mit dem Bösen in uns selbst finden.

*

Ein gutes Leben ist nicht vorstellbar ohne einen Sinn für Schönheit. Daher beziehen wir hier auch das Schöne in unsere Betrachtung ein. Was als schön erlebt wird, ist individuell natürlich verschieden. Es hängt von persönlichen Vorlieben ab, aber auch von gesellschaftlichen Moden und Schönheitsidealen. Dennoch gibt es wohl einen gemeinsamen Nenner dessen, was von den meisten Menschen und zu allen Zeiten als schön empfunden wurde. Ich werfe nur einige Schlaglichter auf dieses weite Feld:

Die Schönheit der Natur. Ein Baum, der in der Erde wurzelt und sich mit charaktervollem Wuchs dem Licht entgegenreckt – die Schönheit der Wolken am Himmel – der Gesang der Amsel am

Abend. Das Schöne in der Natur ist komplex, es tanzt zwischen Ordnung und Chaos, es lebt von der unendlichen Verwobenheit allen Seins, es ist niemals auszuloten, niemals ganz zu ergründen und doch von Ordnung erfüllt. In der Harmonie der Schönheit ist immer auch das Disharmonische enthalten. Der Gesang der Amsel am Abend ist herrlich, aber sie singt, um Rivalen aus ihrem Revier zu vertreiben. Ihr Gesang ist auch Kampf. Und der Baum, der sich so kraftvoll dem Himmel entgegenreckt, kämpft vielleicht mit der Trockenheit oder den Folgen eines Blitzschlags. Die Schönheit umfasst auch das Zerstörerische, das Verletzte und das Hässliche. Sie geben der Schönheit erst ihre Komplexität und Tiefe.

Die Schönheit eines Kunstwerks. In einem Gemälde wie zum Beispiel dem Bild der »Frau mit Waage« von Jan Vermeer (1632–1675) können wir die anmutige Haltung und den ruhig-konzentrierten Ausdruck der dargestellten Frau als schön empfinden, auch die wunderbar fein gemalte Waage, das Spiel von Licht und Schatten an der Wand und das dunkel leuchtende Blau des gerafften Stoffs auf dem Tisch. Hinter der Frau jedoch, gleichsam als Bild im Bild, sehen wir eine dramatisch bewegte Darstellung des Jüngsten Gerichts. Was bedeutet das? Und die Frau selbst: Könnte sie schwanger sein? Die Schönheit des Gemäldes gewinnt an Tiefe, weil in ihm auch das Unberechenbare und das Geheimnisvolle aufscheinen und wir darin das Abgründige der menschlichen Existenz spüren.

Auch in der Einfachheit kann große Schönheit liegen. Dass sich durch eine einfache mathematische Gleichung sowohl die Bewegungen der Gestirne am Himmel als auch der Fall eines Apfels auf der Erde beschreiben lassen: Diese Erkenntnis Isaac Newtons ist von großer, schlichter Schönheit. Aber diese Schönheit der Einfachheit leuchtet auf vor der unendlichen und chaotischen Komplexität der Welt, in der sich doch eine verborgene Ordnung offenbart.

Wenn ich Schönheit erlebe, findet dies statt an der Grenzschicht zwischen mir und der Welt. Das Erleben geht einher mit einer Beziehung zwischen mir, dem Wahrnehmenden und dem Wahrgenommen. Die Grenzschicht zwischen mir und der Welt öffnet sich, sie wird durchlässig. Insofern ist das Erleben von Schönheit mit dem Staunen verwandt. Ich öffne mich, werde still, lasse die Konzepte beiseite, und Schönheit erblüht.

Dieses Öffnen der Grenzschicht kann überwältigend sein und manchmal beängstigend. Die Schönheit der Welt, ihre Verwobenheit und Interdependenz gehen weit über das Maß menschlichen Erfassens hinaus, und es kann auf unerbittliche Art erschrecken, dass ich selbst ein untrennbarer Teil dieser Verwobenheit bin. Das Schöne fordert mich ganz, mit Haut und Haar.

»Denn das Schöne ist nichts als des Schrecklichen Anfang, den wir noch gerade ertragen ...«, schrieb Rilke in seiner ersten Duineser Elegie. Die Öffnung für das Schöne ist immer auch ein Wagnis.

Wenn ich es aber nicht mehr wage, die Grenzschicht zwischen mir und der Welt zu öffnen, diese Grenzschicht des Staunens und der Schönheit, wenn ich mich stattdessen auf Besitz, Macht und Kontrolle fixiere, dann erstarre ich in meiner eigenen Ordnung, denn das lebendige Chaos der Welt belebt mich nicht mehr. Und dann ertrinke ich in meinem eigenen Chaos, denn die verborgene Ordnung der Welt fließt nicht mehr in mich ein.

20.
Werdendes Leben

Wir haben im letzten Kapitel gesehen, wie ethische Werte uns Orientierung und unserem Leben Ordnung geben, wie wichtig es aber andererseits ist, Werte nicht absolut zu setzen, sondern konkurrierende Werte mit ihren Konflikten und offenen Fragen zuzulassen und auszuhalten.

Ein Thema, bei dem konkurrierende Werte eine besonders große Rolle spielen und bei dem es seit Jahrzehnten heftige gesellschaftliche Konflikte gibt, dreht sich um die Frage der ethischen und juristischen Rechtfertigung von Schwangerschaftsabbrüchen.

Hier konkurriert das Selbstbestimmungsrecht der Frau über ihren Körper und ihr Leben mit dem Lebensrecht des Embryos oder des Fötus. Was könnte unser Blick auf Grenzschichten zu diesen komplizierten ethischen Fragen beitragen?

Zunächst geht es dabei um die Grenzschicht zwischen dem Körper der Frau und jener biologischen Struktur, die in der Gebärmutter der Frau wächst und später ein Mensch werden kann. Ist das eine Grenzschicht wie zwischen einem körperlichen Organ – zum Beispiel den Eierstöcken – und dem Rest des Körpers? Niemand würde einer Frau das Recht absprechen, es selbst zu entscheiden, wenn sie sich die Eierstöcke entfernen lassen will, auch wenn sie voller Eizellen sind, aus denen jeweils ein Mensch entstehen kann. Sie kann über ihren Körper und dessen Organe frei verfügen. Oder ist diese Grenzschicht so beschaffen wie die Grenzschichten zwischen zwei autonomen menschlichen Wesen, nämlich geprägt vom Existenzrecht beider Wesen? Dann könnte eine Frau über die biologische Struktur, die in ihr heranwächst, nicht verfügen, sondern müsste ihre Existenz respektieren wie die eines anderen Menschen. Nur mit dem Unterschied, dass es möglich ist, sich von jedem anderen Menschen zu distanzieren, wenn man das möchte, nicht aber von einem Menschen, der im eigenen Bauch heranwächst.

So stellt sich also die Frage, von welchem Zeitpunkt an es gerechtfertigt ist, bei dieser biologischen Struktur in der Gebärmutter von einem eigenständigen menschlichen Wesen zu sprechen, dem entsprechende Rechte zuzuschreiben sind? Wie soll man den Zeitpunkt der Menschwerdung definieren?

Auch eine unbefruchtete Eizelle, einen Follikel im Eierstock oder ein männliches Spermium könnte man als ein potenzielles menschliches Wesen betrachten. Dennoch würde wohl niemand einem weiblichen Eierstock oder männlichem Sperma ein menschliches Lebensrecht zuschreiben. Die reine Potenzialität, die Möglichkeit, dass aus einer biologischen Struktur ein menschliches Wesen hervorgehen kann, scheint also nicht auszureichen, um dieser Struktur menschliche Rechte zu gewähren.

Aber warum sollte dann eine *befruchtete* Eizelle ein Mensch sein? Äußerlich unterscheidet sie sich kaum von einer unbefruchteten Eizelle. Sie ist sicherlich noch kein Mensch, auch sie hat nur das Potenzial zu einem menschlichen Wesen. Allerdings hat sie in ihrem Inneren eine genetische Ausstattung, die verschieden ist von der genetischen Ausstattung der Mutter oder des Vaters. Diese Gen-Kombination ist einmalig auf der Welt und kommt nur in dem Wesen vor, das aus ihr entstehen kann. Sie ist vom ersten Moment an in der befruchteten Eizelle aktiv und steuert die Embryogenese, die Entwicklung zum Embryo und zum Fötus mit zunehmend menschlicher Gestalt.

Das Entstehen einer einmaligen genetischen Ausstattung ist ein gewichtiges Argument, um dem Moment der Empfängnis eine besondere Bedeutung in der Menschwerdung beizumessen. Aber reicht das wirklich aus, um einer einzelnen, ein zehntel Millimeter großen Zelle Existenzrechte einzuräumen, die schwerer wiegen als die Rechte eines empfindenden und denkenden Menschen auf körperliche Selbstbestimmung und eigenständige Lebensgestaltung? Ich finde das ziemlich absurd.

Denn auch jedes einzelne Tier hat eine einmalige genetische Ausstattung, die es in dieser Form nur einmal auf der Welt gibt. Darüber hinaus ist das Tier ein empfindendes Wesen. Wieso sollte man einer einzelnen, nicht empfindungsfähigen Zelle so grundlegend mehr Rechte einräumen als einem empfindenden Tier? Nur weil aus der Zelle ein Mensch entstehen kann? Dann ist man wieder bei der Potenzialität, die aber auch für Eierstöcke und Spermien gilt.

Viele Religionen und Traditionen legen es aber genau so fest: Vom Zeitpunkt der Empfängnis an, der Vereinigung von Eizelle und Spermium, ist ein menschliches Wesen entstanden. Dann sind Schwangerschaftsabbrüche zu keinem Zeitpunkt ethisch vertretbar, das Selbstbestimmungsrecht der Frau bleibt bei dieser Sichtweise komplett nachgeordnet. Wie kommt es dazu?

Ich glaube, dass hier unter anderem eine gewisse Ratlosigkeit im Spiel ist. Denn zwischen der Empfängnis und der Geburt findet in der Gebärmutter eine Entwicklung statt, die so kontinuierlich und vielschichtig ist, dass es unmöglich ist, einen eindeutigen Zeitpunkt zu definieren – und dies zu begründen –, an dem aus einer biologischen Struktur im Körper der Frau ein eigenständiges menschliches Wesen wird. Geboren wird nach neun Monaten ein Mensch – das ist für unser ethisches und juristisches Verständnis klar. Und vor der Empfängnis ist da noch kein menschliches Wesen. Also muss die Grenze zum Menschsein irgendwo zwischen Empfängnis und Geburt überschritten werden. In der Embryogenese zwischen Empfängnis und Geburt passiert zwar unglaublich viel, aber es gibt kein einzelnes Ereignis, das so herausragend ist, dass es sich als Grenze eignet, ab der das Wesen im Bauch der Frau ein menschliches ist. Also bleiben nur die beiden Ereignisse Empfängnis und Geburt. Es stand jedoch meines Wissens nie zur Debatte, den Zeitpunkt der Menschwerdung auf die Geburt zu legen, denn dann wäre ein Schwangerschaftsabbruch bis kurz vor der Geburt möglich, wenn das Kind schon außerhalb der Gebärmutter überlebensfähig wäre. Das widerspricht jeder ethischen Intuition. Die Menschwerdung an die Überlebensfähigkeit des Kindes zu koppeln, ist auch ethisch fragwürdig, denn sie ist abhängig vom technischen Fortschritt und der Qualität der medizinischen Versorgung. Also bleibt scheinbar nur der Moment der Empfängnis als begründbarer und eindeutiger Zeitpunkt der Menschwerdung.

Dass die Menschwerdung in der Tradition auf einen dermaßen frühen Zeitpunkt der Entwicklung gelegt wurde, liegt allerdings auch daran, dass Religionen, Traditionen und Gesetze überwiegend von Männern gemacht wurden, die eine Schwangerschaft nicht im eigenen Leib austrugen und mit der Betreuung der Kinder meist wenig zu tun hatten, die aber ein Interesse daran hatten, Nachkommen zu zeugen, eine Frau durch Schwangerschaft und Muttersein abhängig zu machen und an sich zu binden.

Außerdem spielt hier die religiöse Vorstellung einer unsterblichen Seele eine Rolle, die nur dem Menschen zukommt, aber nicht den Tieren oder einzelnen Körperteilen. Diese Vorstellung ist tief in unserer Kultur verankert, sie geht zurück auf Augustinus (354–430 n. Chr.) und Thomas von Aquin (1225–1274). Ein Wesen kann eine unsterb-

liche Seele nur entweder haben oder nicht haben. Da gibt es kein
Dazwischen. Diese Grenzschicht ist also komplett undurchlässig. Es
kann keine schrittweise Entwicklung, keine Abstufungen geben. Deshalb muss in der Entwicklung der Eizelle zum Menschen ein eindeutiger Moment definiert werden, an dem die unsterbliche Seele
eintritt und die biologische Struktur zu einem von Gott beseelten
Wesen wird. Dafür bietet sich die Empfängnis als eindeutigster Moment an, der gleichzeitig in den patriarchalisch geprägten Religionen
der männlichen Dominanz entgegenkommt. Es ist die gleiche religiöse Denkweise, die den Menschen – und nur den Menschen – als
»Ebenbild« Gottes sieht und ihm erlaubt, sich »die Erde untertan« zu
machen. Eine Denkweise, die den Menschen von der übrigen Natur
abtrennt und ihm eine Sonderrolle gibt.

Das Verbot von Schwangerschaftsabbrüchen, das aus der Festlegung des Menschwerdens auf die Empfängnis resultiert, ist also geprägt von männlichem Dominanzstreben und der Absicht, Frauen
zu kontrollieren, sowie von der religiösen Vorstellung einer Trennung
zwischen Mensch und Natur.

Wie könnte ein anderer, angemessener Blickwinkel aussehen, eine
Alternative zu dieser strengen Festlegung, dieser undurchlässigen
Grenzschicht zwischen Noch-nicht-Mensch und Mensch?

Wir könnten die gesamte Schwangerschaft, von der Empfängnis
bis zur Geburt, als durchlässige Grenzschicht sehen, als einen Grenzbereich. Darin fließt dem heranwachsenden Wesen allmählich immer
mehr Menschsein zu. Dann gäbe es viele Abstufungen, viele Schichten, in denen sich die Entwicklung zum Menschen vollzieht.

Das würde eher der tatsächlichen biologischen Entwicklung entsprechen, die ja auch in sehr vielen kleinen Schritten geschieht. Wir
müssten dann allerdings den Anspruch, einen genauen Zeitpunkt der
Menschwerdung festlegen zu können, als Illusion erkennen – die Illusion einer ethischen Kontrolle, die uns nicht möglich ist.

Dann wäre anzuerkennen, dass wir nicht genau definieren können,
ab wann das heranwachsende Wesen ein Mensch ist, und dass wir
daher nicht genau festlegen können, ab wann ein Schwangerschafts-

abbruch mit der Tötung eines Menschen einhergeht. Diese Grenze unseres Wissens und unserer Definitionsmacht einzugestehen, ist ein Akt der Demut und verbindet uns wieder mit dem nichtmenschlichen Leben auf der Erde.

Die Grenzschicht zwischen Noch-nicht-Mensch und Mensch in der Embryonalentwicklung ist dann also ein durchlässiger Grenzbereich. Das passt gut zu einer durchlässigen Grenzschicht zwischen Natur und Kultur, über die ich in Kapitel 10 geschrieben habe, und zwischen Menschen und Tieren, mit denen wir viele seelische und soziale Eigenschaften teilen.

Was aber bedeutet das für die Frage der ethischen und juristischen Bewertung von Schwangerschaftsabbrüchen? Wenn wir diesbezüglich keine allgemeine und begründete ethische Festlegung treffen können, weil der Grenzbereich zwischen nichtmenschlichem und menschlichem Leben viel zu komplex und vielschichtig ist, und wenn wir uns dies eingestehen, dann ist es meiner Meinung nach die stimmige Konsequenz, diese Frage im konkreten Fall in die Verantwortung der betroffenen Person zu legen, ihrer Intuition und ihrer persönlichen ethischen Urteilsfähigkeit zu vertrauen. Das bedeutet, dass der Staat an dieser Stelle die Grenzen seiner allgemeinen moralischen Entscheidungsfähigkeit anerkennt. Dies gilt ebenso für Institutionen mit allgemeinem ethischen Anspruch wie die Kirchen. Eine stimmige ethische Abwägung kann nur in der spürenden Betrachtung der individuellen Situation erfolgen, und die sich daraus ergebende Entscheidung kann nur die betroffene Frau selbst treffen. Mit allen Unterstützungsangeboten, die ihr in dieser schwierigen Situation helfen können, eine gute Entscheidung für sich und das heranwachsende Wesen zu treffen. Dann liegen sowohl die Freiheit der Entscheidung als auch die Last der Verantwortung bei der Frau. Und vielleicht unterstützt und begleitet jener Mann diese Entscheidung, der an der Entstehung des Wesens beteiligt war, und er trägt im günstigen Fall einen Teil der Last. Aber letztlich trifft die Entscheidung die betroffene Frau.

Es ist jedoch notwendig, dass der Bereich, in dem die betroffene Frau das Recht und die Last der persönlichen Entscheidung hat,

nicht bis zum Zeitpunkt der Geburt geht, sondern dass der Staat
dabei eine juristische Grenze zieht, an der das Recht der Frau auf
die eigene ethische Abwägung und Entscheidung endet. Diese Frist,
die etwa bis zur Mitte der Schwangerschaft gehen könnte, erwächst
dann nicht aus einer abstrakten Definition von Menschwerdung,
sondern aus der juristischen Bewertung, dass spätestens zu diesem
Zeitpunkt das Menschsein des werdenden Lebens so unabweisbar ist,
dass es staatlichem Schutz unterliegt. Damit wäre also keine biolo-
gisch-ethische Grenze der Menschwerdung markiert, sondern eine
juristische Grenze zwischen dem Bereich, wo der Staat die Autonomie der betroffenen Frau respektiert, und dem Bereich, wo der Staat
das Lebensrecht eines dann eindeutig menschlichen Wesens höher
bewertet.

Das wäre ein von Menschen gesetzter Grenz-Wert, der nicht aus
objektiven biologischen Tatsachen oder göttlichen Offenbarungen
herzuleiten ist, der letztlich, wie jeder Grenzwert, einer gewissen
menschlichen Willkür unterliegt, aber einer emotional und ethisch
begründbaren Willkür. Dieser Grenzwert richtet sich nach prakti-
schen Gegebenheiten: Er lässt der betroffenen Frau genug Zeit dafür, eine Entscheidung zu treffen und mit der Last der Verantwortung umzugehen, und er schützt den Fötus in der zweiten Hälfte der
Schwangerschaft, in der er immer menschlichere Züge annimmt. Das
Setzen eines solchen Grenzwerts beruht auf dem demütigen Eingeständnis, dass wir einen eindeutigen Zeitpunkt der Menschwerdung
nicht kennen, sondern nur einen unscharfen Grenzbereich.

Dieses demütige Eingeständnis könnte noch eine andere, eine
gesellschaftlich aufgeladene und sehr verhärtete Grenzschicht öffnen: die konflikthafte Grenze zwischen denjenigen, die für weibliche Selbstbestimmung und das Recht auf Schwangerschaftsabbruch
kämpfen, und den sogenannten Lebensschützern, die jeden Embryo
schützen wollen und für ein komplettes Verbot von Abtreibungen
eintreten. Diese heftigen Konflikte eskalieren immer wieder bis hin
zu Morddrohungen gegen und Anschlägen auf Kliniken, die Schwangerschaftsabbrüche vornehmen.

Wenn wir aber anerkennen, dass wir den Zeitpunkt der Menschwerdung nicht genau festlegen können, dass wir es hier mit einem
unscharfen Grenzbereich zu tun haben, dann könnte das ein moralisches Tor öffnen, durch das wir auf die »Gegenseite« zugehen können
und sagen können: »Ihr habt etwas Richtiges in eurem Blickwinkel,
und wir haben es auch. Keine Seite hat eindeutig Recht – die Wahrheit liegt dazwischen, im Grenzbereich zwischen uns.«

Hier könnte eine kleine Chance auf Versöhnung liegen, und zwar
dort, wo der Konflikt aus einem wirklichen Ringen um Wahrheit und
Verantwortung erwächst und es nicht primär um Machtstreben und
die Unterdrückung der Gegenseite geht.

Etwas eindeutig zu definieren, gibt uns Macht. Wenn wir zum
Beispiel definieren, welche Lebewesen menschlich sind und welche
nicht, haben wir die Macht, nichtmenschliche Lebewesen anders zu
behandeln als menschliche: sie zu töten oder sie aus ihrem Lebensraum zu vertreiben, wie wir es mit Tieren und Pflanzen tun.

Indem wir anerkennen, die Menschwerdung des Embryos nicht
eindeutig definieren zu können, verzichten wir auf die Macht, für
alle Betroffenen zu wissen, was moralisch richtig ist und was falsch.
Durch diesen Machtverzicht öffnen wir uns bei der Entscheidung
über einen Schwangerschaftsabbruch dem Zweifel, der emotionalen
Ambivalenz und der Verletzlichkeit, die darin liegt, dass es vielleicht
keine eindeutig »gute« Lösung gibt. Auch in dieser Verletzlichkeit
öffnen sich Grenzen. Wir stellen uns in den Zusammenhang einer
grundlegenden menschlichen Erfahrung: nicht immer zu wissen, was
richtig und was falsch ist, sondern Zweifel zu empfinden und Ratlosigkeit, schmerzliche Erleichterung oder ängstliche Freude, Trauer
und Schuld.

21.

Pflanzen

Wenn wir uns mit Verletzlichkeit beschäftigen, können wir viel von den Pflanzen lernen. Denn mit ihren durchlässigen und verletzlichen Grenzschichten öffnen sie sich der Welt – hin zu Licht und Luft. Außerdem können sie nicht weglaufen – so wie eine schwangere Frau vor ihrer Schwangerschaft nicht weglaufen kann, sondern eine Entscheidung treffen muss.

Ich gehe das Thema der Pflanzen hier von einer anderen Seite an. Im vorletzten Kapitel hatten wir kurz über die Schönheit eines physikalischen Gesetzes (der Newton'schen Bewegungsgleichung) nachgedacht. Ein anderer physikalischer Grundsatz hat tiefgehenden Einfluss auf die Schönheit unserer irdischen Welt. Er ist weniger bekannt, jedoch ähnlich wichtig und grundlegend: der zweite Hauptsatz der Thermodynamik, der die Zunahme der Entropie in sämtlichen geschlossenen Systemen postuliert. Ich hatte ihn im Kapitel über Zellen (Kapitel 3) schon erwähnt. Entropie ist Unordnung. Und Unordnung nimmt mit der Zeit immer mehr zu.

Wie ist es dann überhaupt möglich, dass komplexe lebende Systeme auf der Erde seit Milliarden von Jahren auf der Grenze zwischen Ordnung und Chaos balancieren können – dass es überhaupt noch genug Ordnung auf der Erde gibt? Wir hatten gesehen, dass dies nur möglich ist für offene Systeme. Und die irdische Biosphäre ist ein offenes System.

Der Grund dafür ist die Sonne. Und eine Beziehung:

Die Milliarden Jahre alte Beziehung zwischen der Sonne und den Pflanzen.

Die Sonne schenkt der Erde ihre Strahlung. Strahlung ist gerichtete, geordnete Bewegung von Energie – also mit niedriger Entropie. Diese Strahlung befördert auf der Erde die verschiedensten Prozesse, wird aber letztlich in Wärme umgewandelt, eine ungerichtete, ungeordnete Energie mit hoher Entropie. Der Energiefluss von der Sonne zur Erde ist so mit einer ständigen Entropiezunahme des Gesamtsystems Erde/Sonne verbunden. Und sozusagen im Windschatten dieses Flusses kann das Leben seine Ordnung entfalten, indem es die Strahlung der Sonne aufnimmt und ihre niedrige Entropie nutzt.

Die wichtigsten Mittler zwischen der Strahlungsenergie der Sonne und der irdischen Biosphäre sind die Pflanzen.

Sie stehen an der Grenzschicht zwischen belebter und unbelebter Materie. Alle Tiere und Pilze leben von anderem Leben, sind von anderem Leben abhängig. Nur Pflanzen können sich von unbelebter Materie und Sonnenlicht ernähren. Aus Erde, Wasser, Licht und Luft bilden sie Lebendes. Von dem alles andere Leben lebt.

Ihre materielle Gestalt spiegelt diese Fähigkeit wider. Sie haben im Verhältnis zu ihrem Volumen eine sehr große Oberfläche, die sie zweifach in ihre Umwelt hineinstrecken. Ihre oberirdischen Teile, Stamm oder Stängel, Äste und Blätter entfalten sich zum Himmel, zu Licht und Luft. Ihre unterirdischen Teile, die Wurzeln, entfalten sich zu Erde und Wasser. Sie bilden also zwei Entfaltungen, zwei Netzwerke, zwei Grenzschichten zur Umwelt. Die eine nach oben gerichtet, die andere nach unten. Durch die Grenzschicht ihres Wurzelnetzwerks nehmen sie Wasser und Mineralien auf, durch die Grenzschicht des Blätternetzwerks Licht und CO_2. Zwischen diesen beiden Grenzen, in ihrem Pflanzenkörper, erzeugen sie die organische Materie auf der Erde, den Stoff des Lebens.

So sind sie als Wesen aufs Innigste verflochten mit und in der Grenzschicht, in der wir alle leben: zwischen Himmel und Erde.

Pflanzen nehmen die Schwerkraft der Erde sehr genau wahr. Und zwar doppelt: Die Wurzel des Keimlings wächst in Richtung Erdmittelpunkt. Und der Spross wächst entgegengesetzt, vom Erdmittelpunkt weg, nach oben zum Himmel. Beide erfassen die Schwerkraft unabhängig voneinander. Die Wurzel hat in ihrer Spitze Zellen mit Statolithen, kleinen Körnchen, die schwerer sind als die Flüssigkeit der Zelle und sich daher in der Zelle immer nach unten bewegen. Ihre Bewegungen werden von der Zelle wahrgenommen. Ähnliche Statolithen gibt es in den Leitungsbahnen des Sprosses. So kann sich die Pflanze zwischen Himmel und Erde ausrichten.

Pflanzen können auch die Strahlung der Sonne wahrnehmen. Die Spitze eines Sprosses besitzt Fotorezeptoren und dreht sich zum Licht. Die Rezeptoren erkennen, wenn zum Beispiel eine andere Pflanze über ihnen wächst, und richten den Spross dementsprechend aus. Außerdem registrieren Pflanzen durch Lichtwahrnehmung auch die Länge des Tages und damit die Jahreszeit. Sie bestimmen so den richtigen Zeitpunkt für Wachstum und für die Entwicklung von Blättern oder Blüten und erzeugen damit den jahreszeitlichen Rhythmus der Natur. Der Himmel macht die Jahreszeiten, die Pflanzen bringen sie auf die Erde.

Pflanzen prägen die Gestalt unserer Landschaften, von wenigen Wüstenbereichen abgesehen. Wie eine Landschaft auf uns wirkt, wird neben der Topografie (flach, hügelig, bergig) vor allem bestimmt durch die Pflanzen, die in ihr wachsen. Nadelwald oder tropischer Regenwald, Savanne oder Sumpfland, Hochmoor oder Bergwiese – die pflanzlichen Lebensgemeinschaften bestimmen das Gesicht der Landschaft. Bezogen auf die gesamte Biosphäre (und abgesehen von den Bakterien) bilden Pflanzen 90 Prozent der Biomasse auf der Erde, Tiere und Pilze kommen zusammen nur auf 10 Prozent.

In der 4,5 Milliarden Jahre währenden Geschichte der Erde verursachten Pflanzen einen der tiefgreifendsten Umschwünge: die Bildung einer sauerstoffreichen Atmosphäre vor etwa 2 bis 2,5 Milliarden Jahren. Es waren die Cyanobakterien (Blaualgen) im Meer, die schon vor 3,5 Milliarden Jahren eine für das irdische Leben außerordentlich wichtige Fähigkeit entwickelten: die Fotosynthese – das Vermögen, Lichtquanten aufzunehmen und sie als Energiequelle für eine hochkomplexe Reaktionskette zu nutzen, an deren Ende Glukose (Zucker) und andere Kohlenwasserstoffe gebildet werden. Dabei wird Wasser in Wasserstoff und Sauerstoff gespalten. Wasserstoff wird für den Aufbau der organischen Moleküle und als Ladungsträger genutzt, Sauerstoff bleibt als »Abfallprodukt« übrig und wird ausgeschieden.

Die Cyanobakterien verbreiteten sich auf der ganzen Erde und produzierten Sauerstoff. In der damals noch weitgehend sauerstofffreien Atmosphäre verband dieser sich zunächst mit Mineralien und wurde so der Atmosphäre schnell wieder entzogen. Erst vor etwa 2,5 Milliarden Jahren waren die Mineralien der Erdkruste so weit oxidiert, dass der produzierte Sauerstoff begann, sich in der Atmosphäre anzureichern. Es war die erste tiefgreifende globale Veränderung, die von Lebewesen hervorgerufen wurde.

Sauerstoff muss für die damaligen Lebewesen wie ein Gift gewesen sein, da ihr Stoffwechsel an dieses aggressive Gas nicht angepasst war. Erst im Laufe von Hunderten von Millionen Jahren entwickelte sich der heutige, auf Sauerstoff basierende Zellstoffwechsel. Dieser war mit seiner höheren chemischen Effektivität die Voraussetzung dafür, dass überhaupt mehrzellige Lebewesen entstehen konnten: Pflanzen, Tiere und Pilze. Ohne die Möglichkeit, Sauerstoff zu atmen und als Energieträger für die eigenen Zellen zu nutzen, gäbe es keine Tiere, die sich auf der Oberfläche der Erde bewegen, und damit gäbe es natürlich auch uns Menschen nicht.

Die Cyanobakterien waren die Vorläufer der Chloroplasten, der kleinen Zellorganellen, in denen bis heute die Fotosynthese abläuft – und zwar in allen grünen Pflanzen und Algen, vom Seetang bis zum Lebermoos, vom Veilchen bis zum Mammutbaum.

In den Chloroplasten aller Pflanzen laufen die entscheidenden Prozesse der Fotosynthese in einem Membransystem ab: der Thylakoidmembran. Eine mikroskopische Grenzschicht, die in jedem grünen Blatt tausendfach zu finden ist und unsere Welt mit Sauerstoff und Biomasse versorgt. Und die es ermöglicht, dass die Pflanzen unsere Welt mit der Energie der Sonne versorgen – an der Grenzschicht zwischen Himmel und Erde.

Hätten die Cyanobakterien als Vorläufer der Pflanzen nicht in einer Frühphase der Erdgeschichte die Fähigkeit zur Fotosynthese entwickelt, wäre unsere Welt eine völlig andere. In einer weitgehend sauerstofffreien Atmosphäre wäre das Leben vermutlich nicht über Bakterien und Einzeller hinausgekommen.

22.

Quanten – sein und nicht sein

In einem grünen Blatt dringt ein Photon – ein Lichtteilchen – in einen Chloroplasten ein. In dessen Membransystem trifft es auf den sogenannten Lichtsammelkomplex, eine antennenartig strukturierte Ansammlung von großen Proteinmolekülen, die ein Reaktionszentrum umgeben. Im Lichtsammelkomplex gibt das Photon seine Energie an ein Elektron ab, das dadurch in einen energetisch angeregten Zustand übergeht. Das Elektron bewegt sich entlang des vergleichsweise riesigen Makromoleküls bis zum Reaktionszentrum, wo seine Energie in chemische Energie umgewandelt wird, die der Bildung neuer organischer Moleküle dient. So funktioniert – in groben Zügen – der wichtigste Schritt der Fotosynthese.

Aber wieso Lichtteilchen? Liegt Licht als elektromagnetische Strahlung nicht in Form einer Welle vor? Mit einer Frequenz und einer Wellenlänge? Ja – einerseits. So zeigt Licht verschiedene Phänomene (wie zum Beispiel Interferenzen), die nur durch seine Wellennatur erklärbar sind. Andererseits kommt Licht wie jede Form von Energie nur in Form von einzelnen Energiepäckchen vor, den Quanten. Sie verhalten sich wie Teilchen, im Falle von Licht nennt man sie Photonen.

Dies ist der berühmte Welle-Teilchen-Dualismus der Quantentheorie. Licht ist beides zugleich – Welle und Teilchen. Punktförmig wie ein Teilchen und ausgedehnt im Raum wie eine Welle. Je nach experimenteller Situation tritt mehr der Wellencharakter oder der Teilchencharakter des Lichts hervor.

Als wäre dies nicht schon seltsam genug, ist diese Welle nicht etwa materiell fassbar wie eine Wasserwelle, sondern sie ist eine abstrakte Wahrscheinlichkeitswelle, die angibt, mit welcher Wahrscheinlichkeit das Teilchen an einem bestimmten Ort zu finden ist. Ein Teilchen ist nämlich nur lokalisierbar, wenn es eine Wechselwirkung mit einem anderen Objekt eingeht. Dazwischen ist es im Raum ausgedehnt in

Form einer Wahrscheinlichkeitswelle. Ja, es befindet sich sogar an all jenen Orten *zugleich*, die die Wahrscheinlichkeitswelle als mögliche Orte anzeigt. Wie kann ein und dasselbe Ding an mehreren Orten zugleich sein? Das bleibt letztlich rätselhaft, aber physikalisch gesehen kann man wohl sagen, dass das Teilchen zwischen den einzelnen Wechselwirkungen nicht als Ding, sondern als Verteilung von Wahrscheinlichkeiten existiert.

Man kann sich das wie eine Wolke von möglichen Teilchen vorstellen. Wo es dann bei der nächsten Wechselwirkung auftaucht, ist niemals genau vorherzusagen, auch dafür können nur Wahrscheinlichkeitswerte angegeben werden.

Dies gilt nicht nur für Energiequanten wie die Photonen, sondern erstaunlicherweise auch für die Elementarteilchen, aus denen unsere gesamte Materie aufgebaut ist: Protonen und Neutronen im Atomkern und Elektronen, die den Kern umgeben. Auch sie unterliegen dem Welle-Teilchen-Dualismus. Wäre in einem Atom das negativ geladene Elektron nur ein lokalisiertes Teilchen, würde es durch die elektromagnetische Anziehungskraft in kürzester Zeit in den positiv geladenen Kern stürzen und alle Materie würde sich in Bruchteilen von Sekunden in einem Blitz von Energie auflösen. Dass dies offensichtlich nicht der Fall ist, kann nur dadurch erklärt werden, dass das Elektron eine Wahrscheinlichkeitswelle ist, die den Atomkern von verschiedenen Seiten gleichzeitig umgibt und daher stabil ist. Nur weil Elektronen (und andere Teilchen) an mehreren Orten zugleich sein können, ist die Materie unserer Welt dauerhaft vorhanden.

Die Quantentheorie gehört übrigens trotz ihres teilweise mysteriösen Inhalts zu den erfolgreichsten und am genauesten bestätigten Theorien der Physik. Ohne sie gäbe es zum Beispiel keine Handys, keine Computer und keine LED-Technologie. Was wir hier betrachten, ist nicht die verschrobene Theorie irgendwelcher abgedrehter Physiker, sondern eine experimentell vielfach nachgewiesene Realität, die bis in unser Alltagsleben hineinreicht.

Erinnern wir uns an das Photon vom Beginn dieses Kapitels: Es hat ein bestimmtes Quantum Energie, das es in dem Makromolekül des Lichtsammelkomplexes an ein Elektron abgibt. Dieses energetisch angeregte Elektron kann aber nicht jeden beliebigen Zustand einnehmen, sondern nur einige klar definierte. Es kann nur bestimmte Quanten von Energie aufnehmen, nicht mehr und nicht weniger. Wenn dieses Elektron sich entlang des Makromoleküls bewegt, kann es als Wahrscheinlichkeitswelle an mehreren Orten zugleich sein und sich auf vielen Pfaden gleichzeitig bewegen. Es gibt sogar die Vermutung, dass die Lichtsammelkomplexe der Pflanze nur deshalb ihren hohen Wirkungsgrad von über 90 Prozent haben können, weil jedes angeregte Elektron sich auf vielen Bahnen gleichzeitig durch das Molekül bewegen kann und bei seinem Eintreffen am Reaktionszentrum dann der effizienteste Weg zum Tragen kommt.

Dass alle Materie-Teilchen genauso wie Energiequanten als Wahrscheinlichkeitswellen vorliegen, bedeutet auch, dass ihre Eigenschaften (wie Ort, Geschwindigkeit oder Energie) nicht genau zu bestimmen sind, sondern immer »unscharf« bleiben, so wie ein Wellenberg nicht beliebig spitz ist, sondern immer eine gewisse Breite hat. Diese Unschärfe ist kein Problem unvollkommener Messgeräte, sondern eine grundlegende Eigenschaft von Quantensystemen.

Die Wahrscheinlichkeitswelle eines einzelnen Teilchens umfasst (mit unterschiedlicher Intensität) einen ausgedehnten Raum. Kommt jetzt ein zweites Teilchen hinzu, so überlagern sich beide Wellen und verändern sich dadurch, selbst wenn sich die Teilchen nicht berühren. Ich kann also das eine Teilchen nicht isoliert ohne das zweite betrachten, das in seiner Nähe ist. Selbst wenn die beiden Teilchen später beliebig weit voneinander entfernt sind, können ihre Wellen eine Art Gedächtnis der gemeinsamen Interaktion haben – die beiden Teilchen sind miteinander verschränkt.

Ebenso verändert jede (wirklich jede!) Messung die Eigenschaften eines Teilchens. Da jede Messung eine Wechselwirkung ist, verändert die Messung das Messobjekt, und zwar auf unterschiedliche Art, abhängig von der Art der Messung. Das bedeutet aber, dass es auf der Quantenebene keine vom Beobachter unabhängig feststellbare Realität gibt. Eine der verschiedenen physikalisch-philosophischen

Interpretationen der Quantentheorie (»relational quantum mechanics«) postuliert sogar, dass die Realität nicht aus festgelegten Objekten besteht, die Beziehungen und Wechselwirkungen eingehen, sondern aus Ereignissen und Relationen, die den Anschein von Objekten erwecken.

Was bedeutet all das für unsere Fragestellungen?

In einem physikalischen System aus mehreren Teilchen kann ich diese als getrennt voneinander betrachten – als abgegrenzt. Und gleichzeitig als Überlagerung von im Raum ausgedehnten Wellen und damit als untrennbar verknüpft. Eine trennende Grenzschicht zwischen beiden Teilchen existiert und existiert zugleich nicht.

Aber auch für ein einzelnes Teilchen, zum Beispiel ein Elektron, kann ich keine klare Grenze ziehen, wo es sich befindet und wo nicht. Es ist an allen Orten, die seine Wahrscheinlichkeitswelle als möglich angibt, zugleich. Als Teilchen ist es winzig klein, als Welle weit ausgedehnt im Raum. Die Grenzschichten zwischen hier und dort, zwischen Großsein und Kleinsein sind durchlässig.

Wenn tatsächlich die grundlegenden Einheiten auf Quantenebene nicht Objekte sind, sondern Relationen und Beziehungen, dann sind auch Grenzschichten etwas sehr Grundlegendes. Denn jede Grenzschicht vermittelt eine Beziehung und jede Beziehung geht mit einer Grenzschicht einher: zwischen Diesseits und Jenseits, zwischen Innen und Außen, zwischen dir und mir.

Und schließlich führt die Unschärfe von Energie dazu, dass aus dem Nichts Teilchenpaare entspringen können, die eine kurze Zeit existieren und sich dann wieder gegenseitig vernichten. So ist auch die Anzahl von Teilchen in einem System unscharf. Unter bestimmten Bedingungen, zum Beispiel in der Nähe eines schwarzen Lochs oder bei starker Expansion des Raumes, können diese aus dem Nichts entstandenen Teilchen dauerhaft bestehen bleiben. So wird tatsächlich auch die Grenze zwischen Sein und Nichtsein durchlässig. Existenz und Nichtexistenz fließen ineinander.

23.

Vorstellungsvermögen

Bei den Themen des vorhergehenden Kapitels stoße ich immer wieder an Grenzen. Grenzen des Begreifens, Grenzen meines Vorstellungsvermögens. Mal glaube ich, etwas verstanden zu haben, dann wieder entsteht das Gefühl, dass diese abstrakten Zusammenhänge meinen Verstand bei Weitem übersteigen. Bilder wie Wellen oder Wolken sind hilfreich, aber können es letztlich doch nie ganz erfassen. Manchmal bekomme ich etwas wie einen Zipfel dieser so fremdartigen Realität zu greifen, um dann beim abermaligen Nachdenken wieder vor dem Unbegreiflichen zu stehen.

Diese Erfahrung scheint eine grundlegend menschliche zu sein. Schon der Kirchenvater und Philosoph Augustinus schrieb vor ca. 1600 Jahren zu einer ähnlich schwer zu fassenden Frage: »Was also ist die Zeit? Wenn mich niemand darüber fragt, so weiß ich es; wenn ich es aber jemandem auf seine Frage erklären möchte, so weiß ich es nicht.«

Unser Denkvermögen, unser Verstand entspringt zunächst einer ganz konkreten und greifbaren Fähigkeit, die wir schon im Kleinkindalter einüben: Wie das Kind mit Bauklötzen spielt, hantieren wir mit Begriffen, wenn auch in einem abstrakteren Vorstellungsraum. Wir ordnen sie, setzen sie in Beziehung zueinander, grundlegende nach unten, speziellere obendrauf ... Manche Bauklötze, äh Begriffe mögen wir besonders, die benutzen wir oft, andere kommen ganz nach unten in den Kasten, sie werden selten einge-setzt.

Auch unsere Sprache weist uns darauf hin, woher unsere rationalen Fähigkeiten kommen: Da »be-greifen« wir und »er-fassen« etwas. Wir »ent-wickeln« eine »Basis« und einen gedanklichen »Über-bau«. Wir bilden »Ketten« von Gedanken und Argumenten, einen Gedanken-gang, dabei »baut eines auf dem anderen auf« und bildet »Zusammen-hänge«, natürlich unter bestimmten »Voraus-setzungen«. Wir »prägen« uns etwas ein, das vielleicht »anschaulich« ist, aber vielleicht auch etwas »abgehoben«.

Alles sehr räumliche und physische Worte. Unser räumlich geprägtes Vorstellungsvermögen ist ein wesentliches Element unseres Denkens. Und auch die für uns so grund-legende(!) Denkstruktur der Kausalität wird früh eingeübt:
Turm aus Bauklötzen anstoßen: Turm fällt um. Bumm! Das ist Kausalität. Am Boden liegende Bauklötze anstoßen: Turm richtet sich wieder auf? Nein! Das ist übrigens das Gesetz der Zunahme der Entropie. Für Kleinkinder. Sehr deutlich erfahrbar in Kinderzimmern, das kennen alle Eltern: Gestern aufgeräumt – Ordnung! Heute schon wieder Unordnung – massive Entropiezunahme!

Aber bei der Quantenphysik stoßen wir mit unserem räumlichen Vorstellungsvermögen an Grenzen: Ein Bauklotz, der auf den Boden gefallen ist, kann nicht gleichzeitig noch auf dem Turm stehen – das widerspricht unserer Erfahrung. Wären wir Quantenwesen und hätten wir so winzige Körper, dass wir mit Elektronen Ball spielen könnten, wären die Quantenphänomene uns wahrscheinlich sehr vertraut und leicht vorstellbar.

Das wunderbare Werkzeug unseres Vorstellungsvermögens ist aber nicht nur für abstrakte Überlegungen wichtig, sondern auch, damit wir überhaupt Bedürfnisse erkennen und uns Ziele setzen können.

Ich stelle mir vor: Jetzt einen Kaffee! Aah, ich schmecke ihn schon fast auf der Zunge! Also stehe ich auf und mache mir einen – köstlich!

Was ich mir nicht vorstellen kann, das ist schwer als Bedürfnis zu spüren oder mir als Ziel zu setzen. Das gilt individuell und kollektiv. Wo wollen wir hin? Und wie wäre es, dort zu sein? Wobei »dort« nicht unbedingt ein Ort im physikalischen Raum ist. John Lennon widmete dem Vorstellungsvermögen einen seiner bekanntesten Songs: *Imagine*.

Imagine all the people living life in peace ...

Ein wunderbares Lied, oder? Wir haben eine Ahnung, wie das sein könnte, weil es vielleicht Momente in unserem Leben gab, wo wir uns mit allen Menschen im Frieden fühlten. Aber in dem Lied heißt es auch:

Imagine no possessions, I wonder if you can …

Kein Besitz? Kein Besitz an Geld, an Aktien, an Unternehmen, an Gegenständen wie Autos oder Häusern, an Land? Kein Besitzdenken bezüglich unserer Liebespartner? Ist all das vorstellbar? Oder un-vorstellbar? Wie wäre das Leben in so einer Gesellschaft? Wundervolle Utopie? Oder Horror? Oder etwas dazwischen?

Unser Vorstellungsvermögen hat Grenzen. Aber diese Grenzschichten des Vorstellbaren können durchlässig werden und sich verschieben.

In der mittelalterlichen Ständegesellschaft in Europa waren viele Bauern Leibeigene, die einem zumeist adligen Leibherrn Frondienst leisten mussten und ohne seine Zustimmung nicht heiraten oder wegziehen durften. Damals hätte sich wohl kaum jemand vorstellen können (Imagine!), dass sich die wichtigsten Staaten der Welt eines Tages auf folgende Aussage einigen: »Alle Menschen sind frei und gleich an Würde und Rechten geboren.« (Erklärung der Menschenrechte, UN-Vollversammlung, 1948) Auch wenn die Verwirklichung dieses Anspruchs in der gesellschaftlichen Realität bis heute nur unvollständig gelingt, stellt dieser Satz doch ein Ziel dar, das damit in den Bereich des Vorstellbaren rückt. Die Grenzschichten zwischen Vorstellbar und Unvorstellbar haben sich verschoben.

Diese Verschiebung findet statt, wenn zunächst einzelne Menschen das eigentlich Undenkbare und Unvorstellbare denken, beschreiben und erkunden und sie damit auf Resonanz bei anderen stoßen. Wie es mit den Gedanken der Aufklärung im Europa des 18. Jahrhunderts geschah. Das ist kulturelle Evolution (siehe Kapitel 10). Die Grenze des Vorstellbaren wird durchlässig, erst für Einzelne, dann für immer mehr Menschen. Es ist wie eine Entdeckungsreise in ein unbekanntes Land – terra incognita. Mit allen Risiken, sich zu verirren.

Denn nicht jedes Erweitern von Grenzen des Vorstellbaren ist ein Fortschritt. So hätte sich vor 250 Jahren, zu Zeiten der Aufklärung, zu Zeiten Kants und Voltaires, wahrscheinlich kaum jemand vorstellen können (und wollen), dass es in Deutschland zu einer systematischen und industriell organisierten Ermordung und Vernichtung von Millionen von Menschen kommen würde. Auch der Holocaust hat die Grenzen des Vorstellbaren erweitert und wir müssen damit leben: Das eigentlich Unvorstellbare, es wird vorstellbar durch das Wissen, dass es geschehen ist, dass es wieder geschehen kann, und durch die Mahnung, es nicht wieder geschehen zu lassen.

Das erscheint hier vielleicht wie ein weiter Weg von den Grenzen des Vorstellbaren in der Quantenphysik zu den Grenzen des Vorstellbaren bezüglich des Holocausts. Und natürlich sind die jeweiligen Grenzen von ganz verschiedener Art: In der Entwicklung der Quantenphysik geht es um Grenzen des abstrakten Denk- und Vorstellungsvermögens. Beim Holocaust sind es Grenzen, die uns zutiefst als soziale Wesen betreffen und die uns bei ihrer Überschreitung das Herz zerreißen: Was Menschen anderen Menschen antun können.

Aber seltsamerweise fand beides im 20. Jahrhundert in der Mitte Europas statt. Wissenschaftlicher Triumph und Vernichtung von Menschenleben, gedankliche Höhenflüge und tiefste moralische Verirrung: Sie liegen so nah beieinander. Die Nationalsozialisten nutzten für ihre Vernichtungsmaschinerie die technischen Möglichkeiten der modernen Industriegesellschaft. Und die so faszinierende und erfolgreiche Quantenphysik trug bei zum Bau der Atombombe.

Das zeigt die Risiken der Grenzverschiebung, des Aufbruchs ins Unbekannte. Diese Risiken sind heute nicht weniger aktuell: Wie werden wir zum Beispiel mit den neuen Möglichkeiten der Genschere CRISPR-Cas9 umgehen? Mit dieser Methode wird die genetische Information der DNA zielgenau und effektiv verändert, sodass Lebewesen und ihre Nachkommen genetisch manipuliert werden können. Auch dabei wird vorstellbar, was noch vor wenigen Jahrzehnten unvorstellbar war. Eine Vielzahl seltener Erbkrankheiten, die durch einzelne Gendefekte verursacht werden und bei den Betroffenen und ihren Familien großes Leid verursachen, kann dadurch vielleicht effektiv behandelt werden. Andererseits können diese neuen Instrumente auch für Versuche missbraucht werden, unser eigenes Genom und das anderer Lebewesen an wirtschaftliche Zwänge anzupassen und dessen Leistung zu »optimieren«, ohne auf die Nebenwirkungen zu achten.

Werden wir mit dieser Technik aus Achtlosigkeit, Größenwahn und Profitgier ein Horrorkabinett an gentechnisch veränderten Wesen schaffen und damit im fein gesponnenen Netz des Lebens Leid und Zerstörung anrichten? Oder werden wir diese neuen Möglichkeiten so achtsam einsetzen, dass sie dem Leben dienen? Dem Leben aller Lebewesen, auf dem ganzen Planeten?

Denn Achtung: Die Grenzschichten zwischen uns Menschen und den anderen Lebewesen auf der Erde: Auch sie sind durchlässig. Was ihnen zustößt – es fällt auf uns zurück.

24.

Tod und Leben

Vielleicht sollten wir uns an dieser Stelle noch eine Grenzschicht bewusst machen, die uns existenziell betrifft und die uns mit allen sterblichen Lebewesen verbindet:

Die Grenze zwischen Tod und Leben.

Diese Grenze muss ja wohl völlig undurchlässig sein, sollte man meinen. Solange ich lebe, bin ich nicht tot, und wenn ich tot bin, ist mein Leben vorbei. Da gibt es kein Zurück.

Außerdem stoße ich auch da an eine Grenze meines Vorstellungsvermögens. Ich kann mir beim besten Willen nicht vorstellen, nicht mehr da zu sein. Obwohl ich weiß, dass es der Fall sein wird. Und dass es der Fall war: Wo war ich, bevor ich gezeugt wurde?

Ich betrachte hier keine religiösen Glaubenssysteme, die auf ein Leben nach dem Tod in einer anderen Welt oder auf eine Wiedergeburt in unserer Welt hoffen.

Ist die Grenzschicht zwischen Tod und Leben wirklich undurchlässig? Um das eingehender zu untersuchen, muss man zunächst die Frage betrachten: Wenn ich sterbe – wer oder was ist dieses »ich«?

Oder kürzer gefragt: »Wer stirbt?«

Was ich bin, das ist nicht etwa mein Körper als ein Ding wie andere Dinge und auch nicht eine ominöse Seele, die von meinem Körper verschieden ist, sondern ein selbsterhaltender Prozess, durch den die Materie meines Körpers, meine Gefühle, Gedanken und Empfindungen hindurchfließen wie Wasser durch einen Strudel. Die Materie meines Körpers unterliegt einem ständigen Wandel, einem Stoff-wechsel. Ständig sterben Zellen ab und werden durch neue Zellen ersetzt. Allein bei den roten Blutkörperchen, den Erythrozyten, werden in jeder Sekunde (!) zwei Millionen neue Zellen gebildet. Gefühle und Gedanken verändern sich pausenlos. Selbst meine Erinnerungen an frühere Erlebnisse und die Geschichten, die ich mir selbst gedanklich über mich und mein Leben erzähle, unterliegen einer ständigen Wandlung, werden mit jedem Erinnern wieder neu konfiguriert.

Wenn ich sterbe, wenn also dieser strukturbildende Lebensprozess, der ich bin, zum Erliegen kommt, ist zwar mein Körper noch eine Zeit lang da, aber ohne diesen Prozess ist er der Entropiezunahme und den Kräften des Zerfalls überlassen, wie eine leere Hülle. Er vergeht. Bis schließlich neues Leben aus seiner Materie entstehen kann, der Kreislauf des Lebens weiter geht. Aber das bin dann ja nicht mehr ich. Oder …?

Ich lebe vielleicht 80 oder 90 Jahre, wenn ich Glück habe. Aber davor gab es Milliarden Jahre ohne mich, und danach wird es wohl ebenfalls Milliarden Jahre ohne mich geben. Die Zeit, in der dieses Bewusstsein mit Namen Matthias existiert, ist nur eine äußerst dünne Grenzschicht zwischen zwei riesigen Zeiträumen ohne Matthias.

Wenn wir isolierte Einzelwesen wären, Einzelgänger, dann wäre die Grenze des individuellen Todes sicher eine absolute Grenze. Aber das sind wir nicht. Dieser selbsterhaltende Prozess, der wir sind – er ist seinem Wesen nach zutiefst auf Begegnung ausgelegt, auf Kontakt zu seiner Umwelt, auf Erfahrungen mit anderen Wesen, zu denen wir Beziehungen aufbauen.

Außerdem hängt unsere Existenz mit unzähligen Entwicklungen zusammen, die weit vor unsere Lebenszeit zurückreichen. Sie reichen

Jahrzehnte zurück (wenn meine Eltern sich nicht kennengelernt hätten …), Jahrhunderte (wenn sich in Europa mit der technologischen Entwicklung nicht die Lebenserwartung erhöht hätte …), bis hin zu Jahrmillionen (wenn sich in der Evolution keine Säugetiere entwickelt hätten …). Mit all diesen zahllosen Prozessen sind wir verbunden, ohne sie gäbe es uns nicht.

Und genauso wie mit der Vergangenheit vor unserer Existenz sind wir mit der Zukunft verbunden, die über unser Leben hinausgeht.

Die Menschen, die uns nahe waren, sind auch nach unserem Tod weiterhin geprägt von dem, was sie mit uns erlebt haben, im Guten wie im Schlechten. Wir hinterlassen Spuren. So wie ich oft voller Dankbarkeit und Liebe – bei allen Konflikten, die wir auch hatten – an meine Eltern denke, die vor vielen Jahren gestorben sind. In gewisser Weise sind sie bei mir. Obwohl ich ihre physische Präsenz auch jetzt noch manchmal vermisse. Aber sie haben Spuren hinterlassen in mir.

Spuren hinterlassen wir bei Menschen, mit denen wir Nähe geteilt haben, denen wir geholfen haben, die wir inspiriert haben oder denen wir ein Vorbild waren. Und natürlich auch bei den Menschen, denen wir geschadet haben. Vielleicht war es nur eine kurze Begegnung, die in der anderen Person weiterlebt. Wir wissen es oft nicht, welche unserer Handlungen bei welchen Menschen Spuren hinterlassen.

Ob wir Kinder haben, denen wir unsere Gene weitergeben, ob wir ein Kunstwerk, eine wissenschaftliche Arbeit oder eine Firma schaffen, die nach unserem Tod weiter existiert: All das sind natürlich auch Arten, Spuren zu hinterlassen. Aber die wesentlichsten Spuren sind wohl die in den Herzen derer, die wir berührt haben.

So weit klingt das alles vielleicht recht banal. Sagt man nicht bei fast jedem Todesfall, er oder sie lebe in unseren Herzen weiter? Ist das nicht eine Redensart, die nur über den unerbittlichen Verlust hinwegtäuschen soll? Auch wenn diese Worte manchmal zur nichtssagenden Floskel werden, so glaube ich doch, dass darin eine tiefere Wahrheit steckt, als man zunächst denkt.

Dass das so ist, hängt mit einer semipermeablen Grenze zusammen, die wir schon recht früh in diesem Buch kennengelernt haben:

der Grenze zwischen Ich und Du. Wir sind als Individuen viel weniger ein abgeschlossenes Ich, als wir glauben, und viel mehr ein lebenslanger Prozess, der hauptsächlich aus unzähligen Ich-Du-Erfahrungen besteht und in ständiger Wandlung begriffen ist.

Mein Erleben, ein abgetrenntes und feststehendes Ich zu sein, ist letztendlich eine Illusion.

Eine allerdings zu Beginn des Lebens notwendige Illusion, die es mir erleichtert, mich in meiner anfänglichen Abhängigkeit von anderen Menschen trotzdem zu meiner Eigenart und Einzigartigkeit zu entwickeln. Und wir haben ja schon festgestellt, dass die Grenze zwischen Ich und Du wichtig ist, um überhaupt einander begegnen zu können und Ich-Du-Erfahrungen machen zu können. Aber wir unterschätzen die Durchlässigkeit dieser Grenze. Wir sind stolz darauf, abgetrennte Individuen zu sein, und nähren so unseren Narzissmus. Wir blenden meistens aus, wie sehr wir auf allen Ebenen, körperlich, seelisch und geistig, eingebunden sind in Netzwerke, die unser abgetrenntes Ich bei Weitem übersteigen. Und wir blenden aus, wie sehr wir einem ständigen Wandel unterworfen sind. Unser abgetrenntes und beständiges Ich ist so etwas wie ein Betriebssystem, ein nützliches Werkzeug, das uns hilft, uns zu entwickeln, uns in der Welt zurechtzufinden und zwischenmenschliche Begegnungen zu regulieren. Aber es entspricht nicht der grundlegenden Ebene der Realität.

Denn selbst unsere Erinnerungen – auch die privatesten, die nur wir in uns tragen – sind nicht festgelegt, sondern wandeln sich ständig. Wir erzählen sie uns immer wieder neu, und wenn wir uns wandeln, wandelt sich auch die Geschichte unseres Lebens. Nichts verwandelt uns so wie Begegnungen und Erfahrungen mit anderen Menschen. Bin ich morgen noch derselbe wie heute? Ich weiß es nicht.

Aber das, was ich heute bin und was du heute bist, wird bei unserer Begegnung dich und mich verwandeln und damit in uns beiden weiter wirken, und auch in unsere zukünftigen Begegnungen mit anderen Menschen hineinwirken, und damit in deren Verwandlungen …

Rilke schrieb in seinem »Liebes-Lied«:

Doch alles, was uns anrührt, dich und mich,
nimmt uns zusammen wie ein Bogenstrich,
der aus zwei Saiten eine Stimme zieht.
(R. M. Rilke, Neue Gedichte, 1907)

Diese gemeinsame Stimme, diese Melodie unserer Begegnung, lebt in mir weiter und auch in dir.

Es gibt die buddhistische Legende von Indras Netz, die auf 3 000 Jahre alte Texte aus den indischen Veden zurückgeht: Der Gott Indra hat ein unendliches Netz von Fäden entstehen lassen, und an jedem Kreuzungspunkt befindet sich ein glitzerndes Juwel. Da das Netz unendlich ist, gibt es unendlich viele Juwelen, und jedes Juwel reflektiert alle anderen Juwelen. Und alle Reflexionen in einem Juwel werden wiederum von allen anderen Juwelen reflektiert. Ein unendlicher Reflexionsvorgang.

Jedes Juwel ist von jedem anderen verschieden und abgegrenzt. Aber jedes Juwel ist nicht nur es selbst, sondern in jedem sind alle anderen enthalten.

Was können wir uns anhand dieses mythischen Bildes verdeutlichen?

Vielleicht Folgendes: Wenn ich der Illusion anhänge, es gebe ein abgeschlossenes Ich, dann ist der Tod schrecklich und die Grenze zwischen Leben und Tod unüberwindlich. Dann habe ich mein Leben lang Erfahrungen gemacht, aber im Tod vergehen sie alle, und es ist vorbei: Ich kann keine neuen Erfahrungen mehr machen.

Wenn ich aber nicht Erfahrungen mache, sondern Erfahrungen *bin*, die zwischen Wesen gemacht wurden, ein Bündel von Erfahrungen, dann löst sich im Tod das Bündel auf. Mehr nicht. Das eine Juwel vergeht – aber es besteht weiter in den Reflexionen aller anderer Juwelen und in den Reflexionen der Reflexionen …

Auch schon zu Lebzeiten besteht mein Ich aus Spuren. Spuren vergangener Erlebnisse und Begegnungen, ständiger Verwandlungen. Aus diesen Spuren, zu denen ständig neue hinzukommen und die sich immer wieder neu konfigurieren, lässt mein Lebensprozess das

Bild eines isolierten, fest gefügten Ichs entstehen. Woher bin ich so sicher, dass ich all das wirklich genau so erlebt habe, an das ich mich heute erinnere? Und wäre es so wichtig, diese Frage zu beantworten, wenn ich doch nur mein Lebensprozess bin, wie er sich heute gerade vollzieht – ein sich wandelnder Lebensprozess, in den ständig Spuren meiner Vergangenheit einfließen, die sich ebenfalls wandeln?

Dieser sich wandelnde Lebensprozess findet statt im Jetzt. Immer nur im Jetzt. Dieser eine Augenblick – schon vergangen. Dieser Moment des Genusses oder des Leids – vergangen. Diese Begegnung, dieser Blick in deine Augen – vergangen. Eigentlich sterben wir in jedem Augenblick. Denn immer ist das, was wir eben noch erleben, was wir eben noch sind, schon wieder vergangen, vorbei, unwiederbringlich dahin.

So ist in unserem sich wandelnden Dasein das Sterben untrennbar ins Leben eingeflochten. Wir spüren das sehr deutlich in Momenten des Abschieds oder des Verlusts. Wenn wir einen geliebten Menschen verlieren oder sich eine Beziehung tiefgreifend verändert, dann stirbt auch etwas in uns. Aber eigentlich findet in jedem Augenblick ein Abschied statt.

Wenn wir lernen, mit den Wandlungen des Lebens mitzugehen, wenn wir lernen, all das loszulassen, was vergeht, so lernen wir zu sterben – mitten im Leben.

Wie es wohl sein wird, wenn ich mich endgültig von »Matthias« verabschiede, von diesem Bündel von Erfahrungen, das ich bin? Bei dieser Frage tanzen Paradoxien durch meinen Geist ...

Der physische Tod ist eine tiefgreifende Wandlung, eine weitere der vielen Wandlungen des Lebens, aber vielleicht ist er auch nicht mehr als das: eine tiefgreifende Wandlung. Sogar im physischen Sterben vollzieht sich das Leben.

Wenn ich den Lebensprozess über mein Ich hinausdenke, so endet er nie.

Ob ich dieser letzten Aussage folgen kann, hängt davon ab, welche Rolle ich dem Geist im Universum beimesse. Entfaltet Geist sich im Universum nur durch den Menschen?

Der theoretische Physiker und Nobelpreisträger Gerardus t'Hooft wurde in einem Interview (Spektrum der Wissenschaft, 12/2018, S. 23) gefragt, ob er an den freien Willen des Menschen glaube. Seine Antwort:

»Ich glaube, dass alle Naturgesetze vollkommen deterministisch sind. Nichts geschieht ohne Grund. Allerdings spielen dabei so viele Variablen eine Rolle, dass niemand sie jemals alle verstehen, geschweige denn kontrollieren kann. *Darum gibt es in der Praxis überall so etwas wie einen freien Willen.*« (Hervorhebung von MR)

Überall! Haben Elektronen einen freien Willen?

Freier Wille und Geist entstehen in hochkomplexen Systemen – zum Beispiel in menschlichen Gehirnen (die sich in Interaktion mit anderen Menschen und mit dem eigenen Körper entwickeln). Vielleicht sind jedoch die meisten Systeme der belebten und auch der unbelebten Natur viel komplexer, als wir bisher glauben. Bei den Versuchen, eine Theorie der Quantengravitation zu finden (eine Vereinigung der allgemeinen Relativitätstheorie und der Quantenmechanik, sozusagen der »heilige Gral« der Physik), entwickeln Physiker neue Ideen über den Raum selbst, also über die »Bühne«, auf der sich alle Vorgänge im Universum abspielen. Dabei zeigt sich, dass der physikalische Raum nicht nur dynamisch ist und sich dehnt oder krümmt, sondern im Grunde ein Geflecht darstellt und vielleicht auf der tiefsten Ebene, der sogenannten »Planck-Ebene« aus Verschränkungen besteht, also aus Relationen, aus Beziehungen.

Der physikalische Raum als verwobenes Netzwerk aus Beziehungen: Vielleicht ist unser außerordentlich komplexes Gehirn, auf das wir so stolz sind, nicht ganz so besonders, wie wir glauben. Schon oft in der Geschichte haben wir die Sonderstellung des Menschen überschätzt. Mittelpunkt des Universums? Krone der Schöpfung? Herr im Hause der eigenen Seele? Galilei, Darwin und Freud haben uns geholfen, diese Illusionen hinter uns zu lassen. Vielleicht sind die meisten Systeme der belebten und der unbelebten Natur in ihrer enormen

Komplexität ebenfalls von Geist durchdrungen – von Geist in einer
anderen Erscheinungsform als bei uns Menschen. Dann könnten tatsächlich der Lebensprozess und die Metamorphosen des Geistes über
mein Ich hinausgehen – sie enden nie.

Was ich im Tod zu verlieren glaube, war schon immer eine Illusion.
Denn die Grenzschicht, die mein Ich von Anderen und von der Welt
abgrenzt, ist genauso durchlässig wie die Grenze zwischen Tod und
Leben.

25.
Sexualität

Wie finden wir nun nach diesen »letzten Dingen« thematisch zurück
ins Leben? Denn die Beschäftigung mit meiner Sterblichkeit kann
mich zwar manches lehren, aber dann ist es gut, sich wieder ganz
aufs Lebendige auszurichten. Vielleicht gelingt der Übergang durch
die Betrachtung einer interessanten Symbolik – da wird der Tod mit
einem höchst lebendigen Vorgang in Verbindung gebracht: »La pe-
tite mort«, dem »kleinen Tod« des orgiastischen Höhepunkts in der
Sexualität.

Ist es nicht seltsam, dass jener lebendige Akt, der auch neues Leben entstehen lassen kann, assoziativ verbunden ist mit dem Tod?

Es hat sicher mit der Bewusstseinsveränderung zu tun, die im und
nach dem sexuellen Höhepunkt auftreten kann: einem ozeanischen
Gefühl der Grenzenlosigkeit, der Ich-Auflösung, des Verschmelzens
mit dem Partner oder mit der ganzen Welt.

Dass Sexualität im ganzen Tierreich lustvoll erlebt wird, ist evolutionär sinnvoll, damit das aufwendige Verhalten von Partnersuche
und Partnerwerbung auch ein sinnlich lohnendes Ziel findet und die
Art erhalten bleibt. Aber warum hat die Evolution es beim Menschen
(und vielleicht auch bei einigen anderen Tieren) in der Sexualität zu

einem orgiastischen Gefühl der Auflösung und Verschmelzung kommen lassen? Essen ist auch notwendig zum Erhalt des Individuums und ist daher lustvoll, führt jedoch eher selten zu Orgasmen.

Vielleicht hat das mit Grenzschichten zu tun.

Beim Essen überwinden wir die Grenzschicht zwischen Innen und Außen, wir verleiben uns einen Teil der Außenwelt ein und machen ihn zu unserem Körper. Dabei treiben uns Hungergefühl und lustvolles Geschmacksempfinden an. Der Geschmackssinn warnt uns aber auch vor Dingen, die wir uns besser nicht einverleiben, da sie uns schaden. Das zeigt, dass das Überwinden der Innen-außen-Grenzschicht beim Essen durchaus eine heikle Angelegenheit sein kann. Menschen haben einen großen Drang zum Ausprobieren und Erforschen – aber wie viele Menschen der Steinzeit sind wohl, als sie sich über die Erde ausbreiteten, an bisher unbekannten giftigen Beeren oder Pilzen gestorben? Lust oder Ekel der Geschmacksempfindungen regulieren also, was und wieviel wir uns einverleiben, und dienen so dem Erhalt unseres Lebens.

In der Sexualität überwinden wir dagegen eine andere, vielleicht für uns noch existenziellere Grenzschicht: jene zwischen Ich und Du.

Und zwar in verschiedener Hinsicht.

Zunächst durch Berührung und die gegenseitige Stimulation von Empfindungen der Haut, vor allem in Bereichen des Körpers, die sensibler, also sensorisch durchlässiger sind: Deine Berührung löst bei mir so viel aus! Und manche dieser Bereiche sind als Schleimhäute nicht nur besonders sensibel, sondern auch physisch durchlässiger – daher gibt es das Thema der sexuell übertragbaren Erkrankungen wie zum Beispiel HIV. Wir überwinden die Grenzschicht zwischen Ich und Du eventuell auch durch das Öffnen des eigenen Körpers für den anderen, durch das lustvolle Eindringen eines Körperteils in den anderen Körper. Aber vor allem durch die Art, wie zwei Körper miteinander interagieren, sich berühren, sich bewegen, einen Rhythmus und eine gemeinsame Dynamik finden: Es kann sich dann anfühlen wie ein einziger Körper. Ein Körper, der berührt, zugreift, sich bewegt, laut wird oder still, der berührt ist, Lust empfindet und genießt …

Bis zu einem gewissen Punkt kann diese Erfahrung einer bewegten Einswerdung auch in anderen Zusammenhängen entstehen: zum Beispiel beim gemeinsamen Tanzen, Singen oder Musizieren. Vier Musikerinnen bilden ein Streichquartett, das sich in manchen Momenten der Musik anfühlt wie ein einziges Wesen. Ein Wesen, das gemeinsam die Musik atmet. Aber meistens ist dieses Gefühl wohl nicht ganz so intensiv wie in der Sexualität.

In anderer Hinsicht kann die Grenzschicht zwischen Ich und Du in der Sexualität überwunden werden durch die Möglichkeit, dass zwei Keimzellen der beiden Partner sich tatsächlich biologisch miteinander vereinigen (die beiden Zellmembranen verschmelzen miteinander und auch die DNA beider Zellkerne) und dass dabei ein neues menschliches Wesen entsteht. Ein Wesen, das genetisch aus beiden Partnerinnen besteht, dann aber ein neues »Ich« ausbilden wird. Ein Wesen, durch das beide Partner wahrscheinlich zeitlebens verbunden sein werden.

Die Grenzschicht zwischen Ich und Du so vielfältig und tiefgreifend zu überwinden, ist außerordentlich brisant: Denn die stabile Ausbildung dieser Grenzschicht ermöglicht es mir, mich überhaupt als ein eigenes Individuum zu empfinden, als Person mit eigenen Wünschen, Ideen und Fähigkeiten. Und mit der Öffnung der Grenzschicht gebe ich auch einen Teil meines Schutzes auf. Wohl kaum jemand kann mich so verletzen wie ein Liebespartner. All das im Liebesakt loszulassen und aufzugeben, wenn auch nur kurzzeitig, ist ein großes Wagnis und erfordert den sexuellen Trieb als starke treibende Kraft. Aber im sexuellen Höhepunkt erlebe ich die positive Kehrseite dieses Verlusts: In der Auflösung der Ich-Grenzen bin ich von mir selbst erlöst, von all der Enge und der Getriebenheit, die in der Individualität eben auch stecken. Und auch von der existenziellen Einsamkeit, die darauf beruht, dass ich der Einzige bin, der spürt, wie es ist, ich zu sein. Im sexuellen Höhepunkt bin ich nicht mehr »ich«. Für eine kurze Zeit – auch wenn darin oft ein Gefühl der Zeitlosigkeit enthalten ist. Im Höhepunkt erlebe ich die Gnade, niemand sein zu dürfen.

Es ist also nicht verwunderlich, dass Sexualität oft in Verbindung gebracht wird mit Spiritualität und, wie anfangs erwähnt, mit dem Tod. In der Spiritualität sind Erfahrungen des Einswerdens mit etwas Umfassenderem und der Auflösung der Ich-Grenzen von wesentlicher Bedeutung. Die Gotteserfahrung wird oft als eine Erfahrung des Einsseins mit dem Allumfassenden beschrieben. Und den Tod kann man als die endgültige Auflösung des Ichs und als das Eingehen in das Allumfassende sehen.

Durch das verschmelzende Erleben in der Sexualität, durch das Öffnen und Durchströmen so grundlegender Grenzschichten kann ein Geschmack des Einsseins in unser Leben einfließen.

26.
Kleidung

Jetzt werden wir wieder profaner. Kleidung spielt auch in der Sexualität eine wichtige Rolle: Wir legen sie ab, wir enthüllen uns, wir machen uns sichtbar, nackt. Damit liefern wir uns in gewisser Weise aus, denn wir verzichten auf eine Grenze.

Was ich darstelle oder von mir zeige, kann ich durch meine Kleidung kontrollieren und gestalten. »Kleider machen Leute.« Lege ich aber die Kleidung ab und zeige mich unverhüllt, habe ich viel weniger Kontrolle darüber, was beim Gegenüber ankommt. Denn einen Körper kann ich nicht kaufen oder wechseln wie eine Kleidung.

Ursprünglich diente Kleidung vielleicht vor allem der Wärmeregulation des Körpers, aber wahrscheinlich bekam sie sehr bald soziale Funktionen. Sie transportiert Botschaften im Wechselspiel von Distanz und Anziehung, sie ist Ausdruck von sozialer Zusammengehörigkeit oder sozialer Unterscheidung.

Kleidung ist eine soziale Grenzschicht, deren semipermeable Eigenschaften offensichtlich sind: Sie dient zugleich dem Verhüllen und dem Zeigen. Die ganze Modewelt ist davon inspiriert, dass Menschen durch besondere Arten des Verhüllens etwas von sich offenbaren. Da zeigen Menschen den eigenen Geschmack, ihren Stil, aber auch materiellen Reichtum oder Reize des eigenen Körpers. Oder es werden Gruppenzugehörigkeiten gezeigt, religiöse Haltungen, offizielle Rollen und Funktionen.

Die Botschaften der Kleidung sind dabei stark vom sozialen Kontext abhängig. Mit Jogginghose auf den Sportplatz: klar! Aber nicht in die Oper! Oder eine Frau ohne Kopftuch auf der Straße in Afghanistan: lebensgefährlich! Aber eine Frau mit Kopftuch als Lehrerin in Frankreich: Geht auch nicht!

Kleidung transportiert also Botschaften, die zwischen den Sphären der Individualität und des Kollektiven balancieren, zwischen »ich bin anders« und »ich gehöre dazu«, dem Ausdruck von persönlichem Stil und sozialen Normen, zwischen Ich und Wir. Wieder eine Grenzschicht.

Dabei spielen verschiedene Emotionen eine Rolle: Neben der Lust, sich darzustellen und dem Sicherheitsgefühl der Zugehörigkeit ist dabei die wichtigste Emotion die Scham.

»Und sie erkannten, dass sie nackt waren.« (1. Buch Mose 3,7) In der Bibel erfolgt die Entwicklung des Schamgefühls und die Erfindung der Kleidung (das berühmte Feigenblatt), nachdem die beiden ersten Menschen die verbotene Frucht der Erkenntnis von Gut und Böse gegessen hatten.

Scham ist ein Gefühl der sozialen Regulation: Es steuert die Grenzschichten zwischen Ich und Du genauso wie die zwischen Ich und Wir. Wenn ein Individuum die sozialen Regeln der Gruppe verletzt, schämt es sich. Oder sein Verhalten erscheint den anderen »schamlos«.

Körperlich ist die Scham vor allem mit den Genitalien verknüpft und dadurch mit der Thematik, die für die Grenzen zwischen Ich, Du und Wir die heikelste ist: mit der Sexualität. Das ist im sprachlichen Ausdruck überdeutlich: Schambein, Schamhaare, Schamlippen (Warum hat eigentlich der Penis keine Schambezeichnung, zum Beispiel »Schamzipfel«?).

Dass die Sexualität als auflösende Kraft für die Ich-Du-Grenze brisant ist, das haben wir im vorherigen Kapitel gesehen. Aber sie ist es auch für die Grenze zwischen Ich und Wir, für den kollektiven Bereich. Denn sexuelles Begehren als eine der stärksten emotionalen Triebkräfte kann in einer Gruppe zu heftigsten Verwicklungen von Neid, Eifersucht und Konkurrenz führen. Literatur und Mythen sind voll von Intrigen und Morden, Kriegen und Tragödien, die dadurch entstanden.

Und jetzt kommen wir zurück zur Kleidung:

Die Bedeckung der Genitalien ist sozusagen der kleinste gemeinsame Nenner der meisten unterschiedlichen Bekleidungsarten. Indem Kleidung die Genitalien (im Englischen die »private parts«) verhüllt, zeigt sie, dass ihr Träger sich an die schamgesteuerten sozialen Regeln hält. Die unterschwellige, weil für uns so selbstverständliche Botschaft unserer Kleidung lautet: Von mir droht keine Gefahr, ich halte mich an die Regeln, ich trete dir nicht zu nahe, ich nehme dir nicht den Mann weg oder die Frau …

Neben der schamhaften Verhüllung dient Kleidung allerdings auch dem Zeigen erotischer Reize, die durch den Kontrast zur Verhüllung umso deutlicher in Erscheinung treten. Kleidung tanzt also auf dieser Grenzschicht zwischen Verhüllen und Zeigen, zwischen schamgesteuerten sozialen Regeln und der Lust am Ungezügelten. Dass sich diese Grenze historisch auch verschieben kann, zeigte zum Beispiel das Auftreten des Minirocks in den 1960er-Jahren. Von einer skandalösen Provokation entwickelte er sich damals innerhalb weniger Jahre zu einem Ausdruck gestiegenen weiblichen Selbstbewusstseins.

Was ich verhülle, betone ich dadurch zugleich, und die Art der Verhüllung kann selbst wiederum reizvoll sein. Ich zeige mit meiner Kleidung, dass ich mich an soziale Regeln halte, aber ich zeige vielleicht auch den spielerischen Umgang mit diesen Regeln – auf meine Art.

27.

Wohnen

Neben der biologischen Grenzschicht meiner Haut und der sozialen meiner Kleidung kommt für die meisten Menschen eine dritte wesentliche Grenzschicht hinzu, die ihren Alltag prägt: die Wohnung oder das Haus.

Seitdem die Menschen der Steinzeit in Höhlen hausten, dort die Nächte verbrachten und sich vor Raubtieren schützten, ist dieses Thema ein wichtiges Element menschlicher Kultur. Nicht ohne Grund fanden sich die ersten Zeugnisse menschlichen Kunstschaffens in Höhlen, zum Beispiel als Wandmalereien oder Figuren aus Stein. Natürlich finden wir eine Art von Wohnen auch bei Tieren – in einem Bau oder einem Nest. Dabei geht es vor allem um zwei Lebensbereiche: einen geschützten Schlaf und die Aufzucht des Nachwuchses. In beiden Bereichen sind viele Lebewesen besonders verletzlich und brauchen diese räumliche Extragrenze.

Im menschlichen Bereich bedeutet ein umbauter Raum eine semipermeable Grenzschicht, die Wärme (oder Kühle) drinnen lässt, Lärm und feindliche Menschen draußen lässt, Licht, Wasser, Strom und auch die Bewohner hereinlässt, verbrauchte Luft, Abwasser und Müll herauslässt – daher Fenster und Türen, Schlösser, Leitungen und Kanalisation. Wie effektiv diese physikalische Grenzschicht arbeitet, zeigt sich beispielsweise an der Energieeffizienz der Wohnung, ob Licht und Lärmbelastung den jeweiligen Bedürfnissen entsprechen, ob der Abfluss verstopft ist oder ob ich meinen Wohnungsschlüssel verloren habe ...

Viele Menschen leben mit anderen zusammen in einer Wohnung, sei es als Paar, als Familie oder als Wohngemeinschaft. Aber auch da gibt es oft ein eigenes Zimmer, bei dem nur eine Person das Recht hat zu entscheiden, wer hineindarf. Und wo andere anklopfen, wenn sie hineinwollen. In Familien wird dieses Recht meistens auch Kindern zugestanden.

Meine Wohnung oder mein Zimmer gibt mir einen physischen Raum, den ich kontrollieren und nach meinen Bedürfnissen gestalten kann und dessen soziale Abgrenzungsfunktion ich selbst reguliere.

Auch in sozialer Hinsicht ist die Umgrenzung meiner Wohnung also semipermeabel: Ich entscheide, wer hineindarf und wer nicht. Dieses Recht der Unverletzlichkeit der Wohnung ist sogar in der Verfassung (Grundgesetz Art. 13) abgesichert und darf auch vom Staat nur in begründeten Ausnahmefällen verletzt werden. Ich kann also alle anderen aus meiner Wohnung oder meinem Zimmer ausschließen und ganz für mich allein sein oder nur mit den Menschen sein, die mir am nächsten stehen. Aber ich kann auch Gäste einladen und empfangen und damit meinen Raum mit anderen teilen. Dann öffne ich die soziale Grenzschicht meiner Wohnung. So teile ich in gewisser Hinsicht auch ein Stück meines Lebens mit den Gästen, denn meine Wohnung zeigt immer auch mein Leben und meine Persönlichkeit. Oft gibt es dabei innerhalb einer Wohnung noch verschiedene Abstufungen: Es ist ein Unterschied, ob ich Gäste in mein Wohnzimmer lasse, in mein privates Bad oder in mein Schlafzimmer. Das sind Abstufungen an Privatheit und Intimität, und es wird für mich wahrscheinlich nicht bei allen Gästen in gleicher Weise stimmig sein.

Ähnlich wie bei der Kleidung bietet die Wohnung neben der Schutzfunktion auch die Möglichkeit, mich selbst auszudrücken in meiner Individualität und mit meinen Lebensbedingungen. Was kann und will ich mir finanziell leisten? Was ist mir wichtig? Was ist mein Stil? Wie sieht es in der Wohnung aus? Gemütlich? Chaotisch? Dreckig oder sauber? Spartanisch eingerichtet? Durchgestylt und aufgeräumt? Aufwendig gestaltet oder zufällig zusammengewürfelt? Ich zeige viel von mir, wenn ich die Grenzschicht meiner Wohnung öffne und jemanden zu mir hereinlasse.

Allerdings gilt hier, noch mehr als bei der Kleidung, dass meine Ausdrucksmöglichkeiten sehr von meinen finanziellen Bedingungen abhängen. Und auch die soziale Schutzfunktion und die Abstufungen der Privatsphäre sind völlig anders, wenn ich nicht ein Einfamilienhaus bewohne, sondern mit meiner Großfamilie eine Wellblechhütte

in einem Slum oder ein Zelt in einem Flüchtlingslager. Überhaupt ist
die Privatsphäre der Wohnung mit ihren individuellen Ausdrucksmöglichkeiten erst in der Neuzeit entstanden und vor allem für materiell privilegierte Menschen erreichbar.

Mein Raum, meine Wohnung kann ein schützender Kokon für
mich sein, in dem ich loslassen, entspannen und schlafen kann. Ein
Wohlfühlraum, der meinen Bedürfnissen entspricht. Er kann ein Ort
der Verbundenheit und freudiger Begegnungen sein. In unserer in-
dividualistischen Gesellschaft ist er jedoch oft, gerade für alte Menschen, auch ein Ort der Vereinzelung und der Einsamkeit. Und in
den Jahren der Coronapandemie manchmal ein Gefängnis meiner
Quarantäne.

28.
Reflektieren

Menschen haben eine besondere Fähigkeit. Wir sollten nicht zu vorschnell davon ausgehen, dass Tiere sie nicht haben, aber bisher gibt es
klare Hinweise dafür nur bei Menschen – allerdings auch bei denen
nicht immer: die Fähigkeit, sich Fragen zu stellen über sich selbst.

Zum Beispiel die Frage: Warum schreibe ich eigentlich? Wenn ich
mich das frage, komme ich zu verschiedenen Antworten:

Es macht mir Freude, eigenen Gedanken zu folgen und sie weiterzuentwickeln, Verbindungen zu entdecken und weiterführende
Fragen zu stellen. All das dann in eine sprachliche Form zu bringen,
die mir gefällt und die ausdrückt, was mich bewegt. Und natürlich
möchte ich von anderen wahrgenommen werden, gelesen werden,
möchte ich etwas von mir zeigen.

Wenn ich tiefer in mich hineinspüre, gibt es die Lust, mich zu
verbinden mit dem, was mich übersteigt: mit der großen Schönheit
dieser Welt. Mit den vielfältigen Blickwinkeln von verschiedenen

Menschen. Und vielleicht auch mit einer Zukunft, in der ich nicht mehr da sein werde, aber dieser Text noch bleibt.

Wie beantworte ich eigentlich diese Frage nach dem Warum meines Schreibens? Indem ich mich »reflektiere«, in mich »hineinhorche«.

Reflektieren bedeutet zurückstrahlen, widerspiegeln. Wie ein Spiegel, der Licht reflektiert. Ich spiegele also mich selbst, indem ich mir über meine Empfindungen und Motive klar werde.

Wer spiegelt da was in mir? Es scheint eine beobachtende Instanz in mir zu geben, die ich nicht nur nach außen richten kann, in die äußere Welt, sondern auch nach innen, in meine innere Welt, die nur ich erlebe. So wie meine äußeren Sinne (sehen, hören, riechen, schmecken, fühlen) mir die Wahrnehmung der äußeren Welt ermöglichen, so gibt es innere Sinne: die Wahrnehmung meiner Muskeln und Sehnen, meiner inneren Organe, meiner Spannungs- oder Entspannungszustände, meiner emotionalen Prozesse und vor allem meiner Gedanken, Stimmungen und Gefühle. Diese beobachtende Instanz nimmt alle Wahrnehmungen auf, innere wie äußere, sie befindet sich gleichsam an der Grenze von Innen und Außen und blickt janusköpfig in beide Richtungen.

Manchmal entsteht dann eine Resonanz zwischen äußeren und inneren Wahrnehmungen, beides gerät in eine gemeinsame Schwingung.

Die Schönheit einer Landschaft fließt in mein Empfinden, sie weitet mir die Brust, lässt mir das Herz aufgehen. In der Begegnung mit einem anderen Menschen schwingen beide Seelen miteinander, es entstehen gemeinsame Gefühle, vielleicht ein gemeinsames Lachen. Ob beim Betrachten eines Kunstwerks oder beim Hören von Musik: Innen und Außen geraten in eine gemeinsame Schwingung.

Im Falle einer solchen Resonanz bin ich berührt: Die äußere Wahrnehmung lässt mich mein Inneres tiefer empfinden, und das Innere intensiviert die äußere Wahrnehmung.

Wenn ich einem anderen Menschen begegne, zeigt sich dieses Wechselspiel besonders deutlich. Ich erlebe mit meiner äußeren Wahrnehmung die andere Person und unser Kontakt wird umso intensiver, je feinfühliger ich sie wahrnehme. Aber wenn ich mich selbst dabei nicht mehr spüre, mit nach innen gerichteter Wahrnehmung, dann wird die Intensität wieder schwinden, denn ich bin nicht ganz bei mir, ich verliere mich im anderen. Lebendig und authentisch wird eine Begegnung, wenn die Beteiligten offen sind für die Wahrnehmung des Gegenübers und wenn sie sich selbst spüren und bei sich sind. Da es schwierig ist zwei Dinge gleichzeitig wahrzunehmen, wird dies oft eine Pendelbewegung sein: ein Pendeln zwischen »ich spüre dich« und »ich spüre mich«.

Bezüglich der äußeren Wahrnehmungen gibt es auf dieser Welt unendlich viel zu entdecken, das ich noch nicht kenne. Das liegt an der ungeheuren Vielfalt und Größe unserer physischen, biologischen und sozialen Welten. Aber wenn man meinte, die innere Welt wäre doch dagegen überschaubar und man müsste sie irgendwann komplett ausgelotet haben, täuscht man sich. Auch hier warten unendliche Entdeckungen, manchmal von neuen Nuancen und Feinheiten des Erlebens, manchmal von völlig neuen Räumen des Denkens und Fühlens.

Wenn ich neue Gedanken in mir finde, neue Gefühle wahrnehme, neue Empfindungen spüre: Wo kommt dieses Neue her? Ist es mein Lebensprozess, der sich in immer neue Formen hinein entfaltet und damit Neues kreiert? Oder entdecke ich nur immer mehr von dem, was in mir schon angelegt ist, ich aber bisher noch nicht kenne? Wie eine innere Landschaft, von der mir nur Teile bekannt sind, die ich aber immer weiter entdecke und erforsche?

Vielleicht erfassen diese beiden Sichtweisen einen Teil der Wahrheit. Denn auch das, was sich neu in mir bildet und entfaltet, will von mir entdeckt und bewusst wahrgenommen sein. Sonst verschwindet es wieder im Unerkannten. Und was in mir entsteht und sich neu bildet, ist oft eine Variation von etwas, was es schon länger in mir gibt, und oft ist es ausgelöst, inspiriert oder beeinflusst durch Erfahrungen in der äußeren Welt.

Auf meiner inneren Lebensbühne ist der Lebensprozess wie ein Bühnenbildner, der das Bühnenbild langsam, aber beständig umbaut und wandelt. Und mein Bewusstsein ist wie ein Scheinwerfer, der auf dieser dunklen Bühne mal hierhin, mal dorthin leuchtet, dieses oder jenes erscheinen lässt, mal Altbekanntes, mal völlig Neues. Manche Bereiche der Bühne werden häufig ausgeleuchtet, manche selten oder bisher noch nie. Vieles gibt es zu entdecken auf dieser großen, manchmal etwas verwinkelten und sich ständig wandelnden inneren Bühne.

So leuchtet gleichsam das Licht meiner bewussten Beobachtung in die inneren Räume und erhellt Wahrnehmungen, Gedanken, Gefühle, Träume und Erinnerungen. Viel Bekanntes ist da ausgeleuchtet, aber manches zeichnet sich ganz neu ab im Licht – vielleicht war es schon lange dort und wartete auf Entdeckung, vielleicht ist es gerade erst entstanden. Und dahinter, im Dunkel, wird es noch vieles geben, das mein Bewusstsein noch nicht beleuchtet hat. Gefühle, die noch nicht bewusst gefühlt wurden, Gedanken, die noch keine Form angenommen haben, Erinnerungen, die vergessen sind, Träume, die nie bewusst wurden.

Kreativität ereignet sich an dieser Grenzschicht zwischen dem Bekannten und dem Unbekannten. In ihr entfaltet sich ein Gespräch zwischen der Ordnung des Bekannten und dem wilden Geist des Unbekannten, der weht, wo er will.

Die innere Grenzschicht zwischen Hell und Dunkel, Tag und Nacht, Bewusst und Unbewusst, Klar-erkannt und Verschwommen, sie ist durchlässig und beweglich. Manches taucht auf, anderes verschwindet wieder, neue Formen entstehen, neue Wünsche, Impulse.

Und was wäre der Tag ohne die Nacht: Was wäre Bewusstheit ohne diesen unerkannten, noch im Dunkel liegenden Reichtum in mir? Sie wäre arm.

Denn die Unermesslichkeit der äußeren Welt, mit aller Schönheit und allem Schrecken, sie findet Resonanz mit der Unermesslichkeit in mir.

29.

Resonanz

Ich beziehe mich hier auf das umfassende und richtungweisende Werk über Resonanz, das der Soziologe Hartmut Rosa 2016 veröffentlichte. Er beschreibt Resonanz als »eine Form der Weltbeziehung, in der sich Subjekt und Welt gegenseitig berühren und zugleich transformieren.« Es ist eine »Antwortbeziehung«, in der beide Seiten »mit eigener Stimme sprechen«. In einer Resonanzbeziehung öffne ich mich der Welt, wie sie mir entgegentritt. Ich lasse mich von ihr verändern und antworte ihr, indem ich meinen eigenen Impulsen Ausdruck verleihe und dann erlebe, dass darauf wiederum die Welt antwortet. Damit beide Seiten mit eigener Stimme sprechen können, müssen sowohl ich als auch mein Gegenüber jeweils abgegrenzt genug sein, um eine eigene Stimme haben zu können, aber auch offen genug, um sich gegenseitig zu erreichen und sich verändern zu lassen.

All das kann geschehen in zwischenmenschlichen Begegnungen – bei Freundinnen, Liebespartnern, bei Lehrerinnen und Schülern, beim gemeinsamen Arbeiten, zwischen Rednern oder Künstlerinnen und ihrem Publikum. Aber beispielsweise auch in der Natur im stummen Dialog mit anderen Lebewesen, beim Spielen eines Instruments oder in einem handwerklichen Tun wie dem Schnitzen, im versunkenen Gespräch mit dem Holz.

Dem gegenüber steht die Lebenshaltung, in der ich die Welt als Ressource betrachte, die der Maximierung meines Nutzens dient. Was mir begegnet, mache ich zum Objekt meiner Interessen. Ich mache es mir verfügbar. Ich lege es fest, bringe es unter Kontrolle oder in meinen Besitz. Dieses Objekt kann auch ein anderer Mensch sein. Dadurch gewinne ich an Sicherheit und verbessere meine Position im Konkurrenzkampf von allen gegen alle. Diese Art von Weltbeziehung führt dazu, dass ich immer mehr brauche und haben will, dass sich das Leben immer weiter beschleunigt und das Bruttosozialprodukt steigt. Denn von Sicherheit und Kontrolle hat man nie genug. Die-

se Haltung mündet in einer Entfremdung von der Welt, in der ich
über beliebig vieles verfügen kann, aber existenziell allein bin in einer
stummen, kalten und sinnentleerten Welt.

Ein mythologisches Bild dieser Lebenshaltung ist die griechische
Sage von König Midas, dem ein Gott den Wunsch erfüllte, dass alles
zu Gold wurde, was er berührte. Er gewann sagenhaften Reichtum,
aber auch Speise und Trank wurden zu Gold und er drohte zu ver-
hungern. Und wenn er seine Liebsten berührte, verwandelten sie sich
in leblose goldene Statuen.

Wenn ich nur mit dem Blick der Verfügbarmachung in die Welt
schaue, wird das lebendige Wesen zum toten Objekt und ich verhun-
gere seelisch, trotz allen Reichtums.

Rilke hat das sehr berührend ausgedrückt:

Ich fürchte mich so vor der Menschen Wort.
Sie sprechen alles so deutlich aus:
Und dieses heißt Hund und jenes heißt Haus,
und hier ist Beginn und das Ende ist dort.
[…]
Ich will immer warnen und wehren: bleibt fern.
Die Dinge singen hör ich so gern.
Ihr rührt sie an: sie sind starr und stumm.
Ihr bringt mir alle die Dinge um.
(R. M. Rilke, Mir zur Feier, 1909)

Schon durch die Konzeptualisierung der Dinge kann ich sie mir verfügbar und kontrollierbar machen, und verhindere damit lebendige
Resonanz. Dann ist ein Hund eben nur ein Hund, und nicht mein
geliebter und (auf Hundeart) liebender Gefährte.

Zu Beginn meines Lebens gab es Menschen, die mich versorg-
ten und sich um mich kümmerten. Die Kontakt zu mir aufnahmen,
auf mich reagierten und mir Antwort gaben. Nur durch Resonanzerfahrungen mit ihnen konnte ich mich überhaupt zu einem eigenständigen menschlichen Subjekt mit einer reichen Innenwelt entwi-

ckeln. In Kapitel 5 konnten wir am Beispiel eines »Gesprächs« mit einem Baby erkennen, welche entscheidende Rolle Resonanz für die menschliche Entwicklung von Anfang an spielt.

Eine wesentliche Bedingung für Resonanz sind Grenzen. Die Grenzschichten zwischen mir und der Welt müssen stabil und geschlossen genug sein, damit ich ein eigenständiges Gegenüber bin und offen genug, damit die Welt und ich uns berühren und verwandeln können. Auch hier finden wir also semipermeable Grenzschichten als einen wesentlichen Faktor dieses so grundlegenden Phänomens der Resonanz.

Außerdem ist es für eine Resonanzbeziehung erforderlich, dass ich mich selbst spüren kann, meine eigenen Gefühle, mein Berührtsein. Grundlage für eine Resonanz mit der Welt ist also eine spürende Resonanz mit mir selbst, in der ich mich wahrnehme und mir selbst zugewandt bin. Umgekehrt ist die besitz- und kontrollorientierte Entfremdung von der Welt immer auch eine Entfremdung von mir selbst, von meinem spürenden Bewusstsein.

Resonanz ist nun aber kein Trick, mit dem man sich ein gutes und intensives Leben sicher verfügbar machen kann. In einer Lebenshaltung, die offen ist und fähig zu Resonanzerfahrungen, werde ich immer wieder durch kleinere und größere Phasen von Entfremdung und Abgeschnittensein gehen, in denen ich abgelehnt oder ausgegrenzt werde, in denen die Welt mir fremd und kalt ist, meine Mitmenschen mir fern erscheinen und die Einsamkeit mich ergreift. Dann spüre ich, dass in meinem Körper nur ich allein stecke, nur ich allein mein Leben lebe und eines Tages nur ich allein meinen Tod sterben werde. Spätestens ab der Pubertät mache ich Erfahrungen, bei denen mir die Welt stumm erscheint oder wo ich selbst mir fremd bin. Die Grenzschichten zwischen mir und der Welt haben ihre Durchlässigkeit verloren, sie haben sich verschlossen.

Diese Erfahrungen zuzulassen und auszuhalten, ist eine Bedingung für die Fähigkeit zur Resonanz. Erst vor dem Hintergrund dieser zeitweiligen Fremdheitserfahrungen entwickelt das Erleben von Resonanz seine Leuchtkraft. Fremdheit und Resonanz sind also keine sich ausschließenden Gegensätze, sondern sie bedingen einander. Resonanzerleben behält immer ein Element der Unverfügbarkeit. In der Offenheit für Resonanz bin ich verletzlich, in jeder Resonanzbeziehung bin ich in Kontakt mit meiner menschlichen Verwundbarkeit.

Nur wenn ich es aushalten kann, mich manchmal hilflos und allein zu fühlen, geworfen in diese unerbittliche Welt und der Fremdheit in mir selbst ausgeliefert – nur dann bin ich offen und empfindsam genug, nur dann kann Resonanz wieder neu aufleuchten, Resonanz mit mir selbst und mit der Welt, in der ich mich dann wieder liebevoll umfangen weiß.

Kann ich jedoch diese Fremdheitserfahrungen nicht ertragen, das Wechselspiel zwischen Verlorenheit und Verbundenheit, dann werde ich im Streben nach Sicherheit, Kontrolle und Besitz versuchen, mir die Welt verfügbar zu machen und die Momente von Einsamkeit und Fremdheit zu vermeiden. Das unvermittelte Aufleuchten der Resonanz ersetze ich durch festgelegte Besitzverhältnisse, die Gnade durch Anhäufung von Verfügbarem. So versuche ich eine Illusion der Unverwundbarkeit aufrechtzuerhalten. Dabei geht jedoch die Fähigkeit zur lebendigen Resonanz allmählich immer mehr verloren, übrig bleibt eine chronische, kühle Entfremdung von der Welt und von mir selbst, die sich im Streben nach Sicherheit und Besitz erschöpft – oder in der Jagd nach immer spektakuläreren Erlebnissen, die den Panzer der Entfremdung noch durchdringen können.

30.
Wir und die anderen 1

Wir Menschen sind soziale Wesen: Die wichtigsten Resonanzerfahrungen machen wir mit anderen Menschen. Wir gehen jedoch nicht mit allen Menschen gleichermaßen in Resonanz, wir fühlen uns nicht gleichermaßen in alle Menschen ein.

Resonanz fällt uns viel leichter, wenn wir mit unserem Gegenüber etwas gemeinsam haben, wenn wir beide einer wie auch immer gearteten Gruppe angehören, einem »wir«. Das kann eine Familie sein, ein Freundeskreis, eine Firma, eine Mannschaft, eine Berufsgruppe, eine politische Partei, eine Religion, eine Sprachgemeinschaft, eine Nation.

Indem wir Teil einer Gruppe sind, erfüllen wir unsere Bedürfnisse nach Zugehörigkeit, nach Nähe, Sicherheit und Schutz. Diese Bedürfnisse in uns sind uralt und stark, sie reichen zurück bis in die Frühzeit des Menschen vor Hunderttausenden von Jahren, als wir nachts um ein gemeinsam gehütetes Feuer saßen, das uns wärmte und uns vor den Raubtieren der Nacht schützte. Solche »Feuer des Wir« boten nicht nur Wärme und Schutz, dort blühten Gemeinschaftsgefühle auf, dort entstanden die ersten Geschichten und Lieder, die weitergegeben wurden, von Feuer zu Feuer, durch Zeit und Raum.

So ist das »wir« einer Gruppe für uns bis heute eine wichtige Quelle von Wohlgefühl und Spaß, von Schutz, Entspannung und Freude.

Aber wenn es ein »wir« gibt, dann gibt es meistens auch »die anderen« – die, die nicht dazugehören. Mit denen gehen wir weniger in Resonanz, denen vertrauen wir weniger. Möglicherweise dürfen die nicht an unser wärmendes Feuer. Die sind uns vielleicht egal, wir empfinden abwehrende Gefühle, oder wir hassen sie. Wir ziehen eine Grenze, wir unterscheiden: Gehörst du zu uns oder nicht? Das macht für uns einen Unterschied – wir diskriminieren. Das lateinische »discriminare« bedeutet unterscheiden.

Das Wirgefühl in unserer Gruppe kann durch die Existenz der »anderen« gestärkt werden. Gegen die anderen grenzen wir uns ab, denn »wir« sind ja ganz anders als »die«! Feindschaft gegenüber den anderen schweißt uns zusammen und lenkt uns ab von den Konflikten innerhalb der eigenen Gruppe.

Ganz allgemein haben Gruppen Grenzen, an denen sich Zugehörigkeit von Nicht-Zugehörigkeit trennt. Ohne diese Grenzschichten blieben sie diffus oder gäbe es sie nicht. Überall wo ein Wirgefühl entsteht, geht es auch um die Frage der Zugehörigkeit. Stehst du diesseits oder jenseits der Grenze unseres »Wir«? Das hat einen großen Einfluss darauf, ob ich dir vertraue oder ob ich mit dir mitfühle.

Diese menschlichen Eigenschaften von Gruppenresonanz und äußerer Abgrenzung haben in der Geschichte einerseits zu großartigen kollektiven Leistungen, zu starken Solidaritätsgefühlen und gegenseitiger Unterstützung geführt – innerhalb der jeweiligen Gruppen und manchmal auch über Grenzen von Gruppen hinaus, wenn diese Grenzen durchlässig waren. Andererseits führten diese Eigenschaften zu den fürchterlichsten Kriegen, Fehden und Gräueltaten – zwischen feindlichen Gruppen oder gegenüber Menschen, die aus einer Gruppe ausgeschlossen wurden. Bis heute werden Menschen benachteiligt, schikaniert, gequält oder umgebracht, weil sie zu »den anderen« gehören – weil sie eine andere Religion, Hautfarbe, Herkunft oder sexuelle Orientierung haben. Das »Feuer des Wir« – es kann nicht nur wärmen, es kann auch zerstören und töten.

Auf der physiologischen Ebene spielt hierbei ein Hormon eine wichtige Rolle, das wir schon in Kapitel 15 kennengelernt haben: Oxytocin. Es verstärkt die Gefühle von Vertrauen, Nähe und Bindung zu Menschen, die wir kennen. Damit stärkt es das Zusammengehörigkeitsgefühl in Gruppen. Aber wie wir gesehen haben, verstärkt Oxytocin auch Abgrenzung und Misstrauen gegenüber fremden Personen, die nicht zu unserer Gruppe gehören, sondern zu »den anderen«. Insofern ist Oxytocin ein »Grenzhormon«. Es verstärkt und betont die Unterschiede der Gefühle, die wir für Menschen innerhalb oder außerhalb eines »Wir« jeweils empfinden.

Diese Neigung zum Einschließen der eigenen Gruppenmitglieder und zum Ausschließen von Fremden ist eine tief in unserer Biologie verankerte Tendenz. Wir finden sie auch bei anderen sozialen Tieren. Ein Wolfsrudel zum Beispiel hat ein Revier, in dem sich die Mitglieder des Rudels frei bewegen können. Sie unterstützen sich gegenseitig, jagen zusammen, fressen zusammen, klären ihre Rangordnung, meistens gewaltfrei oder durch ritualisierte Kämpfe. Wenn aber Wölfe eines fremden Rudels eindringen, werden sie vertrieben oder bekämpft – manchmal bis zum Tod. Ähnliche Verhaltensweisen

gibt es bei den meisten Tieren, die in sozialen Verbänden leben, bei
Säugetieren, Vögeln, Fischen und sogar bei Insekten. Menschen haben allerdings aufgrund ihres differenzierten sozialen
Lebens ein komplexes und vielfältiges Wechselspiel zwischen sozialer
Abgrenzung und grenzüberschreitender Kooperation. Ich bin nicht
nur Teil einer Familie, sondern auch einer Nachbarschaft, einer Berufsgruppe, vielleicht auch eines Vereins oder einer Partei, oder ich
teile bestimmte Hobbys und Vorlieben. Unterschiede in dem einen
Bereich können manchmal (aber nicht immer) durch Gemeinsamkei-
ten in anderen Bereichen ausgeglichen werden. Daher können Musik
oder Sport »völkerverbindend« sein, oder eine »Pizza-Connection«
kann Parteigräben überwinden. Bei Wölfen gibt's meistens nur eines:
Bist du Teil des Rudels oder nicht?

Alle möglichen gesellschaftlichen Gruppen werden also reguliert
von sozialen Grenzschichten. An ihnen entlang treffen wir die Entscheidungen zwischen Zugehörigkeit und Nicht-Zugehörigkeit. Diese Grenzschichten verhalten sich im Sozialen ähnlich wie eine Zellmembran in der Biologie: Das Eigene (bei der Zelle das Zytoplasma)
wird von der Membran eingeschlossen, das Äußere (das umgebende
Gewebe oder die Flüssigkeit, in der die Zelle schwimmt) wird ausgeschlossen. Aber wie wir wissen, ist die Zellmembran keine undurchlässige Barriere, sondern eine semipermeable Grenzschicht. Sie schließt
manches aus, lässt manches durch oder pumpt manches aktiv hinein
oder heraus, und zwar nicht zufällig, sondern selektiv. Sie wählt aus,
durch aktive und zielgerichtete Prozesse. Diese orientieren sich an
Zielen, die durch die biologische Evolution in der Zellmembran verankert wurden. Bei diesen Zielen, nach denen Zellmembranen ihre
Durchlässigkeit regulieren, geht es um Konzentrationsunterschiede,
um Aufnahme und Abgabe von Stoffen, um Signale, um Stoffwechsel – aber letztlich immer um die Förderung von Lebendigkeit.

Die Zellmembran fördert das Leben der Zelle, aber auch das Leben
des mehrzelligen Lebewesens, von dem die Zelle ein Teil ist. Letztlich
fördern die Prozesse an den Zellmembranen sogar meistens auch die
Lebendigkeit und Stabilität ganzer Ökosysteme. Auf allen mikrosko-

pischen und makroskopischen Ebenen, bis hin zum planetaren Maß-
stab, dienen die Prozesse an biologischen Zellmembranen dem Leben.
Durch ihre selektive Durchlässigkeit sind sie eingewoben in ein großes
Netzwerk des Lebens, das sich selbst erhält und entwickelt.

Angesichts der beeindruckenden lebensfördernden Funktionali-
tät biologischer Grenzschichten könnten wir uns jetzt fragen, wie es
kommt, dass dagegen die sozialen Grenzschichten zwischen menschlichen Gruppen oft so zerstörerische Auswirkungen haben? Warum
sind die sozialen Grenzprozesse zwischen »uns« und »denen« oft so
dysfunktional, warum richten sie so viel unnötiges, brutales und le-
bensfeindliches Elend an?

Wie wir in Kapitel 10 über Natur und Kultur gesehen haben, unterliegt das soziale Leben der Menschen nicht mehr der biologischen
Evolution, sondern vor allem einer kulturellen Evolution. Es hat sich
nicht über Millionen von Jahren evolutionär durch Genveränderun-
gen ausgebildet, sondern innerhalb von einigen Tausend Jahren durch
kulturelle Weitergabe. Wir alle sind von dieser kulturellen Evolution
geprägt, die um ein Vielfaches schneller fortschreitet als die biologische Evolution und deren Tempo sich in den letzten Jahrhunderten
und Jahrzehnten weiter beschleunigt hat.

Vielleicht hat es die kulturelle Evolution aufgrund ihres hohen
Tempos und des relativ kurzen Zeitraums ihrer Wirksamkeit bisher
nur unzureichend vermocht, bei sozialen Grenzschichten lebens-
fördernde Grenzprozesse herauszubilden. Die potenzielle Zerstörungskraft menschlicher Gruppenkonflikte hat sich durch moderne
Waffensysteme (bis hin zu Nuklearwaffen) extrem gesteigert. Soziale
Abgrenzungsprozesse können destruktiv eskalieren und Ausmaße eines Krieges annehmen, sie können enorme Zerstörungen anrichten,
Tausende oder Millionen von Menschen töten und sogar die Existenz
der Menschheit insgesamt gefährden. Daher ist es dringend erforderlich, dass Menschen lernen, ihre sozialen Grenzprozesse konstruktiv
und lebensförderlich zu regulieren. Hier brauchen wir eine intensive
kulturelle Evolution des Grenz- und Konfliktmanagements, die mit
der Entwicklung unserer Zerstörungsfähigkeiten Schritt hält.

Was kann uns dabei helfen, die Grenzschichten zwischen sozialen Gruppen lebensförderlicher zu gestalten?

31.

Wir und die anderen 2

Wie wir gesehen haben, reicht die Neigung zum Ein- und Ausschließen tief in die biologischen und kulturellen Grundstrukturen unserer sozialen Gefühle hinein. Aber wir sind ihr nicht hilflos ausgeliefert. Wir haben Spielräume der Gestaltung.

Verschiedene Gruppen in der Gesellschaft unterscheiden sich stark darin, wie durchlässig ihre Grenzen sind und wie sehr sie Außenstehende ausschließen oder bekämpfen. Manche Gruppen definieren sich überwiegend durch gemeinschaftliche Projekte, geteilte Ziele oder gemeinsame Werte und weniger oder kaum durch das Ausschließen anderer. Wer diese Werte oder Ziele teilt, kann mitmachen und gehört dazu. Egal, welche Eigenschaften er oder sie sonst noch hat, welche Hautfarbe er hat oder wen sie liebt. Und wenn eine Person die Werte und Ziele der Gruppe nicht oder nicht mehr teilt, dann darf sie friedlich ihres Weges gehen und sich anderen Gruppen anschließen.

Demgegenüber werden manche Gruppen überwiegend zusammengehalten durch Feindbilder und den Kampf gegen andere. Sie brauchen Feindseligkeiten nach außen, um eigene Stärke zu erleben und stabil zu bleiben. Sie definieren sich vor allem durch ihre Abgrenzungen und dadurch, »besonders« zu sein im Vergleich zu anderen. Wenn ein Mitglied eine solche Gruppe verlässt, so ist das »Verrat«, es führt zu aggressiver Verfolgung und Bestrafung.

Diejenigen Gruppen, bei denen die Gruppendynamik vor allem vom Kampf gegen andere dominiert wird (bis zur Vernichtung anderer), werden einander fatalerweise immer ähnlicher. Das hängt damit zusammen, dass ein Kampf gegen andere von dem Affekt der Wut be-

herrscht wird. Und Wut neigt dazu, das Seelenleben zu dominieren –
sie ist ein großer »Gleichmacher«. Fatal ist das deshalb, weil dadurch
auch ein Kampf für eine »gute Sache«, also ein lebensförderliches Ziel,
dazu führen kann, dass man gerade den Gegenspielern, die man ab-
lehnt und bekämpft, immer ähnlicher wird.

So benutzen antifaschistische Gruppen in ihrem berechtigten
Kampf gegen rechtsradikale und faschistische Kreise zum Teil selbst
faschistische Methoden – sie werden ihren Feinden ähnlich. Oder:
Radikale Tierschützer bekämpfen die institutionalisierte menschliche
Gewalt gegen Tiere und werden selbst gewalttätig.

Dieses Thema und seine Tragik hat Bertolt Brecht in seinem Gedicht »An die Nachgeborenen« zum Ausdruck gebracht:

Dabei wissen wir doch:
Auch der Hass gegen die Niedrigkeit
Verzerrt die Züge.
Auch der Zorn über das Unrecht
Macht die Stimme heiser. Ach, wir
Die wir den Boden bereiten wollten für Freundlichkeit
Konnten selber nicht freundlich sein.

Geschrieben 1939 im dänischen Exil, nach den vergeblichen Kämpfen
der europäischen Linken gegen die Nationalsozialisten.

*

Die Durchlässigkeit der Grenzschichten, die Gruppen umgrenzen,
kann also sehr unterschiedlich sein. Wird der neue Partner eines Fa-
milienmitglieds willkommen geheißen? Gehört er irgendwann zum
»wir« der Familie? Und wie ist es, wenn er einer anderen sozialen
Schicht angehört oder eine andere Hautfarbe hat? Andere politische
Überzeugungen? Gehört er trotzdem dazu? Das über 400 Jahre alte
Drama »Romeo und Julia« von William Shakespeare zeigt, zu welcher
Verwirrung und Tragik es kommen kann, wenn sich zwei Menschen

aus verfeindeten Gruppen lieben und an verhärteten Grenzschichten zwischen den Gruppen scheitern – ein zeitloses Thema.

Sind der Geflüchtete und die Migrantin in ihrer neuen Gemeinde willkommen und sind sie selbst bereit, Verbindungen mit den »Einheimischen« einzugehen, oder bleiben sie Fremde, die höchstens geduldet werden?

Kann ich als Fan eines Fußballvereins nach einem für »uns« verlorenen Spiel mit den Fans des anderen Vereins gemeinsam friedlich im Zug nach Hause fahren, oder muss ich mich mit »denen« prügeln?

Wenn mein Nachbar ganz andere politische Ansichten hat als ich, wenn er vielleicht die AfD wählt, kann ich ihn trotzdem als Mensch schätzen und eine gute Nachbarschaft pflegen?

Wird es der Europäischen Union gelingen, gemeinsame Regelungen für Einwanderung und für die Gewährung von Asyl zu finden, bei der ihre Grenzen selektiv durchlässig bleiben? Und selektiv nach welchen Kriterien? Oder wird sie in die Verhärtung einer »Festung Europa« abgleiten?

Gelingt es den Nationen der Welt, in einer gemeinsamen Kraftanstrengung die Klimakatastrophe zu bekämpfen und den Umbau zu einer CO_2-neutralen Wirtschaft zu beschleunigen, dabei nationale Einzelinteressen zurückzustellen, aber auch die historisch unterschiedliche Verantwortung für die CO_2-Belastung der Atmosphäre anzuerkennen?

Durchlässige Grenzschichten bedeuten nicht Harmonie und Konfliktvermeidung. Bei allen sozialen Grenzprozessen ist es notwendig, Konflikte auszutragen. Auch kann eine gewisse Konkurrenz belebend sein und Entwicklungen beflügeln. Wie zum Beispiel beim Sport. Die Grenzen sind klar: Entweder wir gewinnen oder sie, ich oder du. Dabei hält jedoch Fairness die Grenzen durchlässig. Erringe ich einen unfairen Sieg über dich, schadet das nicht nur dir, sondern letztlich auch mir.

Sind die Grenzen durchlässig, bleibt auch bei Konflikten eine gegenseitige Resonanz bestehen. Neben dem, was uns trennt, spüren wir noch das Verbindende. Das scheint der wesentliche Punkt für die lebensförderliche Gestaltung von sozialen Grenzprozessen zu sein: *die Koexistenz von Trennendem und Verbindendem.*

Das bedeutet zweierlei. Erstens darf *innerhalb* der Gruppe – bei allem, was uns verbindet – auch das Trennende da sein, auch die Konflikte können ausgetragen werden, ohne dass es die Gruppe sprengt. Innerhalb der Gruppe gibt es also auch Grenzschichten, die jedoch durchlässig sind und so den Zusammenhalt der Gruppe nicht gefährden. Zweitens bleibt an den *Außen*grenzen der Gruppe – bei allem, was uns trennt – stets auch Verbindendes und Gemeinsames wahrnehmbar. Es gibt Austausch, Kommunikation und, wo immer möglich, den Ausgleich von Interessen.

Bei Feindschaft und destruktiver Konkurrenz sind die Grenzschichten einer Gruppe *nach außen* verhärtet und weitgehend undurchlässig. »Sieg oder Tod!« »Wer nicht für uns ist, ist gegen uns!« Nichts Verbindendes wird mehr wahrgenommen, Kommunikation wird erschwert oder unmöglich. *Innerhalb* der jeweiligen Gruppe dagegen werden Konflikte oft negiert und Grenzschichten sind aufgelöst. Die Gruppenmitglieder sind »gleichgeschaltet«.

In der Zeit des Kalten Krieges und der Konfrontation zwischen NATO und Warschauer Pakt fanden die verhärteten Grenzschichten bis 1989 einen materiellen Ausdruck in der innerdeutschen Grenze mit ihren »Todesstreifen« und ihrem festungsartigen Ausbau. Überhaupt waren Burgen und Festungen schon immer Materie gewordene soziale Grenzverhärtungen. Und am häufigsten wurden Burgen durch Belagerung und durch Aushungern erobert, denn eine nach allen Seiten völlig undurchlässige Grenzschicht ist lebensfeindlich und auf Dauer nicht durchzuhalten. Selbst die Stacheldrahtverhaue und Selbstschussanlagen der innerdeutschen Grenze konnten ihren Zweck nicht dauerhaft erfüllen. »Republikflüchtlinge« kamen von Ost nach West (und viele starben bei dem Versuch). Aber vielleicht auf lange Sicht noch wichtiger: Das »Westfernsehen« und andere Medien kamen von West nach Ost und zeigten die westlichen Freiheiten und Konsummöglichkeiten. Kein Stacheldraht konnte das aufhalten.

Sind dagegen die Grenzen zwischen Gruppen durchlässig und flexibel, ist Kooperation möglich und freundlicher Wettbewerb.

Ideen und Meinungen können ausgetauscht werden, aber es ist für einzelne Personen auch möglich, Gruppen zu wechseln, ohne eine Bestrafung als Verräter fürchten zu müssen. Auf staatlicher Ebene ist das vielleicht bedeutendste Beispiel für durchlässige Grenzen die Europäische Union. Sie entstand, nachdem in der ersten Hälfte des 20. Jahrhundert verhärtete und feindselige Grenzschichten zwischen den europäischen Völkern zu den verheerendsten Katastrophen geführt hatten. Heute ist die Kooperation zwischen den Staaten der EU so weit gediehen, dass es zum Beispiel möglich ist, ohne Grenzkontrollen von Lissabon bis Warschau zu reisen oder von Neapel bis Helsinki. Für die junge Generation ist das selbstverständlich geworden. Aber wer hätte das vor 75 Jahren, am Ende des Zweiten Weltkriegs gedacht!

Und doch sind die Grenzen innerhalb der Europäischen Union nicht vollständig verschwunden. Die Staaten der EU sind nicht zu einem einzigen Superstaat verschmolzen. Sie bilden weiterhin nationale Einheiten des Regierens und Verwaltens mit einer hohen Autonomie, durch die auf die Eigenheiten der jeweiligen Nation und Kultur eingegangen werden kann. Zwischen den in der EU verbundenen Staaten und ihren Regierungen gibt es zwar immer wieder Konflikte, die jedoch meistens ausgetragen werden können, ohne die Verbundenheit und Kooperation dieser Staaten in Frage zu stellen.

Abgegrenzte Untereinheiten, die sich unterscheiden und einen autonomen Spielraum besitzen, aber kooperieren und gemeinsam eine größere Einheit bilden: Diese Struktur findet man auch in der Biologie. In jedem komplexeren mehrzelligen Lebewesen schließen sich abgegrenzte Zellen zu Zellverbänden zusammen, Zellverbände zu abgegrenzten Organen, Organe zu Lebewesen, abgegrenzte Lebewesen zu Ökosystemen, bis hin zur Biosphäre.

Und auch die komplexesten Organe, die wir kennen, sind in »small worlds« strukturiert, wie wir in Kapitel 18 gesehen haben: Im Gehirn gibt es intern eng vernetzte kleine Netzwerke, die voneinander abgegrenzt sind, aber miteinander kooperieren und sich zu größeren Einheiten verbinden.

Diese Art der Strukturierung scheint ein allgemeines Prinzip wi-
derzuspiegeln. Es ermöglicht, dass komplexe Systeme sich regulieren
und sich »an der Grenze zwischen Ordnung und Chaos« bewegen,
wo die größte Lebendigkeit möglich ist.

Komplexe Systeme können sich also anscheinend am besten, das
heißt am lebensförderlichsten organisieren in voneinander abgegrenzten, aber miteinander kooperierenden Untereinheiten. Und das wesentlichste Strukturelement dabei ist die semipermeable, die selektiv
durchlässige Grenzschicht.

Das gilt erstaunlicherweise genauso für biologische wie für soziale
Systeme.

Aber ist das wirklich erstaunlich? Biologische und gesellschaftliche Systeme bilden ein Kontinuum. Wir Menschen sind soziale Tiere
mit einigen besonderen Eigenschaften. Wir sind entstanden innerhalb des biologischen Netzwerks des Planeten und wir sind weiterhin ein Teil dieses Netzwerks, und zwar viel mehr, als wir gemeinhin
glauben.

32.

Wir und die anderen 3

Konflikte zwischen »uns« und »den anderen« können wir auch dadurch entschärfen, dass wir und die anderen sich gemeinsam einer
übergeordneten Gruppe zugehörig fühlen. Fans des FC Bayern und
Fans von Borussia Dortmund sind sich spinnefeind, aber bei der Fuß-
ballweltmeisterschaft fiebern viele dennoch einträchtig für die deutsche Nationalmannschaft und bilden ein übergeordnetes »Wir«.

Das kann so weit gehen, dass ich für einen Menschen, mit dem
ich ansonsten nichts gemeinsam habe und von dem mich sehr viel
trennt, doch eine grundlegende Verbundenheit verspüre, und zwar
durch unser gemeinsames Menschsein. »Ich bin ein Mensch. Nichts

Menschliches ist mir fremd.« Das schrieb der römische Dichter Terenz vor über 2100 Jahren.

Heute sind die allgemeinen Menschenrechte ein Ausdruck unserer grund-legenden Verbundenheit als Menschen. Sie entwickelten sich seit der europäischen Renaissance aus dem antiken Ideal des Humanismus und gewannen einen ersten klaren Ausdruck 1776 in der amerikanischen Unabhängigkeitserklärung:

> »We hold these truths to be self-evident, that all men are created equal, that they are endowed by their Creator with certain unalienable Rights, that among these there are Life, Liberty and the pursuit of Happiness.«

Das ist ein grandioses Beispiel für die Ausbildung eines übergeordneten »wir«, das die ganze Menschheit umfassen könnte. Wenn mit »all men« wirklich »alle Menschen« gemeint wären – nicht nur weiße, vermögende Männer, sondern Menschen jeglicher Hautfarbe, jeden Geschlechts, jeder sexuellen Orientierung, jedes Besitzstands. Bis dahin ist es noch ein weiter Weg, aber die Menschheit ist insgesamt auf dem Weg dahin. Damals, 1776, waren die Sklaven nicht gemeint – teilweise wurde ihnen kurzerhand das Menschsein abgesprochen.

Auch wenn die allgemeinen Menschenrechte in unseren Gesellschaften bis heute nur unvollständig erfüllt werden, sind sie doch seit ihrer Verkündung ein Maßstab, an dem sich menschliches Zusammenleben immer wieder messen lassen muss (siehe Kapitel 23).

Was für ein Fortschritt ist doch dieser Ausdruck unserer Verbundenheit als Menschen! Ein neues großes »wir«, das (potentiell) »uns alle« umfasst: wir Menschen.

Die enormen Herausforderungen, vor denen wir als Menschheit heute stehen – die Klimakrise und die ökologischen Krisen, aber auch die Gefahr der Vernichtung durch einen Atomkrieg –, all dies könnte das »Wir-Gefühl« der Menschheit noch weiter stärken. Die planetaren Gefahren könnten zu vertiefter weltweiter Kooperation führen und zu Institutionen, die das einheitliche Handeln der Menschheit fördern. Zum Beispiel durch einen UN-Sicherheitsrat, der nicht durch das Veto eines einzelnen Mitglieds blockiert werden kann.

Und auf längere Sicht könnte ein immer weiter vertieftes Wir-Gefühl aller Menschen dazu führen, dass destruktive Gruppenkonflikte innerhalb der Menschheit abnehmen. Das ist vielleicht eine sehr hoffnungsvolle Sichtweise, aber es erscheint zumindest nicht ausgeschlossen, dass es so kommen könnte. Und der Ausgangspunkt all dessen ist das »Wir« der Allgemeinen Menschenrechte!

Aber auch diese Hoffnung stiftende Entwicklung hat eine Schattenseite. Und zwar eine sehr gravierende. Sie führt uns hinein in die Dramatik unserer heutigen Situation, des 21. Jahrhunderts.

Ist es ein Zufall, dass in den letzten 250 Jahren, in denen sich diese humanistischen Ideale entfalteten und verbreiteten, gleichzeitig die größte Vernichtung nichtmenschlichen Lebens stattfand, die größte Vernichtung auf der Erde seit vielen Millionen Jahren?

Nein, das ist kein Zufall. Durch das neue große »Wir«, durch dieses »wir Menschen« ist auch ein neues »die anderen« entstanden: die anderen Lebewesen auf diesem Planeten. Das nichtmenschliche Leben wurde zur Verfügungsmasse, zu einer Ansammlung von Objekten, denen weder Würde noch Wert zukommen, außer durch ihre Nutzbarkeit. Das ist die Schattenseite des Humanismus, dieses großartigen Ideals, das jedem Menschen einen unveräußerlichen Wert zuschreibt, aber das übrige, nichtmenschliche Leben außen vor lässt.

Ein wesentlicher Faktor hierfür war in diesen 250 Jahren die intensive Fortentwicklung der Naturwissenschaft. Sie ist getragen von dem humanistischen Ideal, dass bestehende wissenschaftliche Theorien von jedem Menschen, egal welchen Standes, welchen Geschlechts, welcher Hautfarbe durch Experimente überprüft, bestätigt oder widerlegt werden können. Auch wenn die Realität wissenschaftlichen Forschens in mancher Hinsicht von diesem Ideal noch weit entfernt ist, zum Beispiel bezüglich der Benachteiligung von Frauen in der Forschung, ist dennoch eine weltweite »scientific community« entstanden – ein großes »Wir«, das wissenschaftliche Erkenntnisse und technischen Fortschritt sehr effektiv vorantreibt.

Aber eben diese Naturwissenschaft hat durch ihre analytische, zergliedernde Methode den Blickwinkel gefördert, der andere Lebewesen als Objekte, als seelenlose Dinge betrachtet und die Natur als etwas, das entweder dem Menschen dienlich ist oder beseitigt werden kann. Naturwissenschaft beschäftigt sich mit kausalen Zusammenhängen, aber nicht mit Werten. Und sie hat uns die technischen Mittel an die Hand gegeben, die Beseitigung oder Nutzbarmachung der Natur in einem unglaublich zerstörerischen Ausmaß umzusetzen.

Wir und die anderen – das sind also auch wir Menschen und die anderen Lebewesen auf diesem Planeten. Wollen wir ihn mit den anderen teilen? Oder glauben wir, er gehöre uns allein?

Die massive Zerstörung der »anderen« beginnt auf uns zurückzufallen. Es wird immer deutlicher, dass wir nicht überleben können ohne eine einigermaßen intakte Biosphäre. Der Anthropologe und Philosoph Gregory Bateson schrieb schon 1972 den prophetischen Satz: »Das Lebewesen, das im Kampf gegen seine Umwelt siegt, zerstört sich selbst.«

Dadurch, dass wir in gigantischem Ausmaß natürliche Ökosysteme zerstören, Tier- und Pflanzenarten zum Aussterben bringen, das Land, die Meere und die Atmosphäre als Müllhalde missbrauchen, ist mittlerweile unser physisches Überleben als Menschheit gefährdet.

Und was eigentlich schon länger spürbar ist: Ohne intakte Naturräume, ohne die »anderen«, die anderen Wesen auf dieser Erde, können wir auch seelisch nicht überleben.

Wir brauchen dieses Eingebundensein, diese Verwurzelung, dieses Spüren unserer Verwandtschaft mit allem Leben. Denn nicht nur »alle Menschen werden Brüder«! Wir sind mit allem Leben geschwisterlich verbunden. Wir teilen dieselbe Entwicklungsgeschichte, denselben genetischen Code, dieselbe Biochemie und dasselbe ökologische Netzwerk. Wir teilen dieselbe Verletzlichkeit und dieselbe Sterblichkeit. Und wir teilen eine menschliche Geschichte von Hunderttausenden von Jahren, in denen wir als Jägerinnen und Sammler in Wechselwirkung und tiefer Verbundenheit mit Tieren und Pflanzen lebten, Tag für Tag und Jahr für Jahr. Demgegenüber erstreckt sich die Geschichte der Trennung zwischen »Mensch« und »Natur« nur über ein paar Jahrhunderte. Die Verbundenheit mit den anderen Lebewesen muss also in unseren Genen liegen, und auch in den Tiefen unserer kollektiven Psyche.

Wenn wir nur uns Menschen als Geschwister ansehen, schneiden wir uns von der Verbindung mit unseren anderen Brüdern und Schwestern ab – mit gravierenden Folgen für unsere Seele.

Denn indem wir unsere tierischen und pflanzlichen Geschwister erleben, können wir bei ihnen unmittelbar spüren, was auch in den Tiefen unserer eigenen Seele wirkt: die Grundgefühle von Lust und Angst, Freude und Schmerz, die Prinzipien von Wachstum und Entfaltung, Blüte und Frucht, sich zu nähren, verletzt zu werden, weiter zu wachsen, andere zu nähren, Teil eines Kreislaufes zu sein. Warum wohl geben Kuscheltiere den meisten Kindern so viel Geborgenheit, helfen beim Einschlafen und spielen oft eine wichtigere Rolle als menschliche Puppen? Und warum ist für viele Menschen die Beziehung zu einem Haustier ein wichtiger Teil ihres Gefühlslebens?

Bei allem kognitiven Überbau unseres Geistes: Unser Gefühlsleben ist geprägt von den gleichen Prinzipien, denen wir auch bei Tieren, Pflanzen und in der Natur begegnen. Im Erleben der nichtmenschlichen Natur kommen wir in uns selbst nach Hause. Und vielleicht das Wichtigste: Alle diese nichtmenschlichen Wesen sind eins mit sich. Sie verstellen sich nicht und zweifeln nicht an sich. Sie sind einfach sie selbst. In unseren Mit-Wesen (im Gegensatz zu den meisten Mitmenschen) begegnet uns ein gelebtes Ja zu sich selbst. Das kann uns dabei helfen, dass auch wir Ja zu uns selbst zu sagen. Und dass wir damit etwas für uns so Schwieriges vollziehen: einfach da zu sein.

Präsent sein und wach in dem, was wir tun, offen für unsere Gefühle, ohne uns in Bewertungen und Konzepten, in Gedanken an Vergangenes oder Zukünftiges zu verlieren. All das können wir von unseren Mit-Wesen, den Pflanzen und Tieren, lernen. Und in der spürenden Verbundenheit mit ihnen erleben wir das Wunder, das auch tief in uns selbst wirkt, das wir aber oft aus dem Blick verlieren: das Wunder, lebendig zu sein.

Wir sind als Menschen ein Ergebnis der Evolution, ein Ergebnis der ökologisch verflochtenen Prozesse von vier Milliarden Jahren, die alle Lebewesen der gesamten irdischen Biosphäre umfassen. Wenn wir uns von unseren irdischen Mit-Wesen abschneiden, verlieren wir die Wurzeln unseres Seins.

Wie aber können wir diese Verbundenheit mit unseren nicht-menschlichen Geschwistern pflegen, wenn wir gleichzeitig bei der Massentierhaltung viele Millionen der empfindsamsten Wesen unter qualvollen Bedingungen einsperren, verletzen und schließlich töten? Säugetiere und Vögel sind unsere nahen Verwandten und haben ein differenziertes Gefühls- und Sozialleben. Sie werden jedoch von uns behandelt wie seelenlose Gegenstände. Tiere müssen auf viel zu engem Raum ohne Bewegungsmöglichkeiten und ohne Tageslicht ihr Leben fristen, Küken werden lebendig geschreddert, Schweine-schwänze ohne Betäubung abgeschnitten, Kälber direkt nach der Ge-burt von den Müttern getrennt. Dieses unvorstellbare Leid, das wir bei unseren Geschwistern anrichten, sperren wir weg in abgelegene Ställe und Schlachthöfe, damit es uns aus dem Blick ist und wir es verdrängen können. Damit wir unser Steak genießen und danach auf dem Sofa unseren geliebten Hund streicheln können, für den uns keine Tierarztrechnung zu hoch ist. Dabei sind Kühe und Schweine ähnlich empfindsame Wesen wie Hunde und Katzen.

Aber jede Verdrängung hat einen Preis. Sowohl bei der Mas-sentierhaltung als auch bei der Umweltzerstörung zeigt sich, wie wir uns abschotten an der Grenzschicht zwischen uns und unseren nichtmenschlichen Mit-Wesen. Wir versuchen, diese Grenze hart und undurchlässig werden zu lassen. Dann gehen uns das Leid und die Zerstörung unserer Mit-Welt nichts an. Aber der Preis dafür in unserer Seele besteht darin, dass wir uns auch von unserer Emp-findsamkeit und unserem natürlichen Mitgefühl abschotten – auch dort wird etwas undurchlässiger in uns. Denn unsere Seele weiß intuitiv um unsere Verwandtschaft mit allem Lebendigen. Es ist schwer abzuschätzen, wieviel der Hartherzigkeit und Destruktivi-tät in unserer Gesellschaft damit zusammenhängen, dass wir Menschen mit unseren irdischen Geschwister-Wesen so zerstörerisch umgehen.

Auch diese Grenzschicht, jene zwischen uns Menschen und den anderen Lebewesen, sie ist letztlich eben doch durchlässig. Wir sind voneinander abhängig – ob wir es wollen oder nicht.

So könnte ein neues Wir entstehen: das Wir des planetaren Lebens. Uns in dieses umfassende Wir der irdischen Lebewesen einzufügen, könnte uns als Menschheit dabei helfen, unsere kulturelle Evolution so zu gestalten, dass wir überleben können.

33.
Die Zaunreiterin

Ich glaube, dass viele Menschen sich in der Natur besonders wohlfühlen, eine Sehnsucht nach Naturerleben haben und intensive Erfahrungen von Verbundenheit mit der Natur kennen.

Da ist es umso erschreckender, mit welcher Rücksichtslosigkeit, ja geradezu Feindseligkeit wir Menschen gegen die anderen Lebewesen auf der Erde vorgegangen sind und noch weiter vorgehen.

Vielleicht ist es gut, sich die Wurzeln dieser Feindseligkeit zu verdeutlichen. Dazu müssen wir etwas ausholen:

In diesen Jahren der Wetterextreme, des Insektensterbens, der Hitze, Waldbrände, Stürme, Überschwemmungen und einer Pandemie durch ein Virus, das von Tieren auf den Menschen übersprang – in diesen Jahren wird etwas deutlich, das wir in unserer modernen technisierten Welt fast schon vergessen hatten: welche Macht die Natur über unser Leben haben kann.

Aber jahrtausendelang, bis in die Neuzeit hinein, war es im Leben der Menschen eine grundlegende und wiederkehrende Erfahrung, dass sie den Mächten der Natur ausgeliefert waren: der Wildnis, in der die wenigen Dörfer und Gehöfte wie Inseln lagen, und den

Kräften von Wasser, Wind und Wetter. Seitdem die Menschen sesshaft wurden, Felder und Gärten bestellten und Vieh hielten, gab es umfriedete, von Menschen kultivierte und kontrollierte Bereiche, die den menschlichen Regeln und Interessen gehorchten und in denen die Menschen der jeweiligen Obrigkeit unterstanden. Jenseits davon gab es die Wildnis. Sie war das Reich der wilden Tiere, der Räuber, der Ausgestoßenen und Gesetzlosen, und – im Glauben weiter Kreise der damaligen Bevölkerung – das Reich der Geister und Dämonen, der Elfen, Feen und Hexen. Krankheiten bei Mensch und Vieh, Missernten, Dürren oder Unwetter wurden den Kräften dieser Geister oder Hexen zugeschrieben, die in der Wildnis verortet waren.

Daher war die Grenze zwischen Wildnis und Zivilisation wichtig: Konkret war es in ländlichen Gebieten oft eine Hecke, die das kultivierte Gebiet umgab: der Hag. Er sollte das Eindringen von wilden Tieren, Räubern und Geistern aller Art verhindern, aber auch dafür sorgen, dass niemand allzu leicht aus dem zivilisierten Bereich in die Wildnis gelangen und dort vielleicht verloren gehen konnte. Offiziell wurde nur aus wichtigen Gründen die Grenze überschritten: um Beeren, Pilze oder Feuerholz zu sammeln oder um als Hirtin die Schafe, Ziegen oder Schweine weiden zu lassen.

Der Ethnologe Hans Peter Duerr beschrieb 1984 in seinem Buch »Traumzeit. Über die Grenze zwischen Wildnis und Zivilisation«, wie die Wildnis im Mittelalter der Ort der Regellosigkeit und des Unkontrollierten, des Rausches und der zügellosen Ekstase war, angstbesetzt und ersehnt zugleich. Hier herrschten in den Vorstellungen der Menschen seit der Antike die Jagdgöttinnen Artemis und Diana, die keinem Mann untergeordnet waren, sondern im Gegenteil – in Umkehrung der herrschenden Machtverhältnisse zwischen den Geschlechtern – sich Männer gefügig machen konnten, wie sie wollten.

Das Unkontrollierbare der Wildnis war immer Quelle von Angst und Abwehr. Die Ordnungen des menschlichen Zusammenlebens, die Kontrolle über Stand und Besitz und die Regeln der zwischenmenschlichen Beziehungen wurden von der Wildnis infrage gestellt, von den Räubern und Gesetzlosen, die dort lebten, aber auch von den Dämonen, Zwergen, Feen und Elfen, die auf ganz andere Art zu leben schienen und damit die Relativität der gottgegebenen Regeln aufzeigten. Gleichzeitig war die Wildnis der heimlich ersehnte Ort der Freiheit von den Zwängen der Kirche und der Obrigkeit. Dort konnten heilkundige Frauen ihre Heilkräuter sammeln, aber auch psychotrope Pflanzen suchen für Salben, mit deren Hilfe sie als »Nachtfahrende« Visionen und rauschhafte Erlebnisse hatten. Überhaupt war die Dunkelheit der Nacht damit verbunden, dass die Grenzschicht zwischen Zivilisiertem und Wildem durchlässiger wurde. In der Nacht waren wilde Tiere gefährlicher, trieben Räuber und Diebe ihr Unwesen und führten Träume unser Seelenleben in wilde Bereiche des Unbewussten.

Der Hag, die Grenze zwischen der unkontrollierten, chaotischen Wildnis und dem zivilisierten Bereich der sozialen Regeln, war auch der symbolische Ort der »Zaunreiterin«, der »hagazussa« – die ursprüngliche Bedeutung des Wortes »Hexe«. Sie saß rittlings auf der Hecke, mit einem Bein in der Zivilisation, mit einem Bein in der Wildnis. Wie die Schamanen in den Naturreligionen war sie die Mittlerin zwischen beiden Bereichen, als Heilerin und Kräuterfrau. Damit erfüllte sie eine wichtige soziale Funktion als Bindeglied zwischen der etablierten sozialen Ordnung und den Mächten des Chaos und der Regellosigkeit.

Wie wir heute aus der Psychologie wissen, entsprechen dieser äußeren Polarität einige innere, seelische Polaritäten, die dann teilweise nach außen projiziert werden. Da geht es einerseits um die Normen, Regeln und Werte, die uns eine Anpassung an die Gesellschaft ermöglichen, um das moralische und soziale Gewissen, das von Sigmund Freud so bezeichnete »Über-Ich«, das in uns – mehr oder weniger streng – die Einhaltung von Regeln fordert. Und andererseits gibt es die Triebkräfte des Freiheitsdrangs, des Begehrens, der Lust am Zügellosen, aber auch der Kreativität und des Schaffensrauschs – von Freud als »Es« bezeichnet. In der analytischen Psychologie sind diese beiden seelischen Instanzen in einem ständigen Konflikt miteinander. Das Ich als Träger der Bewusstheit steht genau an der Grenzschicht

zwischen Über-Ich und Es. Es hat die Aufgabe, zwischen diesen bei-
den Kraftzentren einen vermittelnden Weg zu finden – zwischen den
Ordnungsmächten der sozialen Anpassung und der innerseelischen
Wildheit der Triebe.

Der Hag, die Grenze, die menschliche Siedlungen bis in die Neuzeit hinein auf der Ebene der physischen Landschaft umgab und ein-
hegte, entspricht der inneren Grenzschicht in der Landschaft der Seele, in der das bewusste Ich zwischen Über-Ich und Es beheimatet ist.
In den archaischen und mittelalterlichen Gesellschaften übernahmen
die Druiden, Schamanen oder weisen Frauen die so wichtige Aufgabe
der Vermittlung zwischen sozialer Ordnung und triebhafter Wildheit:
Das war das Gebiet der Hagazussa, der Zaunreiterin.

Bei dieser Vermittlung spielten gemeinschaftliche Rituale des
Rausches und der Entgrenzung eine wichtige Rolle, in denen in einem festgelegten Rahmen soziale Regeln zeitweilig verändert oder
außer Kraft gesetzt wurden. Dies waren sowohl Rituale der Initiation
ins Erwachsenenleben wie auch wiederkehrende Feste im Jahreslauf,
zum Beispiel Fruchtbarkeitsfeste im Frühjahr, bei denen die Rück-
kehr von Wärme und Licht gefeiert und die Liebesvereinigung zwischen Himmel und Erde symbolisch vollzogen wurde. Die Durchlässigkeit der Grenzschicht zwischen den Kräften der Wildnis und der
Zivilisation stand bei diesen gemeinschaftlichen Festen und Ritualen
im Mittelpunkt.

So wie man seelisch vor den eigenen Trieben und der eigenen
Wildheit erschrecken kann, so war das Wilde und Unkontrollierbare
in der menschlichen Gemeinschaft und genauso in der Landschaft
oft eine Quelle von Schrecken und Ablehnung. In Europa war im
Mittelalter vor allem die christliche Kirche der Hauptvertreter dieser Ablehnung: Jede Relativierung sozialer Regeln und jede rauschhafte Naturerfahrung wurde als sündhaft eingeordnet und verfolgt,
die Vermittlerinnen des ekstatischen Zugangs zur Natur wurden als
Hexen verteufelt und umgebracht. Jeder gute Christenmensch war
gehalten, die Wildheit in der eigenen Seele durch umfassende Kontrolle zu bekämpfen.

Die machtvollen Kräfte der Natur (der inneren und der äußeren) waren bei den Naturreligionen noch untrennbar verwoben und
im Einklang mit dem spirituellen System. Bei den monotheistischen
Religionen jedoch trennten sich Spiritualität und Naturkräfte. Jede
überwältigende Erfahrung der Mächte der Natur stand daher im
Widerspruch zu den religiösen Regeln und Dogmen und musste bekämpft werden. Das vorherrschende Paradigma war Kontrolle. Kontrolle von Natur und Wildnis, von allem, was dem Menschen unver-
fügbar blieb, auch von den eigenen Trieben und Sehnsüchten.

Die Entwicklung der Naturwissenschaft brachte schließlich unge-
ahnte technische Möglichkeiten, das menschliche Leben auch physisch
zu kontrollieren. Das Ergebnis waren trockengelegte Sümpfe, Mono-
kultur statt Wildnis, begradigte Flüsse statt überfluteter Auenwälder,
Herbizide statt Unkraut, Asphalt statt Erde, Beton statt Holz, Inten-
sivstation statt Sterbebett, Rationalität statt Empfindung, analytische
Wissenschaft statt Verbundenheitsgefühlen, Vernunft statt Ekstase.

In aller ideengeschichtlicher Verkürzung könnte man sagen: das
Christentum vertrat das Paradigma der feindseligen Kontrolle der
Naturkräfte, die Naturwissenschaft lieferte den kalt analysierenden
Blick und die weitreichenden technischen Mittel dazu.

Aber die Kräfte des Wilden ließen sich nie ganz kontrollieren, vor
allem nicht im menschlichen Inneren: Zu allen Zeiten und auch heute suchen Menschen wilde, ekstatische Erfahrungen. Sie suchen die
Aufhebung von Regeln, veränderte Blickwinkel und die Hingabe an
unkontrollierbare Erlebnisse. Sie suchen es in der Kunst und in der
Musik, im Tanz, in der Liebe und in der Sexualität, im Rausch von
Alkohol und Drogen. Heute vielleicht nicht mehr im Beltane-Ritual,
aber dafür im Techno-Rave.

Und gerade weil wir es suchen, erschrecken wir umso mehr davor.
Da bekämpfen wir das Wilde, Ungezügelte im Außen, bringen es unter Kontrolle – und finden es dann tief in uns selbst!

Jetzt kommen wir (endlich) zu der Frage vom Beginn des Kapitels:
Die erschreckende Feindseligkeit und Rücksichtslosigkeit, mit der wir
Menschen die Natur und unsere nichtmenschlichen Mit-Wesen bis

heute behandeln – sie wurzeln in der Dämonisierung der Wildheit und in dem krampfhaften Versuch, die wilden Kräfte der Natur umfassend zu kontrollieren und zu unterdrücken, auch die wilden Kräfte in der menschlichen Seele. Denn in ihnen begegnet uns das letztlich Unkontrollierbare – und wir spüren es. Unsere Feindseligkeit gegenüber dem Unkontrollierbaren droht jetzt zunehmend unsere Zukunft zu verbauen und uns selbst zu zerstören.

Wir werden lernen müssen, dass die Grenze zwischen Wildnis und Zivilisation wirklich durchlässig ist und das Schicksal des einen Bereichs mit dem des anderen untrennbar verbunden ist. Dass wir mit unserer menschlichen Kultur ein Teil der Natur sind (siehe Kapitel 10). Dass die Kräfte des Wilden in uns genauso ihren Platz finden müssen, an dem sie sich entfalten dürfen, wie die Wildnis und alle Lebewesen auf dieser Erde, die Lebensräume für ihre Entfaltung brauchen.

34.

Auseinandernehmen und Zusammenfügen

Damit dieser Lernprozess gelingen kann, müssen wir erkennen und verstehen. Dafür brauchen wir Werkzeuge der Erkenntnis. Wir betrachten jetzt eines der wichtigsten dieser Werkzeuge.

Wenn wir verstehen wollen, wie etwas funktioniert, nehmen wir es auseinander. Das haben wir vielleicht schon als Kind voller Neugier mit unserem Spielzeug getan, um es von innen anzuschauen, um zu erkennen, wie die Teile ineinandergreifen und zusammenhängen. Manchmal konnten wir dann unser Rennauto oder die Taschenlampe nicht mehr zusammensetzen, weil etwas abgebrochen war oder eine Schraube fehlte. Dann war es kaputt, wir hatten es zerstört. Oder wir waren froh, weil es uns doch gelang und es wieder »heil« war.

In ähnlicher Weise arbeitet die analytische Naturwissenschaft. Sie nimmt die Dinge auseinander und zergliedert sie, unterteilt sie in ihre

Einzelteile, in kleinere Einheiten. Die Naturwissenschaft katalogisiert diese einfachen Einheiten und untersucht, wie sie aufeinander einwirken: Welche Elementarteilchen gibt es, welche chemischen Elemente, welche Proteine in einer Zelle, welche Arten in einem Biotop? Und sie versucht, die gefundenen und katalogisierten Einheiten in Zusammenhänge zu stellen, in eine Ordnung.

Das Periodensystem der Elemente ist ein grandioses Beispiel dafür – eine klar strukturierte Ordnung von etwas über hundert Einheiten, den chemischen Elementen, (von denen 94 natürlich vorkommen) wie zum Beispiel Wasserstoff, Sauerstoff, Natrium, Eisen und so weiter. Mit diesen Elementen und ihren chemischen Verbindungen lassen sich sämtliche bekannten Stoffe unserer Welt einordnen!

Jedes Element entspricht einer »Sorte« von Atomen mit einer bestimmten Anzahl von positiv geladenen Protonen im Atomkern und damit einer festgelegten Kernladung. Im Periodensystem werden die Elemente nach dieser Kernladung, der sogenannten »Ordnungszahl« sortiert. Da die Atome elektrisch neutral sind, entspricht diese Zahl auch der Anzahl der negativ geladenen Elektronen, die sich um den Atomkern herum anordnen. Wie sich quantenphysikalisch berechnen lässt, verteilen sich diese Elektronen auf verschiedene Schalen und Unterschalen um den Kern. Die jeweilige Anzahl der Elektronen in den Schalen führt zu einer Periodizität der Eigenschaften der Elemente, die sich in der Anordnung im Periodensystem widerspiegelt. Denn die chemischen Eigenschaften eines Elements hängen vor allem von den Elektronen in der äußeren Schale ab, den Valenzelektronen, die die Bindungen zu anderen Atomen vermitteln.

Wenn man von der Ordnungszahl eins (dem Wasserstoff) ausgeht und diese schrittweise immer um eins erhöht, kommt man bei zwei zum Helium, einem Edelgas, das chemisch kaum mit anderen Stoffen reagiert. Mit zwei Elektronen ist die erste Schale des Atoms gefüllt. Bei den weiteren Schritten werden die nächsten Elektronenschalen von innen nach außen aufgefüllt. Nach acht weiteren Schritten kommt man zum Neon, bei dem die zweite Elektronenschale ebenfalls vollständig gefüllt ist, und zwar mit acht Elektronen. Nach weiteren acht Schritten kommt man zum Argon, das ebenfalls acht Elektronen in der dritten, äußeren Schale hat. Die Konfiguration mit acht Elektronen in der äußeren Schale (oder zwei Elektronen in der äußeren ersten Schale) ist besonders stabil, daher reagieren Helium, Neon und Argon als Edelgase kaum mit anderen Stoffen. Sie ruhen sozusagen in sich.

Andere Elemente streben danach, eine solche stabile Edelgaskonfiguration einzunehmen, indem sie zum Beispiel bei sieben Elektronen in der äußeren Schale ein Elektron zusätzlich aufnehmen (das gilt für die sogenannten »Halogene«: Fluor, Chlor, Brom etc.). Dagegen streben Elemente mit nur einem Elektron in der äußeren Schale danach, dieses abzugeben, weil die darunter liegende, vollständig gefüllte Schale dann zur äußeren Schale wird (das gilt für die Alkalimetalle: Lithium, Natrium, Kalium etc.). Die Alkalimetalle stehen in der ersten Spalte, der ersten Hauptgruppe des Periodensystems untereinander, die Halogene in der siebten Hauptgruppe, die Edelgase in der achten Hauptgruppe.

Wenn daher zum Beispiel Natrium (ein Valenzelektron) mit Chlor (sieben Valenzelektronen) reagiert, wird Natrium ein Elektron an das Chlor abgeben, wodurch beide eine stabilere Konfiguration erreichen. So entsteht Natriumchlorid, auch bekannt als Kochsalz, das in den Meeren unseres Planeten, aber auch in allen Lebewesen eine wichtige Rolle spielt.

Dagegen steht das Element Kohlenstoff in der vierten Hauptgruppe, hat also vier Elektronen in der äußeren Schale. Er kann vier Bindungen zu anderen Atomen eingehen, zum Beispiel zu Wasserstoff oder zu anderen Kohlenstoffatomen. Bei diesen sogenannten kovalenten Bindungen trägt jedes der beiden Atome je ein Elektron zur Bindung bei. Dieses Elektronenpaar gehört dann zu beiden Atomen, die »Elektronenwolken« der Atome (siehe Kapitel 22) überlappen sich. Ein Kohlenstoffatom mit vier kovalenten Bindungen erreicht so eine Edelgaskonfiguration mit acht Valenzelektronen, die es sich mit vier Bindungspartnern teilt. In der kovalenten Bindung werden die Grenzschichten zwischen den einzelnen Atomen durchlässig.

Die Elektronen sind nicht mehr eindeutig einem Atom zuzuordnen, sie gehören jeweils zu zwei (oder bei Molekülringen z. B. zu sechs) Atomen. Auf diese Art bilden sich die Kohlenwasserstoffe, die die Grundlage aller organischen Materie und damit des gesamten Lebens auf der Erde darstellen. Auch hier führen also durchlässige Grenzschichten (zwischen den Atomen) zur Bildung von Komplexität und Lebendigkeit.

Alle Materie unserer Welt, die Gesteine und Mineralien der Erde, die Gase der Atmosphäre, die Substanz der Sonne und der Planeten, aller Sterne im Universum, bis hin zu den Stoffen aller Lebewesen und ihrer Nahrung: All das besteht aus den 94 Elementen und ihren Verbindungen, die sich von der chemischen Ordnung der Elemente herleiten.

Ich habe das hier so ausführlich behandelt, weil es ein Beispiel ist für die beachtliche erklärende Kraft der analytischen Naturwissenschaft, die hier die unendliche Vielfalt der stofflichen Welt zurückführt auf überschaubare und berechenbare Ordnungsprinzipien. Andere Beispiele sind das Standardmodell der Elementarteilchen in der Physik oder der genetische Code in der Biologie.

Die Berechenbarkeit ist dabei entscheidend: Die Naturwissenschaft liest die Welt in der Sprache der Mathematik. Dafür ist es nötig, die zu untersuchenden Vorgänge in sehr kleine und einfache Objekte aufzuteilen, deren Verhalten sich mathematisch beschreiben und berechnen lässt. Diese Objekte werden im Experiment isoliert und untersucht. Die kontrollierten Bedingungen eines Experiments lösen das Objekt aus seinen vielfältigen Bezügen und Verbindungen heraus, um es berechenbar zu machen. *Die Grenzschichten zwischen dem Objekt und seinen Zusammenhängen werden also künstlich undurchlässig gemacht.* Ebenso wichtig ist die Grenzschicht zwischen dem Objekt und dem Beobachter, der Forscherin, also dem Subjekt: Auch sie wird möglichst undurchlässig gehalten, denn ein Experiment muss reproduzierbar sein, das heißt für jede Beobachterin das gleiche Resultat ergeben.

Wir fassen zusammen: Die analytische Kraft der Naturwissenschaft beruht auf der Berechenbarkeit kleiner und einfacher Objekte. Ihre

Grenzschichten der Verbundenheit mit anderen und größeren Einheiten werden im Experiment künstlich undurchlässig gemacht. Die Analyse ist wie ein Messer, das Verbundenheit zertrennt, um das Einzelne besser zu erkennen. Wie das Skalpell, mit dem Anatomen den toten menschlichen Körper zerteilen, um seinen Aufbau und seine Funktionen besser zu verstehen. So waren die ersten Obduktionen und anatomischen Untersuchungen der Neuzeit im 15. Jahrhundert der Beginn und die Grundlage der naturwissenschaftlich fundierten Medizin.

Soweit also das Auseinandernehmen, das die Naturwissenschaft schon lange sehr erfolgreich betreibt. Aber wie steht es mit dem Zusammenfügen?

Zusammenfügen bedeutet hierbei, die Wechselwirkungen von Objekten zu verstehen, und zwar mit einer größer werdenden Zahl von Objekten, in immer größeren Zusammenhängen, in immer komplexeren Systemen.

Die Wechselwirkungen einer kleinen Anzahl von Objekten in einem kleineren System sind manchmal noch aus den Eigenschaften der einzelnen Objekte heraus berechenbar. Das ist sozusagen die »Bottom-up«-Methode. Sobald aber eine größere Zahl von Objekten und komplexere Systeme ins Spiel kommen, stoßen diese Berechnungen an ihre Grenzen. Die atomaren Wechselwirkungen innerhalb eines Proteinmoleküls mit Tausenden von Atomen lassen sich nicht berechnen. Auch das irdische Klima mit seinen komplexen Zusammenhängen aus Winden, Wolken, Niederschlägen, Temperaturen und Meeresströmungen ist nicht aus den Zuständen und Bewegungen der einzelnen Moleküle berechenbar. Hier stößt die »Bottom-up«-Methode an ihre Grenzen.

Jedoch gibt es seit einigen Jahrzehnten eine andere Möglichkeit, Erkenntnisse über solche komplexen Systeme zu gewinnen: Ein Modell des Systems kann im Computer erstellt und durchgerechnet werden. Die Grundlage eines solchen Modells sind einerseits die physikalischen Gesetze, also die analytisch gewonnenen Erkenntnisse über die elementaren Objekte der Wirklichkeit (zum Beispiel CO_2-Moleküle in der Atmosphäre). Weil dieses analytische Wissen in mathematischer Form vorliegt, lässt es sich in ein Computermodell einspeisen, denn die Sprache eines Computers ist mathematisch. So weit, so analytisch. Dann aber kommen die wesentlichen Schritte: In der weiteren Entwicklung des Modells werden die Ergebnisse der Modellrechnung immer wieder mit der Wirklichkeit verglichen. Die dabei festgestellten Abweichungen von der Wirklichkeit dienen dann dazu, das Modell so lange zu verbessern, bis es die Wirklichkeit ziemlich korrekt wiedergibt. Bei einem Modell des irdischen Klimas zum Beispiel werden immer mehr Daten von Klimamessungen aus der Vergangenheit und der Gegenwart eingegeben. Das Modell lernt also anhand einer großen Zahl von Messdaten, die Realität immer genauer abzubilden. Hier findet eine Art von Evolution statt: Das Modell entwickelt sich durch den Vergleich mit der Realität weiter und wird genauer, seine Vorhersagen werden immer präziser und gesicherter. Das ist vergleichbar mit Organismen in der biologischen Evolution, die sich im Kontakt mit ihrer Umgebung entwickeln und immer besser anpassen.

Die computergestützten Modelle waren zunächst stark vereinfacht und konnten so nur recht ungenaue und grob angenäherte Ergebnisse liefern. Mit der Zunahme der Rechenleistung von Hochleistungscomputern hat sich die Genauigkeit der meisten Modelle jedoch erheblich verbessert. Das anfangs grobkörnige Bild, das diese Modelle lieferten, wird jetzt feinkörniger. Das hat zur Folge, dass wir immer mehr über das Verhalten komplexer Systeme wissen.

Allerdings wissen wir mittlerweile auch, dass komplexe Systeme chaotisch und unvorhersehbar reagieren können. Unsere Modelle liefern uns nur Wahrscheinlichkeiten davon, was eintreten wird. Aber manchmal tritt auch das Unwahrscheinliche ein. Es bleibt also in dieser zusammenfügenden, synthetischen Naturwissenschaft ein Element der Unsicherheit: Wir können nie alles genau wissen, nie alles vorhersagen.

Ob es nun um komplexe Prozesse in einer explodierenden Supernova geht, um die vielfältigen Möglichkeiten der dreidimensionalen Faltung eines Proteins mit Hunderten von Aminosäuren, oder um Wechselwirkungen zwischen dem antarktischen Eisschild, den

Meeresströmungen und den Klimaschwankungen der »südlichen Oszillation« über dem Pazifik: Bei solchen Fragen gewinnen wir durch weiter verbesserte Computermodelle immer genauere Erkenntnisse.

Das analytische, auseinandernehmende Vorgehen der Naturwissenschaft bricht komplexe Zusammenhänge herunter auf relativ einfache Objekte und ihre Eigenschaften. Das hat (wie wir im ersten Teil dieses Kapitels gesehen haben) große erklärende Kraft – aber der Reichtum der Komplexität geht dabei verloren. Das systemische, zusammenfügende Vorgehen anhand von Modellen im Computer bildet die eine Komplexität – die der realen Systeme – auf eine andere Komplexität ab – auf die im Computer, die aber berechenbar ist, konkrete Wahrscheinlichkeitsergebnisse liefert und so zu unserem Verständnis der Zusammenhänge beiträgt.

Diese synthetische Kraft, die Fähigkeit, zusammenzufügen und komplexe Systeme zu verstehen, hat in der Naturwissenschaft lange Zeit weit zurückgestanden hinter der analytischen Kraft, der Fähigkeit, auseinanderzunehmen. Erst seit wenigen Jahrzehnten wachsen die synthetischen Erkenntniswege. Und sie werden dringend gebraucht!

Denn wir beeinflussen und stören als Menschheit viele komplexe Systeme auf dem Planeten massiv, beginnen aber erst jetzt, die Folgen abschätzen zu können. Daher müssen wir möglichst viel über diese Systeme lernen, um zu erkennen, wodurch wir sie gefährden und wie wir sie erhalten können.

In der Naturwissenschaft der komplexen Systeme kommen die analytische und die synthetische Haltung, das Auseinandernehmen und das Zusammenfügen zu einem gleichberechtigten Wechselspiel. Dabei werden die Grenzschichten zwischen den Objekten wieder durchlässig, wie sie es in der komplexen Wirklichkeit sowieso sind. Und auch die Grenzschicht zwischen den Objekten der Forschung und dem forschenden Subjekt wird durchlässig. Denn in dieser wissenschaftlichen Haltung können Forscherinnen sich berühren lassen von den ethischen Implikationen ihrer Forschung. So gewinnen wir wichtige Grundlagen für eine Ethik des Bewahrens und Förderns von Komplexität und Lebendigkeit.

Was haben Werte einer Ethik in der Naturwissenschaft zu suchen? In der nur analytischen Haltung tatsächlich nichts – deshalb ist das aus ihr resultierende Weltbild durchzogen von Sinnlosigkeit und Kälte. Es ist anästhetisch, nicht-spürend. Die analytische Haltung hat uns die Werkzeuge zur Ausbeutung der Natur bereitgestellt und wenig dazu beigetragen, die damit einhergehenden Zerstörungen zu verhindern. Wenn wir aber irdische komplexe Systeme synthetisch untersuchen, sie zusammenfügen, schließen wir Lebewesen mit ein. Denn die Erde ist ein System voller Leben. Und Lebewesen, gleich welcher Art, generieren Werte: Sie wollen sich erhalten und sich vermehren. Wir Menschen sind als Lebewesen mit allem irdischen Leben systemisch verbunden. Daher ragt die Naturwissenschaft komplexer Systeme gleichsam in die ethische Sphäre hinein.

Die Grenzschicht zwischen Berechnungen und mathematisch formulierten Gesetzen einerseits und fühlbaren Werten eines ethischen Denkens andererseits wird also ebenfalls durchlässig. Denn die rechnende Naturwissenschaft bewegt sich bei komplexen Systemen immer an der Grenze des Berechenbaren, an der Grenze zum Unvorhersehbaren. An dieser Grenzschicht entspringen Ehrfurcht und Staunen. Staunen über das Wunder der schon erkannten Zusammenhänge und Wechselwirkungen und über das noch größere Wunder der nur erahnbaren und noch nicht erfassten Zusammenhänge.

Damit aus der rechnenden Wissenschaft die dringend notwendige ethische Orientierung entstehen kann, brauchen wir Menschen, die in der Wissenschaft und im Spüren gleichermaßen zu Hause sind. Wir brauchen eine spürende Wissenschaft.

Und es gibt sie schon! Der Slogan der Fridays-for-Future-Bewegung »Unite behind the science!« ist ein Ausdruck der Resonanz zwischen den naturwissenschaftlichen Erkenntnissen der Klimatologie und den Werten und Forderungen einer kraftvollen Protestbewegung.

Über 26 000 Wissenschaftler*innen aus dem deutschsprachigen Raum unterzeichneten 2019 einen Aufruf der »Scientists for Future« zur Unterstützung dieser jugendlichen Protestbewegung. Prominente Wissenschaftlerinnen wie die Meeresbiologin Antje Boetius (Direk-

torin des renommierten Alfred-Wegener-Instituts) oder die Physi-
kerin und Klimatologin Friederike Otto (Imperial College London)
treten an die Öffentlichkeit und richten aufgrund wissenschaftlicher
Forschungsergebnisse dringende Appelle an Politik und Gesellschaft,
Klimaschutz und Nachhaltigkeit viel schneller und konsequenter
umzusetzen.

Wenn man es vergleicht mit früheren naturwissenschaftlich-analy-
tischen Haltungen, so entwickelt sich die Naturwissenschaft seit einiger Zeit von einer kalt analysierenden Maschine zu einem Motor des
Wertewandels, der die Verbundenheit alles Lebendigen anerkennt,
zu einem Motor des leidenschaftlichen Einsatzes für den Schutz der
Biosphäre.

Das bedeutet nicht, dass die Naturwissenschaft ihr Fundament
des analytischen Zerteilens aufgeben sollte, durch das kleine Einheiten isoliert betrachtet und ihr Verhalten berechnet werden kann. Die
Sprache der Mathematik als Basis der wissenschaftlichen Beschreibung und die Überprüfung von Hypothesen und Modellen im Experiment bleiben die Grundpfeiler der naturwissenschaftlichen Haltung.
Bestehen bleiben auch die Forderung nach Objektivierbarkeit ihrer
Erkenntnisse und das Prinzip, dass diese unabhängig von einzelnen
Personen überprüft und falsifiziert werden können. Darin grenzt sie
sich weiterhin ab von religiösen oder esoterischen Glaubenssystemen,
deren Offenbarungen nach unüberprüfbaren Kriterien an besondere
Schriften oder Personen gebunden sind.

Indem aber die Naturwissenschaft zunehmend komplexe Systeme
untersucht und damit das, was sie »auseinandergenommen« hat, wieder »zusammenfügt«, gerät sie zwangsläufig in die Sphäre des Spürens.
Denn in der Untersuchung komplexer Systeme werden die Grenzschichten zwischen den einzelnen Objekten wieder durchlässig, die
in der Analyse künstlich undurchlässig gehalten wurden. Dann hängt
tatsächlich wieder alles mit allem zusammen. Die Untersuchung der
Prozesse bei einer Supernova-Explosion zeigt, wie jene Elemente
einst entstanden, die heute meinen Körper bilden. Was in Europa
in den letzten Jahrzehnten an CO_2 in die Atmosphäre geblasen wur-

de, beeinflusst heute eine Hitzewelle in Indien. Ein durch Ackergifte verschärftes Insektensterben verändert Ökosysteme und ganze Landschaften und erschwert unseren Obstanbau, weil Bestäuber fehlen. Und Traumatisierungen, die mein Vater lange vor meiner Geburt im Krieg erlitten hat, können sich bis heute in der epigenetischen Regulation meiner Zellen niederschlagen.

Wenn wir anfangen, die komplexen Systeme der Welt wieder zusammenzufügen, sie in ihrer Konnektivität, ihrer Verbundenheit zu betrachten, in ihrer Interdependenz, ihrer wechselseitigen Abhängigkeit, dann gibt es kein Halten mehr: Wir landen zwangsläufig dabei, dass auch die lebenden Systeme unserer Erde eingeschlossen sind, und damit auch wir Menschen. Wenn die Grenzschichten zwischen den Dingen wieder durchlässig werden, werden sie überall durchlässig.

Dann gehören Lebewesen immer zum Bild dazu – und Lebewesen generieren Werte. Werte erkennen wir, weil wir sie spüren. Wir spüren sie in uns selbst, in uns als Lebewesen, und weil wir sie in uns spüren, erkennen wir sie auch in anderen. Zum Spüren von Werten gehören Gefühle von Respekt und Ehrfurcht, gehört das Staunen und das unmittelbare Erleben von Sinnhaftigkeit und Schönheit. Wir erleben »aisthesis« (altgriechisch: Empfindung), ein ästhetisches Erleben der Welt wird zugänglich, ohne dass es im Widerspruch dazu steht, sie mathematisch verstehen zu wollen. Es kann keine scharfe Trennung mehr geben zwischen der objektivierbaren wissenschaftlichen Erkenntnis und dem Spüren von Werten. Denn wenn wir nach der Analyse der einzelnen Teile die Systeme wieder zusammensetzen, dann sind wir selbst Teil des Systems.

Die Naturwissenschaft komplexer Systeme kann uns helfen, unsere Werte noch genauer zu erfassen und zu verstehen, was sie in der Welt des Lebendigen konkret bedeuten können. Und das Spüren unserer Werte kann der Naturwissenschaft helfen, sich auf diejenigen Themen auszurichten, die wir dringend genauer verstehen müssen.

An den Krisen und existenziellen Gefährdungen unserer Zeit hat die Naturwissenschaft einen großen Anteil. Sie hat uns die Mittel an die Hand gegeben, durch die wir große Zerstörungen auf der Erde anrichten und damit uns selbst gefährden. Indem die Naturwissenschaft jedoch seit einiger Zeit komplexe Systeme immer besser verstehen lernt und dabei analytisch gewonnene Erkenntnisse synthetisch wieder zusammenfügt, bietet sie uns andererseits genau das, was wir zur Bewältigung dieser Krisen dringend brauchen: eine sich entfaltende ethische Orientierung, eine immer genauere Setzung von Werten, die die Förderung und den Erhalt lebender Systeme zum Ziel haben. Gleichzeitig wächst die Zahl der Menschen, die die Wichtigkeit dieser Werte spüren und bereit sind, sich dafür einzusetzen.

Vielleicht hat es für die Menschheit als Ganzes nie mehr gegolten als heute, was Friedrich Hölderlin vor über 200 Jahren schrieb:

»Wo aber Gefahr ist, wächst das Rettende auch.«

Teil 3

35.

Zusammenschau

Wir blicken jetzt zurück auf den Weg, den wir in diesem Essay bis hierher gemeinsam gegangen sind. In dieser Zusammenschau fasse ich die wichtigsten Aspekte der bisherigen Betrachtungen zusammen.

1. Genesis: Aus einer befruchteten Eizelle, umhüllt von der Grenzschicht der Zellmembran, entwickelt sich ein menschliches Wesen mit eigenen autonomen Prozessen, einem eigenen Innenraum, einer inneren Welt. Und mit Grenzschichten zur Mutter, zu anderen Wesen, zur äußeren Welt. Das sind körperliche Grenzschichten – die Haut und andere Sinnesorgane – und seelische: Ich und Du.

Aus einer diffusen Gaswolke bilden sich vor 4,6 Milliarden Jahren eine Sonne und Planeten. Gestalten mit Grenzschichten. Die Oberflächen von Sonne und Erde – dieses Gegenüber zweier Grenzschichten ist die Grundlage unserer irdischen Welt.

Auf der jungen Erde entsteht in einem Gemisch von vielfältigen organischen Molekülen ein Netzwerk der wechselseitigen Beeinflussung. Immer dichter und feiner verwoben. Und schließlich die ersten lebenden Zellen, sich selbst erhaltend, autonom agierend und fähig zur Reproduktion. Dies wird möglich durch eine Zellmembran. Sie trennt die Zelle und ihre Umgebung voneinander und verbindet sie gleichzeitig miteinander.

An Grenzschichten kann sich Komplexität entfalten, hier bringen relativ einfache Kräfte komplexe Gestalten hervor. Durch Gravitationskräfte bildet sich aus einer Gaswolke ein Sonnensystem mit Planeten und deren Oberflächen. Gesteine, Wasser, Gase, Licht und Wärme lassen auf der Grenzschicht der Erdoberfläche ein Klima und eine Biosphäre entstehen. Aus einem interagierenden Geflecht von organischen Stoffen entwickelt sich ein abgegrenztes Lebewesen. Und gesteuert von einer DNA mit gerade mal 1,4 Gigabyte Information bildet sich ein menschliches Wesen mit einer einzigartigen Persönlichkeit, die »Ich« sagen kann.

2. *Oberflächen:* Unsere Heimat ist nicht die Erde, sondern ihre Oberfläche, eine dünne Schicht zwischen Gestein und sonnendurchflutetem Raum. Hier finden wir die Luft, die wir atmen. Die Pflanzen, älteste Protagonisten dieser Grenzschicht, sind im Erdreich verwurzelt und ausgestreckt zu Licht und Luft: Sie erzeugen die lebende Substanz unserer Welt.

3. *Zellen:* Als grundlegende Einheit allen Lebens basieren sie im Wesentlichen auf einer Grenzschicht: der Zellmembran. Diese Membranen sind selektiv durchlässig, sie lassen gezielt manche Stoffe durch und manche nicht. Viele Zellprozesse finden direkt an Membransystemen statt, ohne sie wäre der komplexe Stoffwechsel der Zelle nicht möglich. Durch die Zellmembran ist jede Zelle ein offenes System. So kann sie ihre Ordnung aufrechterhalten und unterliegt nicht der Entropiezunahme geschlossener Systeme.

4. *Faltungen:* Viele Lebewesen bilden mit ihren Grenzschichten Faltungen und Verästelungen, um ihre Resonanzflächen zur Welt zu vergrößern. Die Pflanzen entfalten sich nach außen, mit Blattwerk und Wurzeln. Wir Tiere jedoch, da wir uns fortbewegen müssen, falten uns ein nach innen: mit Lunge, Niere und Darm.

5. *Semipermeabilität:* Grenzschichten sind semipermeabel. Dieses Phänomen finden wir nicht nur in der Zellbiologie und Physiologie, sondern auch im sozialen Bereich: Wenn Menschen kommunizieren, geht es auch um eine semipermeable Grenzschicht. Erst die Grenze zwischen Ich und Du ermöglicht es mir, mich auf eine Verbindung einzulassen, ohne mich darin zu verlieren. Diese Grenzschicht entsteht schon in der frühen Kindheit im Wechselspiel zwischen Resonanz und Konflikt, zwischen Verbundenheit und Abgrenzung.

6. Jetzt: Der gegenwärtige Moment ist die Grenzschicht zwischen den unbegrenzten Räumen der Vergangenheit und der Zukunft. Nur dort erleben und gestalten wir unsere Welt, nur dort findet Begegnung statt. In der Schicht der Gegenwart gerinnen die Möglichkeiten und Wahrscheinlichkeiten der Zukunft, die uns bewegen, zu den Tatsachen der Vergangenheit, die Spuren in uns hinterlassen. Das Jetzt ist kein festgefügter Zustand, sondern ein ständiges Strömen. Wenn wir uns dem Gefühl des Staunens öffnen, hilft es uns dabei, das Jetzt zu erleben und uns nicht in Gedanken über Vergangenes oder Zukünftiges zu verlieren. Dieses unmittelbare Erleben des Jetzt, das Eintauchen in die Gegenwärtigkeit öffnet uns für spirituelle Erfahrungen, in der die Grenzschichten durchlässiger werden und die Dinge miteinander verbunden sind, in der auch mein Ich eingefügt ist in den großen Strom des Lebens.

7. Geschlechtswelten: Geschlechtlichkeit ist ein wesentlicher Aspekt unseres Ich-Gefühls, unserer Identität. Sie basiert auf körperlichen Eigenschaften, auf seelischen Identitätsgefühlen und sozialen Zuschreibungen. Diese drei Faktoren können nicht voneinander abgetrennt werden, sie bedingen und beeinflussen einander. Die Übergänge zwischen verschiedenen geschlechtlichen Identitäten und zwischen verschiedenen sexuellen Orientierungen sind fließend, die Grenzschichten zwischen ihnen durchlässig. So kann sich ein Mensch in einem weiblichen Körper als Mann fühlen und umgekehrt, oder jemand geht Liebesbeziehungen jenseits der Mann-Frau-Dualität ein.

8. Tropfen: Von der Soziologie zurück zur Physik. Die Oberfläche des flüssigen Wassers – des wichtigsten Stoffes unserer Biosphäre – hat eine besondere Eigenschaft: An dieser Grenzschicht herrscht eine Spannung, die Oberflächenspannung. Sie wird hervorgerufen durch die Anziehungskräfte der Wassermoleküle untereinander. Ohne die starken Kräfte an dieser Oberflächen-Grenzschicht des Wassers gäbe es weder Wolken noch Regen, könnten Pflanzen das Wasser nicht hoch zu den Blättern saugen und der Boden es nicht speichern, hätten sich die besonderen klimatischen und biologischen Prozesse auf der Erde nicht entwickelt.

9. *Spezies:* Die biologische Vielfalt besteht nicht aus einem Kontinuum jeweils etwas unterschiedlicher Lebewesen, sondern aus voneinander abgegrenzten Arten. Durch diese Grenzschichten zwischen ihnen können biologische Arten verschiedene ökologische Rollen einnehmen und komplexe Beziehungen eingehen, sei es als Konkurrenten, Symbionten, Räuber oder Beute, Bestäuber oder Parasiten. Wir haben das verglichen mit einem Paartanz, wo die Vielfalt der gemeinsamen Tanzschritte zunimmt, wenn die Tanzpartner jeweils auf ihren eigenen Beinen stehen. Oder: Die Identität einer Art ermöglicht Beziehungen, und Beziehungen schaffen Identität. Beides geschieht an Grenzschichten.

10. *Natur und Kultur:* Beide sind viel weniger getrennt, als wir annehmen, sondern eng miteinander verwoben. Die Grenzschicht zwischen ihnen ist durchlässig und in hohem Maße dynamisch. Das zeigt sich bei unterschiedlich vom Menschen geprägten Landschaften, es zeigt sich im menschlichen Körper und in der menschlichen Seele sowie bei dem kulturell geprägten Verhalten mancher Tiere. Natur und Kultur beruhen beide auf Evolution: Variation des Bestehenden, Auswahl und Erhalt des Erfolgreichen und des Passenden. Sie unterscheiden sich im Speichermedium (Gene versus sozial vernetzte Gehirne), aber vor allem in ihrer Geschwindigkeit. Das um viele Größenordnungen höhere Tempo der menschlichen kulturellen Evolution lässt an der Grenzschicht zur Natur einen hohen Druck entstehen. Dennoch ist die menschliche Kultur ein Teil der Natur – ein Teil, der eine besonders intensive und schnelle Evolution durchmacht. Wie ein besonderer Ast mit speziellen Früchten am großen Baum der Natur.

11. *Nervensysteme:* In 500 Millionen Jahren haben sie sich entwickelt, von der Qualle bis zum Menschen. Spezialisierte Zellen, die Neuronen, übernehmen die Informationsverarbeitung in komplexen Organis-

men. Die grundlegende Informationseinheit ist ein Wellenphänomen
auf einer Grenzschicht, nämlich das Aktionspotenzial auf der Zellmembran. Und die wichtigsten neuronalen Strukturen, Synapsen mit
ihrem synaptischen Spalt, sind selektiv durchlässige Grenzorgane.

12. Wohlergehen: Wenn es um mein, um dein, um unser Wohlergehen
geht, können sich die jeweiligen Interessen in manchen Bereichen kon-
flikthaft abgegrenzt gegenüberstehen und sich in anderen Bereichen
im gemeinsamen Interesse überlappen. Zwischen konflikthaften Bereichen und solchen gemeinsamer Interessen bilden sich Grenzschichten,
die verhandelt werden können und sich dynamisch verändern. Daraus
entwickeln sich so komplexe soziale Phänomene wie Konkurrenz, Solidarität und Kooperation. Die größte zwischenmenschliche Nähe kann
da entstehen, wo die Grenzen zwischen meinen und deinen Bedürfnissen sein dürfen – und dann durchlässig werden.

13. Freiheit und Solidarität: Gemeinsam geteilte Werte spielen eine
große Rolle in unserem gesellschaftlichen Leben. Die Werte von indi-
vidueller Freiheit einerseits und gemeinsamer Solidarität andererseits
sind in den Krisen unserer Zeit von besonderer Bedeutung. Sie bilden
ein Spannungsfeld, dessen Grenzschichten gerade heutzutage immer
wieder neu ausgehandelt werden müssen. Gleichzeitig bedingen sie
einander, denn nur durch Solidarität können die Freiheiten unserer
Gesellschaft erhalten werden. Und individuelle Freiräume sorgen
dafür, dass neue Ideen entstehen und wir uns gemeinschaftlich und
solidarisch weiterentwickeln. Freiheit und Solidarität stehen also in
regem Austausch: eine Art Grenzverkehr.

14. Gut und schlecht: Unsere persönlichen Wünsche, Befürchtungen
und Bewertungen lassen psychische Grenzschichten zwischen »Gut«
und »Schlecht« entstehen. Oft kommt es dann innerlich zu Labyrinthen von Bewertungen, in denen wir uns gedanklich verlieren. Wenn
wir uns sehr mit unseren Wünschen identifizieren, werden diese
Grenzschichten undurchlässig und wir verirren uns in ihnen. Ist es je-

doch möglich, die nicht-bewertende Haltung einer Zeugin oder eines Forschers einzunehmen, auch gegenüber den eigenen Wünschen oder Ängsten, dann werden die Grenzschichten zwischen Gut und Schlecht durchlässig. Wir spüren wieder unsere Verbundenheit mit allem, was geschieht, und können uns dem Fluss des Lebens leichter anvertrauen.

15. Vertrauen: Zwischenmenschliches Vertrauen fördert die Durchlässigkeit der Grenzschichten zwischen den Interessenbereichen. Insofern ist Vertrauen ein sozialer Transmitter. Ich kann am besten entscheiden, ob ich einer Person vertrauen kann, wenn ich diese Person wahrnehme *und* mich und mein Gefühl zu ihr spüre: also Wahrnehmung diesseits und jenseits der Grenzschicht. Das Hormon Oxytocin bildet ein körperliches Korrelat zu Nähe und vertrauensvollem Kontakt. Es stärkt Vertrauen zwischen bekannten Personen, verstärkt jedoch Misstrauen und Ablehnung gegenüber Fremden. Insofern ist es ein Hormon der sozialen Grenzen. Am stärksten wird Oxytocin ausgeschüttet durch angenehmen Hautkontakt.

16. Haut an Haut: Als Grenzschicht und als Sinnesorgan ist die Bedeutung der Haut für die menschliche Entwicklung und für unser Leben kaum zu überschätzen. In den zwischenmenschlichen Berührungen unserer Haut stillen wir grundlegende Bedürfnisse, die vom Beginn unseres Lebens an eine zentrale Rolle spielen. Der Berührungssinn entfaltet sich als erster in unserer Entwicklung und kann uns emotional am tiefsten erreichen. Am Beispiel der Haut erkennen wir: Sinnesorgane sind immer Grenzschichten zwischen Innen und Außen. Und Grenzschichten aller Art sind in gewisser Weise (wie) Sinnesorgane: An ihnen findet Informationsübertragung statt.

17. Intermezzo: Wie steht es mit der Grenzschicht zwischen mir als Autor und dir, liebe Leserin, lieber Leser? Wo ist das Trennende spürbar zwischen uns, wo das Verbindende?

*

18. Ordnung und Chaos: Komplexe Phänomene wie Leben entstehen, wenn Netzwerke sich am Übergang zwischen chaotischem und geordnetem Verhalten bewegen. Alles Leben balanciert im Grenzbereich zwischen Chaos und Ordnung. Wir finden dieses Prinzip in so verschiedenen Bereichen wie Zellen, Ökosystemen, Gehirnen, Paaren und Familien, bis hin zu menschlichen Gesellschaften und ihren Entwicklungen. Große Netzwerke – wie unser Gehirn – sind oft in »small worlds« organisiert, intern eng verflochtenen, kleineren Einheiten, die jeweils untereinander abgegrenzt sind, jedoch miteinander kooperieren. Größere Netzwerke stehen somit in einer Balance zwischen zentraler und dezentraler Organisation.

19. Das Gute und das Schöne: Da lebende Systeme allgemein den Grenzbereich zwischen Ordnung und Chaos anstreben, können wir an diesem Punkt darüber nachdenken, was erstrebenswert ist. Denn wir Menschen – wie auch alle anderen Lebewesen – streben nach dem für sie Guten und Schönen. So verschieden die Aspekte des Guten und des Schönen auch sein können: Sie bewegen sich meist in den Grenzschichten zwischen Ordnung und Chaos. Wir haben das eingehender betrachtet beim Streben nach Besitz, beim Altruismus, bei der Verteilung von Macht und beim Umgang mit Werten und Idealen. Das Böse hingegen geht oft damit einher, dass Systeme von der Grenzschicht abgleiten in verhärtete Ordnung oder in regelloses Chaos. Gut und Böse sind jedoch nicht strenge Gegensätze, sondern miteinander verwoben – ich finde das Böse immer auch in mir selbst. Das Erleben des Schönen öffnet mich selbst zur Welt hin, es lässt mich das lebendige Chaos und die verborgene Ordnung dieser Welt spüren, meine Grenzen werden durchlässiger, in manchmal überwältigendem oder erschreckendem Maße.

20. Werdendes Leben: Was ist das ethisch Gute bei der so schwierigen Frage der Rechtfertigung von Schwangerschaftsabbrüchen? Dabei geht es zunächst um den Zeitpunkt der Menschwerdung. Wann überquert das werdende Leben die Grenzschicht zwischen noch nicht menschlichem und menschlichem Leben? Patriarchale Tradition verortet diesen Zeitpunkt bei der Empfängnis. Stattdessen müssen wir anerkennen, dass wir diese Grenzschicht nicht eindeutig definieren können, dass die Schwangerschaft insgesamt ein Grenzbereich ist, in dem sich Menschwerdung vollzieht. Diese demütige Erkenntnis mündet in einen Verzicht auf eine allgemeingültige ethische Einordnung. Die Freiheit der Entscheidung wie auch die Last der Verantwortung liegen bei der betroffenen Person: der schwangeren Frau. Damit öffnen wir uns auch der Verletzlichkeit des ethischen Nichtwissens: dem Zweifel, der Trauer, der Schuld.

21. Pflanzen: Wir verankern unsere Untersuchung noch einmal im Physischen, bei den Pflanzen. Aus Erde, Wasser, Licht und Luft bilden sie Lebendiges. Sie sind der Prototyp eines offenen Systems. Als solches können sie den zweiten Hauptsatz der Thermodynamik umgehen, der die allgemeine Zunahme der Unordnung in geschlossenen Systemen beschreibt. Indem sie in der Fotosynthese geordnete Strahlungsenergie der Sonne aufnehmen, bilden sie die Grundlage dafür, dass die Biosphäre ihre Ordnung aufrechterhalten kann. Alle Lebewesen sind offene Systeme. Systeme sind sie, weil sie Grenzen haben und eine innere Dynamik. Offene Systeme, weil sie selektiv durchlässige Grenzen haben.

22. Quanten – sein und nicht sein: Zur Erklärung der elektrochemischen Abläufe, die den Lebensprozessen zugrunde liegen, gehören auch quantenphysikalische Vorgänge. In der Quantenphysik sind Teilchen zugleich auch Wahrscheinlichkeitswellen. Die Grenzschicht zwischen hier und dort wird durchlässig, denn ein Teilchen kann hier und dort zugleich sein. Es kann sogar ein eigentlich unüberwindliches Hindernis überwinden, indem es einfach auf der anderen Seite erscheint. Und zwei Teilchen können sich trotz ihres Abstands wie zwei Wellen überlagern. Auch die Grenze zwischen Sein und Nichtsein wird durchlässig: Zwei Teilchen können dem Nichts entspringen und dorthin wieder zurückkehren. Gibt es überhaupt Grenzen, die völlig undurchlässig sind?

23. Vorstellungsvermögen: Bei der Quantenphysik kommen wir an Grenzen unseres Vorstellungsvermögens. Dieses ist geprägt von der greifbaren Realität, in der wir aufwachsen. Was über das Bekannte und Greifbare hinausgeht, ist für uns zunächst schwer vorstellbar. Auch soziale Bezüge ordnen wir in die Schemata ein, die wir kennen. Damit stoßen wir an Grenzen – Grenzen des Vorstellbaren. Aber diese Grenzschichten werden manchmal durchlässig: Einzelne Menschen denken oder tun das Unvorstellbare. Die Grenzen des Vorstellbaren – und des Machbaren – erweitern sich für ganze Gesellschaften, im Guten wie im Schlechten. Wegen unserer zunehmenden technologischen Möglichkeiten und wegen der darin liegenden Gefahren wird die Art und Weise, wie wir unser Vorstellungsvermögen erweitern, unseren zukünftigen Weg als Menschheit entscheidend prägen.

24. Tod und Leben: Die Grenze zwischen diesen beiden erscheint undurchlässig. Kein Gestorbener kam je zurück ins Leben. Wenn ich jedoch mein »Ich« als ein Bündel von Erfahrungen betrachte, von Begegnungen und Berührungen, die Spuren in mir hinterlassen haben, und genauso auch in anderen Wesen, dann bin ich, dann ist dieses Bündel aufs Innigste verflochten mit der Welt um mich herum, dann lebt all dies weiter, auch wenn ich sterbe und das Bündel sich auflöst. Und da mein Leben nur im gegenwärtigen Augenblick geschieht, der sofort wieder vergangen ist, gehört ein ständiges Sterben zum Leben dazu. Im Grunde ist vielleicht das ganze Universum von Geist durchzogen – dann geht der Lebensprozess weit über diesen Körper hinaus. Die Grenzschichten zwischen »Ich« und »Nicht-Ich« sind fließend, und damit auch die Grenze zwischen Leben und Tod.

25. Sexualität: Im sexuellen Höhepunkt, dem »kleinen Tod«, können wir kurzzeitig eine ozeanische Auflösung der Ich-Grenzen erleben. Und tatsächlich werden in der Sexualität die Grenzen zwischen Ich und Du in mehrfacher Hinsicht durchlässig, bis hin zu einer Erfahrung des Einswerdens. Hier gibt es eine Verbindung zur spirituellen Gotteserfahrung, in der die einzelne Seele und das Allumfassende sich vereinigen.

26. Kleidung: Zurück zum Profanen: Unsere Kleidung ist neben der physischen auch eine soziale Grenzschicht. Wir verhüllen uns, vor allem die Körperteile, die wegen ihrer erotischen Bedeutung die Ordnung unseres Zusammenlebens gefährden könnten. Gleichzeitig zeigen wir uns durch unsere Kleidung: unsere Individualität oder unsere Zugehörigkeit. Kleidung tanzt auf der Grenzschicht zwischen Verhüllen und Zeigen und auf der zwischen Individualität und sozialer Ordnung.

27. Wohnen: Ähnlich ist es bei unseren Wohnungen. Wir schließen andere aus oder laden sie ein – und wir zeigen uns selbst in der Art unseres Wohnens. Bei der Grenzschicht unserer Behausungen zeigt sich deutlich ihre selektive Durchlässigkeit: was hineindarf (zum Beispiel Licht, Wasser und Strom) und was nicht (Wind und Lärm), was hinaussoll (Abwasser und Müll) und was nicht (unsere Wertgegenstände). Aber natürlich auch, wer hineindarf und wer nicht.

28. Reflektieren: Es gibt in mir eine beobachtende Instanz – wie ein reflektierender Spiegel –, die alle Wahrnehmungen, äußere und innere, aufnimmt. Sie befindet sich gleichsam an der Grenze von Innen und Außen und blickt janusköpfig sowohl in die Außenwelt wie auch in die innere Welt. In beiden Welten verschieben sich ständig die Grenzschichten zwischen dem schon Bekannten und dem noch Unbekannten. In den inneren Welten liegen jenseits der Grenzen des Bewussten und Bekannten unermessliche Räume: der Reichtum der Gefühle, die noch nicht bewusst gefühlt wurden, der Gedanken, die noch keine Form angenommen haben, der Erinnerungen, die vergessen sind, der Träume, die nie bewusst wurden.

29. Resonanz: Zwischen mir und der Welt um mich herum kann eine Resonanzbeziehung entstehen. Das ist wie ein Dialog, in dem beide Seiten mit jeweils eigener Stimme sprechen und sich beide durch die Berührung des anderen verwandeln lassen. Das kann zwischen Menschen geschehen, im Kontakt mit der Natur oder versunken in einer Tätigkeit. Voraussetzung ist, dass ich die Welt nicht benutze, kontrol-

liere und mir verfügbar mache, sondern mich dem Abenteuer einer
Begegnung öffne. Dafür braucht es Grenzen, die geschlossen genug
sind für das Eigene und durchlässig genug für die Berührung. Diese
Qualität der Resonanz ist nicht kontrollierbar und kann nicht in Besitz genommen werden: Sie behält ein Element der Unverfügbarkeit.
Die zeitweiligen Erfahrungen des Getrenntseins und der Entfremdung gehören zur Resonanzbeziehung existenziell dazu.

30. Wir und die anderen 1: Resonanz erleben wir leichter bei Menschen,
denen wir ähnlich sind und mit denen wir eine Gruppenzugehörig-
keit teilen. Gruppen werden konstituiert durch die Grenzschicht zwischen einem »wir« und »den anderen«. Diese Grenzschichten können
in ihrer Durchlässigkeit sehr unterschiedlich sein. Können wir mit
Menschen in einem konstruktiven Kontakt sein, auch wenn sie ganz
anderen Gruppen angehören? Wenn sie eine andere Hautfarbe haben,
eine andere Religion, andere politische Überzeugungen? Gruppen
können zusammengehalten werden durch gemeinsame Werte, Ziele
und Projekte oder durch feindselige Abgrenzung gegenüber »den anderen«. Ersteres ist konstruktiver, aber komplexer, Letzteres scheinbar
einfacher, aber um den Preis höherer Destruktivität. Soziale Grenzschichten zwischen verschiedenen Gruppen sind (leider) nicht immer so lebensförderlich wie biologische Grenzschichten, sie neigen zu
feindseliger Verhärtung und Undurchlässigkeit.

31. Wir und die anderen 2: Am lebensförderlichsten sind Gruppen, in
denen die Koexistenz von Trennendem und Verbindendem anerkannt
wird. Intern wird zwischen den Gruppenmitgliedern – bei allem Verbindenden – auch Trennendes toleriert. An den Außengrenzen der
Gruppe wird gegenüber »den anderen« – bei allem Trennenden –
auch Verbindendes wahrgenommen. In der Menschheitsgeschichte
ist eine Tendenz zum Zusammenschluss zu immer größeren Einheiten zu erkennen, bei denen viele Grenzschichten durchlässiger werden oder sogar verschwinden: von Stämmen zu Fürstentümern, zu
Nationen, bis hin zu überstaatlichen Einheiten wie der Europäischen

Union. Die Ideale des Humanismus und die allgemeinen Menschenrechte verstärken die gemeinsame Basis aller Menschen.

32. *Wir und die anderen 3:* Bei jeder Gruppenbildung besteht die Gefahr, dass »die anderen« einen hohen Preis zahlen. Bei den für uns so wertvollen humanistischen Idealen sind das die nichtmenschlichen Lebewesen. Die Verbreitung des Humanismus und der universalen Menschenrechte in den letzten 250 Jahren ging einher mit einer rasanten Entwicklung von Wissenschaft und Technologie und dadurch mit einer beispiellosen Zerstörung natürlicher Lebensräume, mit der erbarmungslosen Auslöschung unzähliger Tier- und Pflanzenarten und mit einer brutalen Massentierhaltung. Wir machen die Grenzschicht zwischen uns Menschen und den anderen Wesen auf der Erde scheinbar undurchlässig und tun so, als ginge uns deren Schicksal nichts an. Dabei verlieren wir jedoch auch einen Teil unserer eigenen Seele: unsere Empfindsamkeit. Und was wir in der Biosphäre anrichten, fällt auf uns zurück. Zerstören wir die Natur, dann zerstören wir auch uns selbst. Die Grenzschicht zwischen uns und den anderen Lebewesen ist eben doch durchlässig, ob wir das wollen oder nicht. Wir sind mit allen Lebewesen geschwisterlich verbunden.

33. *Die Zaunreiterin:* Unsere Feindseligkeit gegenüber der nichtmenschlichen Natur ist eine Folge unserer Versuche, Kontrolle zu erlangen über die ungebändigte Wildnis des Natürlichen. Dabei geht es gleichermaßen um die äußere Wildnis ungezähmter Lebewesen und Naturkräfte wie auch um die innere Wildnis unserer eigenen ungezähmten Seelenkräfte. Die Technisierung unseres Lebens hat uns in der Illusion bestärkt, alles kontrollieren zu können. Die Grenze zwischen zivilisierter Ordnung und unkontrollierter Wildheit ist daher seit Jahrhunderten geprägt von Feindschaft und Kontrolle – und andererseits von Sehnsucht nach dem freien Spiel natürlicher Kräfte. Es wird sich zeigen, ob wir diese Grenze freundlicher und fürsorglicher gestalten können. Indem wir in manchen Bereichen auf Kontrolle verzichten, können die Kräfte der Wildnis – der inneren und der äußeren – unser Leben tragen und bereichern.

34. Auseinandernehmen und Zusammenfügen: Die Naturwissenschaft hat durch ihre Methoden der mathematischen Analyse und der experimentellen Überprüfung eine enorme erklärende Kraft entwickelt, die unser technisiertes Leben ermöglicht. Dabei trennt und zergliedert sie die einzelnen Objekte, macht ihre Grenzschichten künstlich undurchlässig, um sie analysieren zu können, und ignoriert die natürliche Verbundenheit der Dinge. So entstand eine Weltsicht, die durchzogen ist von Sinnlosigkeit und Kälte. Erst in den letzten Jahrzehnten beginnt die Naturwissenschaft, neben der analytischen auch eine synthetische Kraft zu entwickeln, indem sie komplexe Systeme besser zu verstehen lernt. Zentral sind hierbei Modellierungen in Hochleistungscomputern, die durch große Datenmengen immer genauer werden. Jetzt hält die Verbundenheit wieder Einzug in das naturwissenschaftliche Weltbild, die Verbundenheit aller Einzelteile komplexer, lebender Systeme. Die Naturwissenschaft beginnt, die Grenzschichten zwischen den Dingen wieder in ihrer Durchlässigkeit und Dynamik zu erkennen. Damit wird sie, die bis heute ein Motor der Ausnutzung und Zerstörung der Biosphäre war und ist, jetzt zu einer treibenden Kraft für Nachhaltigkeit und den Erhalt lebender Systeme.

36.
Essenzen

Jetzt versuche ich, aus dieser Zusammenschau etwas zu destillieren: die Essenzen.

1. Eine Grenzschicht konstituiert einen Unterschied.
Sie erzeugt verschiedene Bereiche: ein Diesseits und ein Jenseits, ein Innen und ein Außen.
　Sie ermöglicht jeweils unterschiedliche Verhältnisse in diesen Bereichen. Innen ist es anders als außen, hier ist es anders als dort.

Durch die Unterschiedlichkeit wird wiederum die Grenzschicht betont, sie leuchtet deutlicher auf, sie wird dynamischer und wesentlicher.

Dies ist ein zirkulärer Prozess. Die Unterschiedlichkeit der abgegrenzten Bereiche und die Dynamik der Grenzschicht verstärken einander. Dadurch werden Grenzschichten zu einer grundlegenden Struktur der Realität.

*

2. Eine Grenzschicht ermöglicht Verbindungen.
Das hat zwei Gründe. Erstens ist die Grenzschicht nicht nur trennend, sondern auch durchlässig. In ihrer Durchlässigkeit entwickelt sich eine dynamische Verbundenheit zwischen diesseits und jenseits. An Grenzschichten ist das »Gefälle der Verschiedenheit« besonders hoch, daher laufen dort intensive und komplexe Prozesse ab, die mit einer größeren Dynamik einhergehen.

Zweitens: Die sich an der Grenzschicht zeigenden Gegensätze bedingen einander. Das Helle wird heller durch das Dunkle. Das »wir« wird stärker durch »die anderen«. Das Innere wird zum Inneren, indem es sich vom Äußeren abgrenzt und zugleich mit ihm interagiert.

Es ist nur scheinbar eine Paradoxie, dass Grenzschichten gleichzeitig abgrenzen und verbinden. In diesem Spannungsfeld entstehen ihre besondere Bedeutung und ihre Vielgestaltigkeit.

*

3. Grenzschichten umgrenzen eine Gestalt.
Ein autonomes System nimmt Form an, mit einer inneren Dynamik, einem Innenleben. In diesem Gebilde, innerhalb seiner schützenden Grenzen entwickeln sich Eigenständigkeit und Unverwechselbarkeit. Gleichzeitig ist es durch seine Grenzschichten in das Äußere eingebettet und mit ihm verbunden. So entsteht ein offenes System, das mit dem Äußeren Stoffe und Energie austauscht und sich so selbst erhalten kann.

*

4. An Grenzschichten findet Informationsaustausch statt – Kommunikation.
Sie ermöglichen, dass die Räume und Prozesse diesseits und jenseits
der Grenzschichten sich in ihrer Verschiedenheit wechselseitig beeinflussen und verändern.

Durch den an ihnen stattfindenden Informationsfluss sind Grenzschichten vergleichbar mit Sinnesorganen.

Dafür müssen Grenzschichten semipermeabel sein, also selektiv
durchlässig. Sie regulieren, was sie durchlassen und was nicht. Sie
wählen aus, was, wann und wieviel sie aufnehmen oder abgeben.

*

5. An Grenzschichten kann Resonanz auftreten:
Dabei treten zwei voneinander abgegrenzte Gestalten in einen gemeinsamen Prozess ein, sie sind dann ergriffen von einer gemeinsamen
Schwingung.

Resonanz wird möglich, weil Grenzschichten sowohl abgrenzen
als auch verbinden können. Das bedeutet jedoch nicht umfassende
Harmonie. Resonanz schließt das Konflikthafte und manchmal auch
das Chaotische mit ein.

*

6. Grenzschichten verschachteln sich auf vielfältigen Ebenen.
Sie bilden Schichten in Schichten, Gestalten in Gestalten.

Dabei bilden kleinere Untereinheiten komplexere und umfassendere übergeordnete Einheiten.

Ein Proteinmolekül, eine Zellorganelle, eine Zelle, ein Organ, ein
Tier, ein Ökosystem. Oder: eine Kommune, ein Land, eine Nation, ein
Staatenbund. Eine Hierarchie von Einheiten – und von Grenzschichten. Die umfassenderen Einheiten haben einen steuernden Einfluss

auf die kleineren Einheiten. Die kleineren haben jedoch eine gewisse Autonomie und beeinflussen ihrerseits die umfassenderen Einheiten.

*

7. An durchlässigen Grenzschichten finden komplexe Prozesse statt.
Sie schaffen Möglichkeiten und organisieren Komplexität. Daher dienen Grenzschichten der Vielfalt und der Lebendigkeit. Eine komplette Auflösung von Grenzen reduziert die Vielfalt der Möglichkeiten.

Völlig undurchlässige Grenzschichten führen ebenfalls zu einer Reduktion von Möglichkeiten.

Selektiv durchlässige Grenzschichten dagegen ermöglichen offene Systeme. Diese sind Voraussetzung für Selbstorganisation und Lebendigkeit.

*

8. Menschen können viele Arten von Grenzschichten bewusst gestalten.
Das gilt für individuelle und soziale, aber auch für physische und ökologische Grenzschichten. Menschen tragen dafür Verantwortung, individuell und kollektiv, dass die von ihnen gestalteten Grenzschichten lebensförderlich sind.

Oft ignorieren Menschen das Trennende von Grenzschichten, oder sie unterschätzen ihre Durchlässigkeit.

Von Menschen gestaltete Grenzschichten neigen manchmal entweder zur Auflösung oder zu Verhärtung und Undurchlässigkeit. Beides dient dem Leben nicht.

*

9. Lebensförderliche soziale Grenzschichten sind selektiv durchlässig.
Sie sind fähig sowohl zur Abgrenzung als auch zur Öffnung. Damit ermöglichen sie einerseits Ordnung, Beständigkeit und klare Strukturen. Aber sie öffnen sich auch der Verbundenheit, der Veränderung

und der wechselseitigen Abhängigkeit, dem Unvorhersehbaren und der Kreativität.

*

10. Lebensförderliche Grenzschichten sind oft eine Herausforderung.
Um mit ihnen gut umgehen können, brauchen Menschen einerseits die Fähigkeit und den Mut, Kontrolle auszuüben und wirksam zu sein, anderen Personen Grenzen zu setzen, den eigenen Willen zu vertreten, dem eigenen Gewissen zu folgen.

Und andererseits die Fähigkeit und den Mut zur Hingabe, zur Öffnung für das Fremde, zur Akzeptanz chaotischer Durchgänge, zur Demut gegenüber dem Umfassenden, zum Loslassen von Kontrolle.

Dies gilt nicht nur in psychologischen, sozialen und gesellschaftlichen Bereichen, sondern ebenso in zwischenstaatlicher, ökologischer und planetarer Hinsicht.

*

11. Grenzschichten entsprechen einem Prinzip der Verbundenheit.
Da Grenzschichten eine grundlegende Struktur der Realität sind und da natürliche und lebensförderliche Grenzschichten selektiv durchlässig sind und damit Verbindung ermöglichen, bedeutet das:

Es gibt eine Verbundenheit von allem mit allem. Jedoch sind die Dinge selektiv verbunden, nicht ineinanderfließend. Man könnte auch sagen: Alles ist mit allem im Gespräch.

Allerdings ist diese Verbundenheit störbar, wie auch ein Gespräch störbar ist.

*

12. Grenzschichten sind keine Dinge, sondern Prozesse.
Wie die Oberfläche des Wassertropfens: Dessen Oberflächenspannung beruht auf dynamischen Anziehungsprozessen der H_2O-Moleküle.

Wie die kleinsten Teilchen, aus denen unsere Welt aufgebaut ist, und die keine Dinge sind, sondern Wellen, also Prozesse.

Wie eine Zellmembran, die in biochemischen Prozessen ständig auf- und umgebaut wird.

Und wie ein Ich, das kein feststehendes Ding ist, sondern ein Bündel von Prozessen: Ich bin jetzt ein anderer als zu Beginn dieses Textes.

37.
Grenzschichten

Suche.
Suche immer die Grenze.
Suche sie auf.

Geh genau dorthin,
ins Dazwischen. An die Grenzschicht
von Wissen und Nichtwissen,
von Denken und Fühlen,
Sein und Werden.
Gehe dort hin
und lausche.

Lausche an der Grenze,
so hörst du das Gespräch
aller Dinge.

38.
Gesellschaftliche Praxis

Was bedeutet all das für unsere Lebenspraxis? Wie können wir Grenzschichten lebensförderlich gestalten?

Das ist natürlich ein weites Feld. Da es mir in diesem Buch vor
allem darum geht, die Universalität von Grenzschichten und ihre
Dynamiken zu beschreiben, gebe ich hier nur einige Hinweise, die
beispielhaft zeigen sollen, welche praktische Relevanz die Betrachtung von Grenzschichten haben kann in gesellschaftlicher, politischer,
kultureller Hinsicht und schließlich auch in Fragen der persönlichen
Lebenshaltung. Diese Gedanken sind sicherlich unvollständig und
könnten auf verschiedene Arten weiter ausgearbeitet werden.

Ich beginne mit einigen Überlegungen zu menschlichen
Gesellschaften:

Eine Gesellschaft lebt von selektiv durchlässigen Grenzen. Da
sind zunächst die Grenzschichten im Inneren der Gesellschaft. Dort
gibt es eine mehr oder weniger große Verschiedenheit der Menschen,
unterschiedliche Gruppierungen, soziale Schichten, Lagerbildung
und damit Grenzschichten der sozialen Unterschiede. Das kann die
Bildung betreffen, die Sprache, den finanziellen Status, die Herkunft,
die Hautfarbe, die Religion, die Weltanschauung, die Parteipräferenz
oder auch die Begeisterung für einen bestimmten Sportverein und
dergleichen. Was bedeutet es, wenn diese Grenzschichten selektiv
durchlässig sind?

Sie sollten zunächst als Grenzen wahrgenommen und respektiert
werden. Das Trennende und Fremde in der Unterschiedlichkeit darf
da sein. Ich erkenne zum Beispiel, dass es mir schwerer fällt, mich
in eine Person einzufühlen, die ganz anders lebt als ich oder eine
ganz andere Weltsicht hat oder ganz anders aufgewachsen ist als ich.
(Diese Grenze gibt es eigentlich immer, bei jeder Begegnung, denn
kein Mensch außer mir lebt mein Leben und hat genau meine Weltsicht. Diese Grenzschicht ist aber zwischen Menschen mit größerer

Unterschiedlichkeit stärker akzentuiert.) Dass es mir schwerer fällt, die Grenzschicht bei größerer Unterschiedlichkeit zu öffnen, mag ich bedauern, aber ich akzeptiere es als Teil meiner emotionalen Realität. Wenn ich dies dagegen nicht akzeptiere, sondern ablehne, dann verschiebe ich mein Unbehagen angesichts der Fremdheit, meine Ängste oder instinktiven Ressentiments ins Unbewusste, dann errichte ich dort in mir eine verhärtete, undurchlässige Grenzschicht, indem ich mir einen Teil meiner Empfindungen verbiete. Die Ressentiments gehen in den Untergrund und wirken in mir weiter, sind dann jedoch schwieriger zu beeinflussen und zu relativieren. Dann bekämpfe ich mein Unbehagen angesichts des Fremden, indem ich es in mir ablehne und negiere. Oder ich bekämpfe mein Unbehagen im Außen und werde tatsächlich fremdenfeindlich: Das Fremde soll weg, mir aus den Augen!

Wir verdeutlichen uns das an einem Beispiel. Der Satz »Wenn ich viele dunkelhäutige Menschen auf der Straße sehe, ist mir das unangenehm« sollte als Selbstoffenbarung zunächst wohlwollend toleriert und als Gelegenheit gesehen werden, weiter zu fragen: Was denn genau das unangenehme Gefühl sei, auf welchen Erfahrungen das Gefühl beruhe, ob es denn auch unangenehm sei, mit einem dunkelhäutigen Menschen ins Gespräch zu kommen, und so weiter. Wenn dieser Satz dagegen sofort als rassistisch verurteilt wird, dann werden Grenzschichten verhärten – nach innen als Verdrängung oder nach außen als Feindseligkeit.

Wenn die Person, die den genannten Satz äußert, dann aber daraus folgert, dass dunkelhäutige Menschen nicht in diesem Land leben sollten, dann ist es natürlich angemessen, dem zu widersprechen und engagiert dagegen zu argumentieren. Denn dann hat eine zunächst einfach nur emotional trennende Grenzschicht sich zu einem fremdenfeindlichen Konzept verhärtet.

Wenn ich dagegen die Ängste vor dem Fremden bei mir (und auch bei anderen) erst einmal akzeptiere, aber mich von ihnen nicht beherrschen lasse, dann kann ich in einer Fremdheitsbegegnung vielleicht auch leichter die andere, positive Seite erleben: die Bereicherung, den Reiz und die Schönheit dieser Begegnung, das Anregende der Andersartigkeit, das Verbindende bei aller Verschiedenheit. Etwas Verbindendes könnte auch sein, dass beide Personen zunächst ein leichtes Unbehagen empfinden angesichts der Verschiedenheit der jeweils anderen.

Grenzschichten können also leichter durchlässig und lebensförderlich werden, wenn sie zunächst akzeptiert werden, auch in ihrer trennenden Dynamik. Gesellschaftlich ist dann allerdings zweierlei wichtig: dass erstens die Durchlässigkeit von Grenzschichten gefördert wird und zweitens Verhärtungen vermieden oder bekämpft werden.

Das Durchlässige zu fördern ist eine gesamtgesellschaftliche Aufgabe: Begegnungsräume zu schaffen, in denen Menschen in ihrer Unterschiedlichkeit zusammenkommen und nicht nur Menschen aus der gleichen »Blase« sich treffen. Das können Begegnungsstätten sein, Vereine, Bürgerinitiativen oder Parteien. Da kann die soziale Durchmischung von Wohnvierteln eine Rolle spielen oder die Förderung von ehrenamtlichem Engagement. In diesem Zusammenhang kann auch eine verbindliche Frauenquote in Parteien oder in Führungsetagen der Wirtschaft gesehen werden – gemischtgeschlechtliche Führungsteams sind nachweislich effektiver – sowie die Teilhabe behinderter Menschen am gesellschaftlichen Leben. Aus den gleichen Gründen gehören Menschen mit Migrationshintergrund in Behörden, Parlamente und Regierungen. Man kann diese konkreten Beispiele auch als Fragen des Kampfes für Gerechtigkeit sehen, aber immer geht es dabei um die Durchlässigkeit von Grenzschichten.

Verhärtungen bekämpfen: Diskriminierung, Benachteiligung, Feindseligkeit bis hin zur Gewalt bedürfen einer klaren gesellschaftlichen und staatlichen Verurteilung. Das ist nicht nur eine moralische Frage, vielmehr liegt diese Haltung im besten Eigeninteresse für eine Gesellschaft.

Denn gesellschaftliche Gruppen zu diskriminieren, sie feindselig zu behandeln oder vom Diskurs auszuschließen, führt zu undurchlässigen und verhärteten Grenzschichten. Diese binden große Mengen Energie, die nicht mehr für konstruktive Prozesse zur Verfügung steht. Dadurch kommt es zu einem Verlust von Lebendigkeit und positiver Dynamik für die ganze Gesellschaft. Zu den destruktiven Verhärtungen zählen auch Beleidigungen und systematische Gesprächsverweigerung.

Dies gilt für die Diskriminierung gesellschaftlicher Gruppierungen aller Art: Es ist egal, ob es dabei um die Hautfarbe, die sexuelle Orientierung, die Religion, die Herkunft, die politische Überzeugung oder die Weltsicht geht.

Solche Verhärtungen sollten erkannt, offengelegt und diskutiert werden, um gerechtere Lösungen herbeizuführen.

Ich plädiere dafür, mit allen gesellschaftlichen Gruppen und politischen Gruppierungen (auch mit jenen, die diskriminierende Meinungen vertreten) das Gespräch zu suchen und auszuloten, welche Möglichkeiten eines konstruktiven Dialogs es gibt. Das bedeutet nicht, politische Unterschiede zu verwischen, sich anzubiedern oder populistische Meinungen opportunistisch zu übernehmen. Das bedeutet auch nicht, zu tolerieren, wenn Gesetze gebrochen oder die Regeln des gegenseitigen Respekts verletzt werden. Es bedeutet aber, auszuhalten, dass jemand vielleicht eine Meinung oder Weltsicht hat, die völlig anders ist als meine und die möglicherweise einige meiner heiligsten Überzeugungen und Prinzipien infrage stellt.

Jede verächtliche Haltung gegenüber gesellschaftlichen Gruppen schadet der lebensförderlichen Dynamik und dem Zusammenhalt der Gesellschaft. Das gilt zum Beispiel für die Postulierung flüchtlingsfreier Zonen oder LGBTQ-freier Zonen, aber genauso für den Ausruf nazifreier Zonen. »Migranten raus!«-Parolen und »Nazis raus!«-Parolen stehen daher in derselben Kategorie der Grenzschichtverhärtung – auch wenn uns vielleicht aufgrund unserer eigenen Überzeugungen die eine Parole sympathischer sein mag als die andere. Auch Gegner der Covid-19-Maßnahmen als »Covidioten« zu verunglimpfen, dient nicht dem Wohl der Gesellschaft.

Zu oft erfolgten in der menschlichen Geschichte um wertvoller Ziele willen die schrecklichsten und unmenschlichsten Handlungen, die dann auch noch mit diesen hehren Zielen gerechtfertigt wurden. Daher halte ich es für wichtig, lebensfeindliche Grenzverhärtungen zu hinterfragen, egal von welcher Seite oder um welcher Ziele willen sie entstehen.

Häufig stellt sich die Frage, ob im gesellschaftlichen Diskurs bestimmte Ideen oder Meinungen ausgeschlossen werden sollten, da sie allgemein anerkannten Überzeugungen widersprechen, die Gefühle mancher Menschen verletzen oder den Zusammenhalt der Gesellschaft gefährden könnten. Auch hierbei kommt es zu Grenzverhärtungen, die ein hohes Maß an Energie binden und das kreative Spiel der Gedanken einengen.

Ein Beispiel: Von den Menschen, die sich ernsthaft mit dem Thema Homosexualität auseinandersetzen, behauptet sicher nur eine kleine Minderheit, dass Homosexualität eine Krankheit sei, die behandelt werden sollte. Dennoch sollte diese Meinung – die ich für falsch halte und die wissenschaftlich nicht begründbar ist – toleriert und ihr im streitbaren Gespräch argumentativ begegnet werden, statt ihre Vertreter vom gesellschaftlichen Diskurs von vornherein auszuschließen.

Wenn wir unsere eigenen Prägungen und Gewohnheiten unvoreingenommen erkunden, werden wir auch in uns selbst Tendenzen finden zu Grenzverhärtungen, zu Vorurteilen oder Diskriminierung. Sogar mit rassistischen oder sexistischen Haltungen in uns selbst werden wir wahrscheinlich konfrontiert werden. Das ist kein moralisches Armutszeugnis, sondern ein mutiger Blick auf das Dunkle in uns – und eine Gelegenheit zur Weiterentwicklung. Wenn solche Tendenzen bei anderen sichtbar werden, sollten wir es offenlegen und kritisch beleuchten, jedoch diese Menschen nicht verurteilen oder ausschließen.

Wie oben schon angesprochen: Versuchen wir das Dunkle in uns auszumerzen, dann geht es in den Untergrund und wir haben weniger Einfluss darauf – eine innere Grenze wird undurchlässig. Das gilt sowohl psychologisch für das Individuum als auch kollektiv für die Gesellschaft.

Wir sollten akzeptieren, dass in einem Menschen Dunkles und Helles, Liebenswertes und Abgründiges, Brutales und Geniales nebeneinander vorliegen können – ohne das Dunkle gutzuheißen oder zu beschönigen. Dann müssen wir zum Beispiel die großartigen Werke einer genialen Künstlerin nicht ablehnen, weil sie sich menschlich oder politisch unangemessen verhalten hat.

Wenn wir anerkennen, dass in jedem Menschen die Grenzschicht zwischen Hellem und Dunklem durchlässig ist, zwischen verantwortlich angemessenem und fehlerhaftem Handeln, dann müssen wir auch unsere Politiker nicht schon bei kleineren, menschlich nachvollziehbaren Fehlleistungen mit Rücktrittsforderungen überziehen. Wir würden nicht wegen jeder unüberlegten Äußerung die jeweilige Person dauerhaft ablehnen. Dann könnte ein Mensch mit politischer Verantwortung vielleicht leichter sagen: »Das nehme ich zurück. Das war ein Irrtum.« Wenn die politische Atmosphäre fehlerfreundlicher wäre, dann wären Politikerinnen weniger gestresst und würden vielleicht sogar bessere Politik machen.

Eine weitere sehr wichtige Grenzschicht innerhalb einer Gesellschaft ist noch zu betrachten: Bei allen gesellschaftlichen Entwicklungsprozessen gibt es Menschen, die die Entwicklung vorantreiben, und solche, die bremsen. So verhält es sich bei verschiedenen aktuellen Entwicklungen: zum Beispiel bei der Gleichberechtigung von Männern und Frauen, bei der Akzeptanz vielfältiger Geschlechtsidentitäten und vor allem beim Kampf für eine nachhaltige Gesellschaft, für den Erhalt der Biosphäre und gegen die selbstverursachte Klimakatastrophe.

In dieser Hinsicht ist eine Gesellschaft vielleicht wie eine Karawane von Kamelen. Auf dem Weg durch die Wüste sind manche Kamele schneller, andere langsamer unterwegs. Wenn die Karawane beisammenbleiben soll, um dadurch ihren Weg durch schwieriges Gelände besser zu bewältigen, dann braucht es eine gewisse Rücksichtnahme auf die unterschiedlichen Geschwindigkeiten. Die schnelleren Kamele sollten mit aller Kraft versuchen, Tempo zu machen, die drängende Notwendigkeit der Veränderung leidenschaftlich vertreten und Entwicklung einfordern. Aber sie sollten dabei die langsameren Kamele nicht verlieren, denn nur gemeinsam kann die Karawane ihre Ziele erreichen. Auch sorgen die langsameren Kamele vielleicht dafür, dass Bewährtes nicht vorschnell abgeworfen wird und die Kräfte nicht zu schnell erschöpft werden. Dass dabei Spannungen zwischen den Kamelen auftreten und es zu Enttäuschungen und Verletzungen kommen kann, ist unausweichlich. Es gehört dazu.

Die langsamen, bremsenden, aber »diskussionsbereiten« Kamele sind auch deshalb wichtig, weil sie die Bewegungsimpulse der schnellen Kamele an die große, träge Masse weiterleiten, an die vielen Mitläufer, die sich nur in Bewegung setzen, wenn es viele andere tun. Daher sind die mühsamen Verhandlungen mit den bremsenden Kamelen notwendig, damit sich die ganze Karawane wirklich in Bewegung setzt.

Antreiber und Bremser sollten leidenschaftlich streiten und diskutieren, sich jedoch gegenseitig respektieren, damit die Grenzen klar, aber durchlässig bleiben. Das fördert die gesellschaftlichen Entwicklungen am nachhaltigsten.

*

Bis hierher haben wir uns mit den inneren Grenzschichten einer Gesellschaft beschäftigt. Menschliche Gesellschaften sind aber auch nach außen hin begrenzt. Durch Staatsgrenzen, durch kulturelle und sprachliche Verschiedenheiten oder durch geografische Entfernungen. Auch hier sollten zunächst die trennenden Aspekte der Grenzschichten akzeptiert werden.

Dass Staatsgrenzen zu respektieren sind, erschien zumindest in Europa für einige Jahrzehnte selbstverständlich. Durch den brutalen Überfall der russischen Föderation auf die Ukraine hat dieses Thema leider wieder eine beklemmende Aktualität bekommen. Wenn man die russische Propaganda betrachtet, in der die Ukraine als Naziregime dargestellt und ihr das Existenzrecht als Staat abgesprochen wird, erkennt man massive weltanschauliche Grenzverhärtungen. Da-

bei wird wieder die Dialektik von Grenzschichten deutlich: Grenzverhärtungen können zu Grenzverletzungen führen, die wiederum
Verhärtungen nach sich ziehen. Am stabilsten ist die zwar trennende,
aber selektiv durchlässige, sozusagen »weiche« Grenzschicht.

Bezüglich des russischen Angriffskriegs gilt, ähnlich wie bei Grenzen innerhalb von Gesellschaften: Die Grenzverletzung darf nicht toleriert werden. Viele, vor allem westliche Staaten positionieren sich
klar an der Seite des überfallenen Opfers, belegen Russland mit Sanktionen und unterstützen den ukrainischen Abwehrkampf. Allerdings
gibt es etliche Staaten des globalen Südens, die diese Haltung des
Westens kritisch sehen und sich nicht daran beteiligen. Hier zeigen
sich die Nachwirkungen einer Vielzahl von Ungerechtigkeiten, von
Grenzverletzungen und Grenzverhärtungen, bei denen die europäischen Staaten und die USA Täter waren und Schuld auf sich geladen
haben. Gesellschaften des globalen Südens wurden (und werden) dominiert und ausgebeutet, am heftigsten durch die Verbrechen des Ko-
lonialismus und der Sklaverei. Wenn die westlichen Industriestaaten
ihre eigene Schuld anerkennen, und damit das Trennende der Grenzschicht zu den Staaten des globalen Südens respektieren, könnte dies
den verhärteten Grenzen letztlich zu mehr Durchlässigkeit verhelfen.
Dazu gehört auch die Bereitschaft, zu den Ländern des Südens Beziehungen auf Augenhöhe einzugehen und zu akzeptieren, dass diese einen eigenen Blickwinkel haben, der oft von unserem verschieden ist.

Auch zwischen verschiedenen Kulturen gibt es Grenzschichten,
und die Unterschiedlichkeit von Kulturen spielt bei den Außengrenzen von Gesellschaften eine wichtige Rolle. Auch die kulturellen
Grenzschichten sollten zunächst anerkannt werden. Eine klare Grenze ist eine Voraussetzung für Respekt gegenüber einer anderen Kultur.
Respekt für ihre Andersartigkeit, vielleicht auch für ihre Fremdheit.

Aber natürlich ist auch die Durchlässigkeit kultureller Grenzschichten bedeutsam. Wenn verschiedene Kulturen miteinander in Kontakt
kommen, verändern sie einander. Sie können einander unterdrücken
und sich bekämpfen, aber auch voneinander inspiriert und bereichert
werden. Manchmal passiert beides gleichzeitig: Die Kultur der nord-

amerikanischen Ureinwohner wurde von den europäischen Siedlern brutal unterdrückt und zerstört, gleichzeitig übte sie einen inspirierenden Einfluss auf die kulturelle und politische Entwicklung Europas aus, auch auf die europäische Aufklärung. Das ist erstaunlich, schrecklich, aber (leider) auch erklärlich: Wir fürchten das Fremde, unterdrücken oder zerstören es, und gleichzeitig zieht es uns an und fasziniert uns.

Die Übernahme von Kulturelementen einer benachteiligten oder unterdrückten Kultur in die eigene wird in letzter Zeit zunehmend kritisiert als »kulturelle Aneignung«. So wurde es kritisch hinterfragt und abgelehnt, wenn weiße Menschen Dreadlocks tragen, Palästinensertücher oder Federschmuck von Native Americans. Diese Kritik ist berechtigt, soweit kulturelle Motive anderer Völker kommerzialisiert, karikiert oder respektlos verwendet werden. Andererseits ist kulturelle Aneignung aus menschlichen Kulturen nicht wegzudenken. Kulturen sind nie statisch, sie entwickeln sich, beeinflussen einander, und kulturelle Aneignung ist ein wichtiger und oft auch positiver Entwicklungsfaktor. Das Trinken von Kaffee oder Tee, das Rauchen von Tabak, der Anbau von Kartoffeln, Tomaten, Paprika und Mais – all das haben die Europäer sich von den Kulturen anderer Völker angeeignet.

Vielleicht hilft uns bei diesem Thema das Konzept der Resonanz weiter (siehe Kapitel 29): Wenn ich mich mit einer fremden Kultur wirklich in Resonanz befinde, dann werde ich mich berühren lassen von ihr, dann werde ich ihr und ihren kulturellen Elementen mit Respekt begegnen. Dann sind die Grenzschichten zwischen mir und der anderen Kultur auch emotional durchlässig. Dagegen bedeutet ein Ausbeuten oder Kommerzialisieren von fremden kulturellen Elementen zwar eine Durchlässigkeit der interkulturellen Grenzschicht auf der materiellen Ebene, aber gleichzeitig eine Grenzverhärtung auf der emotionalen Ebene, die zu Recht kritisiert wird.

Für den gigantischen Lernprozess, in dem sich die menschliche Kultur in unserer Zeit befindet – und bei dem noch nicht klar ist, ob er rechtzeitig erfolgt –, für diesen Lernprozess brauchen wir das kulturelle Wissen indigener Völker. Dieses Wissen kann uns helfen, die Biosphäre in ihrer lebensförderlichen Vielfalt zu bewahren. Das be-

deutet nicht, indigene Völker zu idealisieren, zu kopieren oder selbst
zu einer Lebensweise als Jäger, Sammler oder Ackerbauern zurückzu-
kehren – das wäre unrealistisch. Es geht vielmehr darum, dass wir uns
inspirieren lassen von einer grundlegenden kulturellen Haltung, die
sich eingebunden weiß in das große Netz des Lebens.

Damit kommen wir also schließlich zu der Grenzschicht, die für
den Fortbestand unserer menschlichen Kultur von höchster Bedeutung ist: der Grenzschicht zwischen uns Menschen und den nichtmenschlichen Lebewesen. Wir teilen diesen Planeten mit allen Wesen
der irdischen Biosphäre, sie sind unsere Geschwister. Wir sind auf sie
angewiesen und auf ihr Zusammenwirken in den großen verflochtenen Kreisläufen der irdischen Natur. Und sie sind auf uns angewiesen:
darauf, dass wir lernen, sie nicht zu zerstören. Die Grenzschichten
zwischen uns und der Biosphäre, zwischen uns und den nichtmenschlichen Wesen auf der Erde sind durchlässig. Ihr Schicksal ist auch
unseres, die Zerstörungen, die wir anrichten, fallen auf uns zurück.

Insofern kann »Gesellschaft« nicht mehr nur die Menschen, ihre
sozialen Beziehungen und Institutionen meinen, sondern Gesellschaft muss immer auch die ökologischen und klimatologischen
Zusammenhänge mitdenken. Es gibt keine menschliche Gesellschaft
ohne die Erde und ihr Klima, ohne Tiere, Pflanzen und alle nichtmenschlichen Lebewesen.

Wir beginnen gerade, das individuell und kollektiv mehr und mehr
zu erkennen. Apokalyptische Waldbrände, zunehmende Hitzewellen,
Dürren und Überflutungen lassen uns die von uns selbst verursachten
Bedrohungen immer deutlicher spüren. Hinzu kommt unser Wissen
um die schmelzenden Eismassen der Antarktis und Grönlands, die
den Meeresspiegel um mehrere Meter anheben können, unser Wissen um die auftauenden Permafrostböden der nördlichen Tundra, aus
denen das starke Treibhausgas Methan entweicht, um die sterbenden
Korallenriffe und die durch Abholzung schwindenden Regenwälder.
All das ist bekannt, und manches bekommen wir schon zu spüren.
Der europäische Hitzesommer 2022 wird in zwanzig Jahren rückbli-
ckend einer der kühleren Sommer sein.

Die größte Herausforderung liegt jetzt darin, diese Erkenntnisse in politisches und gesellschaftliches Handeln umzusetzen. Wenn man sich anschaut, wie wenig das immer noch geschieht und wie sehr die Zeit drängt, könnte man verzweifeln.

Verzweiflung hilft aber nicht. Allenfalls als Mut der Verzweiflung. Und genauso wenig helfen Fatalismus und Resignation, die sich bei manchen breitmachen.

Angesichts der drängenden Not der Klimakrise und der ökologischen Krisen wollen wir wirksam sein, wir wollen etwas Gutes bewirken und andere überzeugen, Ähnliches zu tun. Damit stoßen wir jedoch an unerbittliche Grenzen. Was wir tun, was wir bewirken können, reicht nicht! Wir fühlen uns machtlos, können uns selbst kaum zu einem wirklich nachhaltigen Lebensstil bewegen und andere erst recht nicht.

Unsere Karawane setzt sich so schwerfällig und langsam in Bewegung! Und auch wenn wir zu den vorauseilenden Kamelen zählen, sind wir doch selbst kaum schnell genug, und viele andere Kamele ziehen einfach nicht mit! Wie sollen wir da Hoffnung behalten und nicht resignieren?

Indem wir die Grenzschichten der eigenen Wirksamkeit akzeptieren, so schmerzlich das ist. Indem wir beides gehen lassen: Hoffnung und Resignation.

Solange wir zwischen Hoffnung und Resignation schwanken, stecken wir fest in Konzepten von Gut und Schlecht, die uns den Blick auf die Wirklichkeit verdecken (siehe Kapitel 14). Wenn wir diese Konzepte loslassen, stellen wir die richtigen Fragen. Nicht: »Reicht es, was ich tue?«, oder: »Warum ziehen die anderen nicht mit?«, sondern: »Wer will ich sein? Wie will ich leben? Lebe ich gemäß meinen Werten?«

Der Journalist Bernd Ulrich nennt das in einem Essay (in der ZEIT Nr. 31/2022) »Öko-Existenzialismus«. Ich verhalte mich so, dass ich zu der Wende beitrage, die ich für not-wendig (!) erachte, »und zwar unabhängig davon, ob diese Wende auch wirklich geschieht«.

Ob unsere Karawane in den Stürmen der Wüste umkommen wird, weil sie sich zu langsam oder in falscher Richtung auf den Weg machte, oder ob sie, vielleicht unter großen Opfern und Verlusten, die lebensfreundlicheren Gefilde erreichen wird, wo wir das Netz des Lebens ehren und erhalten – das wissen wir nicht.

Aber jede und jeder kann entscheiden: Wer will ich sein? Ein Mensch, der erkennt, was es braucht, was wirkt, und der es umsetzt, so gut er kann? Eine Person, die ihr Leben ändert, der künftige Generationen wichtiger sind als eigene Gewohnheiten? Die sich mit anderen zusammenschließt und sich gesellschaftlich für die Wende engagiert?

Jenseits von Hoffnung und Fatalismus, mit nüchterner Leidenschaft.

Aber vergessen wir nicht: Es ist nicht möglich, nicht zu entscheiden. Wir entscheiden immer.

39.
Persönliche Praxis

Jetzt wenden wir uns der persönlichen Lebenspraxis zu. Dabei verlasse ich die bisherige sprachliche Haltung der gedanklichen und nachspürenden Reflexion und spreche dich direkt an, liebe Leserin, lieber Leser. Denn es soll persönlich werden, es soll durchtönen und widerhallen – lateinisch: personare.

So komme ich zu 16 Wegweisungen, die ich persönlich und direkt an dich richte:

Erkenne das Wunder, ein empfindendes Wesen zu sein. In deinem verkörperten Seelenleben, in deinem inneren Kosmos spiegelt sich die ganze Welt, in Freude und Leid, in Schönheit und Unbegreiflichkeit.

Respektiere die Grenzschichten deiner Fähigkeiten und deiner Belastbarkeit. Halte sie jedoch durchlässig: Manchmal kannst du mehr, als du glaubst.

Sei dir bewusst, dass es in dir noch viele unbekannte Regungen, Ideen, Träume und Bedürfnisse gibt. Bleibe neugierig auf das, was du von dir noch nicht kennst. Zeigt sich etwas Unbekanntes in dir, heiße es ohne Wertung willkommen, auch wenn es dich vielleicht zunächst befremdet oder irritiert.

Mache dir klar, dass außer dir keine Person, so nahe sie dir auch steht, wissen kann, wie es sich anfühlt, du zu sein und dein Leben zu leben. Und dass auch du bei keiner Person, so nahe sie dir auch steht, wissen kannst, wie es ist, sie zu sein und ihr Leben zu leben. Genieße dennoch den Tanz der Verbundenheit mit anderen Menschen und spüre, wie dabei diese Grenzen durchlässig werden und du die anderen spüren kannst.

Achte die Verschiedenheit deiner Mitmenschen, ihre unterschiedlichen Persönlichkeiten und Bedürfnisse, und finde immer wieder eine Wertschätzung dafür. Auch wenn es manchmal furchtbar anstrengend, kompliziert, ärgerlich oder frustrierend ist. Respektiere auch diese Gefühle als Ausdruck deiner und eurer interaktionellen Lebendigkeit.

Erkenne die Konflikte, die du mit Menschen deines Umfelds hast, und sei bereit, sie einzugehen. Schätze sie als Möglichkeiten des Lernens und der Entwicklung, und betrachte sie als Ausdruck einer grundlegenden Verbundenheit: Ihr seid euch nicht egal.

Öffne dich immer wieder fremden Menschen und sei bereit, neue Bekanntschaften zu machen. Schätze es dabei, Menschen mit ganz anderen Lebensweisen oder Ansichten kennenzulernen und dabei Neugier und Interesse für das dir Fremde zu entwickeln. Aber nimm auch wahr, wo ihr so verschieden seid, dass ihr nicht zueinanderfindet.

Spüre deine Verbundenheit zur Natur und zu deinen nichtmenschlichen Geschwister-Wesen, den Tieren, Pflanzen und Pilzen. Lass dir daraus immer wieder neue Kräfte erwachsen. Tauche ein in das Wesen einer Katze, der Flechten auf der Steinmauer, der Bäume hinterm Haus. Lass dich von der Schönheit alles Lebendigen berühren. Manchmal reicht dafür ein Strauch im Vorgarten oder der Flug eines Spatzen zum nächsten Baum.

Lebe so, dass das überwältigende Juwel unserer Biosphäre in seiner Vielfalt und atemberaubenden Schönheit erhalten bleibt und sich weiterentwickeln kann. Achte darauf, möglichst wenig Schaden im irdischen Netz des Lebens anzurichten, aber ohne dich zu kasteien oder dich für deine Lebensweise zu verurteilen. Denn du bist ein Teil dieses Juwels.

Sei dir so oft wie möglich des gegenwärtigen Moments bewusst. Spüre diesen einen Atemzug, der jetzt in dir geschieht. Erkenne – vor allem wenn Ängste, Sorgen, Kummer oder Reue dich quälen –, dass dein Leben sich nur an dieser Grenzschicht, nur in diesem einen Moment vollzieht: jetzt.

Bleibe empfindsam gegenüber dem Leid in deiner Umwelt. Kultiviere Mitgefühl, auch gegenüber Menschen, die sich verhärtet haben. Halte die Grenzen deines Fühlens durchlässig, aber habe auch Mitgefühl mit dir selbst und schütze dich mit klaren Grenzen da, wo es nötig ist.

Sei gesprächsbereit gegenüber allen, mit denen ein konstruktives Gespräch möglich ist. Selbst wenn deren Meinungen dir abstrus oder gefährlich erscheinen. Auch sie haben ihre Geschichte. Schütze dich jedoch vor Beleidigungen und Verletzungen, und achte auf die Grenzen deiner Belastbarkeit. Konstruktiv ist ein Gespräch dann, wenn von beiden Seiten die Bereitschaft spürbar ist, einander zuzuhören und wenn möglich besser zu verstehen.

Genieße deine sinnliche Verbundenheit mit dir und der Welt. Spüre das Spiel deiner Muskeln und Sehnen und nimm wahr, wie die Erde dich bei jedem Schritt trägt. Lass deine Blicke zärtlich über die

Dinge wandern, lausche den Tönen der Welt, rieche den Duft deines Lebens – auch wenn es manchmal deftig stinkt. Und lass dich berühren: vom Wind auf der Haut, von liebevollen Händen, von einer herzlichen Umarmung. Aber wo deine Sinne überflutet werden und du dich nicht entfernen kannst, lass alles durch dich hindurchwehen und leiste keinen Widerstand. Auch im wildesten Großstadtverkehr kannst du still deines Weges gehen.

Fühle dich beheimatet in diesem Universum. Du bist nicht getrennt von Wasser, Wind und Sonnenstrahlen, von mächtig aufgefalteten Gebirgen, dem Leuchten der Sterne und dem Löwenzahn, der in der Mauerritze blüht. Die gleichen Kräfte, die in allen Bereichen und allen Größenordnungen des Universums Grenzschichten und Gestalten hervorbringen – sie wirken auch in dir. Das Geistige, das du in dir spürst – es ist in jedem Lebewesen, in den Wolken am Himmel, in den Wellen des Meeres, in den Bewegungen der Himmelskörper – und in dem Marienkäfer dort auf dem Halm.

Bilde ein gutes und stabiles Ich-Gefühl aus. Liebe dich, mit all deinen Ängsten und Schwächen, und achte deinen Mut, dein Leben zu leben und durch freudige wie auch durch schmerzliche Erfahrungen zu lernen. Stehe zu dir und zu deinen Bedürfnissen, auch wenn das Konflikte mit sich bringt.

Öffne dich aber auch der Erkenntnis, dass dein Ich viel weniger abgegrenzt und viel weniger statisch ist, als du glaubst. Du bist ein Bündel von Erfahrungen, an denen immer auch andere Wesen beteiligt sind. Die Prozesse, die dich ausmachen, gehen weit über das hinaus, was du »Ich« nennst. Und sie sind in ständigem Wandel begriffen. Dein Ich ist nur eine Organisationsstruktur, die dir hilft, in diesem allumfassenden Wandel den roten Faden zu behalten. Nutze und genieße dein Ich freudig als ein sinnvolles Instrument, aber mit dem augenzwinkernden Wissen seines illusionären Wesens.

40.
Ausblick

Hier, liebe Leserin, lieber Leser, endet unsere Reise.

Wir haben ein Gespräch geführt. In meinen Gedanken – »Wie meine ich das? Und wie wirst du das beim Lesen verstehen?«. Und in deinen Gedanken – »Wie meint er das? Und was denke ich dazu?«.

Diese Grenzschicht unseres Gesprächs löst sich hier von uns. Ich hoffe, sie war selektiv durchlässig, berührend und lebensförderlich.

Grenzschichten lösen sich, falten sich ein, verbinden sich neu, entfalten sich. Neue Gestalten entstehen, wandeln sich, vergehen. Im gesamten Universum.

Die große Karawane zieht weiter. Durch Zeit und Raum.

Nein: Die große Karawane lässt Zeit und Raum entstehen!

Wir gehören dazu, du und ich.

Lebe wohl!

*

so weit
jenseits aller horizonte
diesseits aller grenzen
fluss immer neuer formen
ewig vergänglich

das vöglein am morgen singt singt singt

kein ding ist fest gefügt

Dank

Dieses Buch ist nicht das Werk eines Einzelnen. Viele Verbindungen, viele selektiv durchlässige Grenzschichten waren beteiligt an seiner Entstehung.

Ich danke meinen Klientinnen und Klienten in der psychotherapeutischen Praxis, den Supervisanden und den Teilnehmerinnen der Selbsterfahrung. Mit ihnen konnte ich das unergründliche und verschachtelte Wechselspiel von Trennen und Verbinden immer wieder erleben, wertschätzen und verstehen lernen.

Mit guten Freunden führte ich viele Gespräche über Themen und Blickwinkel dieses Buches. Einige Freunde haben auch das Manuskript oder Teile davon vorab gelesen. Besonders danke ich Hardy Buchholz, Frieder Graef, Elisabeth Joester und Barbara Sassen für wertvolle Rückmeldungen und spannende Diskussionen zum Manuskript.

Meine Kinder Max, Malina und Leon haben mich durch ihr Dasein unglaublich bereichert und viel über das Leben gelehrt. Dafür danke ich euch! Und für lebhafte Diskussionen über verschiedene Lebensfragen – zu allen möglichen Tages- und Nachtzeiten.

Schließlich danke ich meiner Frau Tina, meiner Seelengefährtin. Ohne dich gäbe es dieses Buch nicht. Du warst seine erste Leserin, Korrektorin und Kritikerin. Deine Ermutigung, deine Klarheit und deine Offenheit für meine Irrungen und Wirrungen haben mich durch den Prozess des Schreibens getragen.

Am Ende danke ich der Lebendigkeit dieser Welt. Während ich dies schreibe, weht der Wind in den schwankenden Zweigen des Wäldchens hinter unserem Garten. Bienen summen von einer Rosenblüte zur nächsten. Die Wäsche trocknet auf der Terrasse und die Sonne scheint wärmend auf meinen nackten Fuß. Wunder über Wunder!

Literatur

Hier gebe ich ausgewählte Literatur an, aus der ich wesentliche Zusammenhänge bezogen habe, die mich beim Nachdenken und beim Schreiben besonders inspiriert hat und der ich viel verdanke.

Barad, Karen, *Agentieller Realismus. Über die Bedeutung materiell-diskursiver Praktiken*, Berlin 2012: Suhrkamp.

Bateson, Gregory, *Ökologie des Geistes. Anthropologische, psychologische, biologische und epistemologische Perspektiven*, Frankfurt am Main 1981: Suhrkamp.

Bauer, Joachim, *Das Gedächtnis des Körpers. Wie Beziehungen und Lebensstile unsere Gene steuern*, München 2004: Piper.

Bojowald, Martin, *Zurück vor den Urknall. Die ganze Geschichte des Universums*, Frankfurt am Main 2009: Fischer.

Brecht, Bertolt, *Die Gedichte*, Frankfurt am Main 1981: Suhrkamp.

Bregman, Rutger, *Im Grunde gut. Eine neue Geschichte der Menschheit*, Hamburg 2020: Rowohlt.

Breyger, Yevgeniy, *Gestohlene Luft. Gedichte*, Berlin 2020: kookbooks.

Callender, Craig (Hrsg.), *The Oxford Handbook of Philosophy of Time*, Oxford 2011: Oxford University Press.

Chamovitz, Daniel, *Was Pflanzen wissen. Wie sie sehen, riechen und sich erinnern*, München 2013: Hanser.

Coccia, Emanuele, *Die Wurzeln der Welt. Eine Philosophie der Pflanzen*, München 2018: Hanser.

Damasio, Antonio R., *Der Spinoza-Effekt. Wie Gefühle unser Leben bestimmen*, München 2003: Ullstein Heyne List.

Dartnell, Lewis, *Ursprünge. Wie die Erde uns erschaffen hat*, München 2019: Hanser Berlin.

Duerr, Hans Peter, *Traumzeit. Über die Grenze zwischen Wildnis und Zivilisation*, Frankfurt am Main 1984: Suhrkamp.

Dworkin, Ronald, *Religion ohne Gott*, Berlin 2014: Suhrkamp.

Edelman, Gerald M., *Das Licht des Geistes. Wie Bewusstsein entsteht*, Düsseldorf und Zürich 2004: Walter Verlag.

Edelman, Gerald M./Tononi, Giulio, *Gehirn und Geist. Wie aus Materie Bewusstsein entsteht*, München 2002: C. H. Beck.

Fischer-Rizzi, Susanne, *Blätter von Bäumen. Legenden, Mythen, Heilanwendung und Betrachtung von einheimischen Bäumen*, München 1992: Hugendubel.

Fischer-Rizzi, Susanne, *Medizin der Erde. Legenden, Mythen, Heilanwendung und Betrachtung unserer Heilpflanzen*, München 1984: Hugendubel.

Fortey, Richard, *Leben. Eine Biographie. Die ersten vier Milliarden Jahre*, München 1999: C. H. Beck.

Goodall, Jane/Abrams, Douglas, *Das Buch der Hoffnung*, München 2021: Goldmann Verlag.

Gorman, Amanda, *The Hill We Climb. An Inaugural Poem for the Country. Zweisprachige Ausgabe*, Hamburg 2021: Hoffmann und Campe.

Graeber, David/Wengrow, David, *Anfänge. Eine neue Geschichte der Menschheit*, Stuttgart 2022: Klett-Cotta.

Gronemeyer, Marianne, *Die Grenze. Was uns verbindet, indem es trennt. Nachdenken über ein Paradox der Moderne.* München 2018: oekom Verlag.

Grunwald, Martin, *Homo hapticus. Warum wir ohne Tastsinn nicht leben können*, München 2017: Droemer Verlag.

Haskell, David G., *Das verborgene Leben des Waldes. Ein Jahr Naturbeobachtung*, München 2015: Verlag Antje Kunstmann.

Harari, Yuval Noah, *Eine kurze Geschichte der Menschheit*, München 2013: DVA.

Harari, Yuval Noah, *Homo Deus. Eine Geschichte von Morgen*, München 2017: C. H. Beck.

Hofstadter, Douglas R., *Gödel, Escher, Bach: An eternal golden braid*, New York 1979: Basic books.

Jäger, Willigis/Grimm, Beatrice, *Die Flöte des Unendlichen. Mystische Rezitationstexte aus Ost und West*, Holzkirchen 2009: Wege der Mystik.

Jäger, Willigis/Zölls, Doris/Poraj, Alexander, *Zen im 21. Jahrhundert*, Bielefeld 2009: Kamphausen Verlag.

Kauffman, Stuart, *Der Öltropfen im Wasser. Chaos, Komplexität, Selbstorganisation in Natur und Gesellschaft*, München 1996: Piper Verlag.

Kegel, Bernhard, *Die Herrscher der Welt. Wie Mikroben unser Leben bestimmen*, Köln 2015: DuMont.

Kirschner, Marc W./Gerhart, John C., *Die Lösung von Darwins Dilemma. Wie die Evolution komplexes Leben schafft*, Reinbek bei Hamburg 2007: Rowohlt.

Koch, Christof, *Bewusstsein. Bekenntnisse eines Hirnforschers*, Berlin, Heidelberg 2013: Springer Spektrum.

Korsgaard, Christine M., *Tiere wie wir. Warum wir moralische Pflichten gegenüber Tieren haben. Eine Ethik*, München 2021: C. H. Beck

Kunze, Reiner, *die stunde mit dir selbst. Gedichte*, Frankfurt am Main 2018: S. Fischer Verlag.

Lehnert, Christian, *Cherubinischer Staub. Gedichte*, Berlin 2018: Suhrkamp.

Margulis, Lynn/Sagan, Dorion, *Leben. Vom Ursprung zur Vielfalt*, Heidelberg, Berlin 1997: Spektrum akademischer Verlag.

Maturana, Humberto R./Varela, Francisco J., *Der Baum der Erkenntnis. Wie wir die Welt durch unsere Wahrnehmung erschaffen – die biologischen Wurzeln des menschlichen Erkennens*, Bern, München, Wien 1987: Scherz Verlag.

Metzinger, Thomas, *Der Ego Tunnel. Eine neue Philosophie des Selbst: Von der Hirnforschung zur Bewusstseinsethik*, Berlin 2009: Berlin Verlag.

Metzinger, Thomas, *Bewusstseinskultur. Spiritualität, intellektuelle Redlichkeit und die planetare Krise*, Berlin/München 2023: Berlin Verlag.

Montaigne, Michel de, *Essais. Hrsg. Arthur Franz*, Köln 2005: Anaconda Verlag.

Nagel, Thomas, *Geist und Kosmos. Warum die materialistische neodarwinistische Konzeption der Natur so gut wie sicher falsch ist*, Berlin 2013: Suhrkamp.

Nurse, Paul, *Was ist Leben? Die fünf Antworten der Biologie*, Berlin 2021: Aufbau.

Pelluchon, Corine, *Manifest für die Tiere*, München 2020: C. H. Beck.

Rilke, Rainer Maria, *Die Gedichte*, Frankfurt am Main 1986: Insel Verlag.

Rizzolatti, Giacomo/Sinigaglia, Corrado, *Empathie und Spiegelneurone. Die biologische Basis des Mitgefühls*, Frankfurt am Main 2008: Suhrkamp.

Rosa, Hartmut, *Resonanz. Eine Soziologie der Weltbeziehung*, Berlin 2016: Suhrkamp.

Rovelli, Carlo, *Die Ordnung der Zeit*, Reinbek bei Hamburg 2018: Rowohlt.

Rovelli, Carlo, *Sieben kurze Lektionen über Physik*, Reinbek bei Hamburg 2015: Rowohlt.

Sacks, Oliver, *Der Mann, der seine Frau mit einem Hut verwechselte*, Reinbek bei Hamburg 1987: Rowohlt.

Safina, Carl, *Die Intelligenz der Tiere. Wie Tiere fühlen und denken*, München 2017: C. H. Beck.

Safina, Carl, *Die Kultur der wilden Tiere. Wie Wale Familien gründen, Papageien Schönsein lernen und Schimpansen Frieden schließen*, München 2022: C. H. Beck.

Schreiber, Ulrich C., *Das Geheimnis um die erste Zelle. Dem Ursprung des Lebens auf der Spur*, Berlin 2019: Springer Verlag.

Sheldrake, Merlin, *Verwobenes Leben. Wie Pilze unsere Welt formen und unsere Zukunft beeinflussen*, Berlin 2020: Ullstein.

Shubin, Neil, *Die Geschichte des Lebens, Vier Milliarden Jahre Evolution entschlüsselt*, Frankfurt am Main 2021: S. Fischer.

Spork, Peter, *Der zweite Code. Epigenetik – oder wie wir unser Erbgut steuern können*, Reinbek bei Hamburg 2009: Rowohlt.

Stuart, Iain/Lynch, John, *Expedition Erde. Die Urkräfte unseres Planeten*, München 2008: Bucher Verlag.

Thich Nath Hanh, *Mit dem Herzen verstehen*, München 2011: Droemer Knaur.

Tolle, Eckhart, *Jetzt! Die Kraft der Gegenwart*, Bielefeld 2000: Kamphausen Verlag.

Waal, Frans de, *Der gute Affe. Der Ursprung von Recht und Unrecht bei Menschen und anderen Tieren*, München 2000: dtv

Weber, Andreas, *Alles fühlt. Mensch, Natur und die Revolution der Lebenswissenschaften*, Berlin 2007: Berlin Verlag.

Weber, Andreas, *Lebendigkeit. Eine erotische Ökologie*, München 2014: Kösel.

Wilber, Ken, *The spectrum of consciousness*, Wheaton, Illinois 1979: The Theosophical Publishing House.

Wilson, E. O., *Die Hälfte der Erde. Ein Planet kämpft um sein Leben*, München 2016: C. H. Beck.

Yong, Ed, *Die erstaunlichen Sinne der Tiere. Erkundungen einer unermesslichen Welt*, München 2022: Verlag Antje Kunstmann.

Zeilinger, Anton, *Einsteins Schleier. Die neue Welt der Quantenphysik*, München 2005: Goldmann.

Zölls, Doris, *Jederzeit erwachen. Zen mitten im Alltag*, München 2012: Kösel.